U0112517

HOWARD S. BECKER

证据
如何用数据说话

EVIDENCE

[美]霍华德·S.贝克尔——著

王飞——译

北京联合出版公司
Beijing United Publishing Co.,Ltd.

图书在版编目（CIP）数据

证据：如何用数据说话 / (美) 霍华德·S. 贝克尔
著；王飞译 . -- 北京：北京联合出版公司，2023.9（2024.7 重印）
　ISBN 978-7-5596-6929-2

　Ⅰ.①证… Ⅱ.①霍…②王… Ⅲ.①社会科学—研
究方法 Ⅳ.① C3

中国国家版本馆 CIP 数据核字 (2023) 第 142525 号

本书简体中文版版权归属于银杏树下（上海）图书有限责任公司。
北京市版权局著作权合同登记号　图字：01-2023-3479

证据：如何用数据说话

著　　者：[美]霍华德·S.贝克尔
译　　者：王　飞
出 品 人：赵红仕　　　　　　　选题策划：后浪出版公司
出版统筹：吴兴元　　　　　　　特约编辑：王逸菲
责任编辑：夏应鹏　　　　　　　装帧制造：墨白空间·张静涵
营销推广：ONEBOOK　　　　　　排　　版：余潇靓

北京联合出版公司出版
（北京市西城区德外大街 83 号楼 9 层　100088）
天津中印联印务有限公司　新华书店经销
字数 205 千字　889 毫米 × 1194 毫米　1/32　10.75 印张
2023 年 9 月第 1 版　2024 年 7 月第 2 次印刷
ISBN 978-7-5596-6929-2
定价：52.00 元

"儿子，"老人说，"不管你走得多远，或是变得多聪明，都要永远记住这一点：总有一天，在某个地方，会有一个人走到你面前给你看一副崭新的扑克牌，上面的封条不曾被破坏。这个人会跟你打赌说，黑桃 J 将从牌里跳出来，然后往你的耳朵里喷苹果酒。""但是，儿子啊，"老人继续说，"不要跟他打赌，因为你肯定会得到满满一耳朵的苹果酒。"

达蒙·鲁尼恩

Damon Runyon，1880—1946

纪念唐纳德·坎贝尔

我曾与他共事，并受教于他

目 录

第二部分
谁在搜集数据，他们如何搜集数据？

致 谢

从 1946 年踏入社会学领域以来，我就一直在为这本书做准备；尽管那时我还很年轻，未曾意识到这一点。严肃地讲，自那以后我遇见的每一位教师、学生、同事和朋友，以及我读过的每一项资料都对你们面前的这本书有所贡献。

我想感谢一些学者对我工作的最后阶段给予的帮助，因为他们阅读并评论了手稿的早期版本；我尤其要感谢查尔斯·卡米克、汤姆·库克、弗兰克·弗斯滕伯格、约翰·沃尔顿、查尔斯·拉金和易多·塔夫瑞。和理查德·豪通信也对我非常有帮助，因为他也在处理类似的问题。罗布·福克纳和往常一样，是激发我引用和思考的绝佳源泉。我要感谢以上所有人，虽然我并不总是听从他们的建议，但他们还是给予了我很大的帮助。

道格·米切尔是芝加哥大学出版社的编辑，他总是不知疲倦地支持我的工作，30 年来一直帮助我克服自己作为一名作者的笨拙。没有米切尔的帮助，没有凯尔·瓦格纳的勇敢付出，我真不知道该怎么做。

没有人比我更清楚，如果没有出版社的人员来处理所有的制作事务，没有作者们倚赖的编辑和设计师让书看起来更令人满意，这本书永远不会成为现在的样子。在这方面，我要特别感谢文字编辑露易斯·克拉姆，是她让书稿的表述更清晰、表达更到位。虽然我并不总是按照她的建议去做，但这本书因她的建议——我基本接受的那些建议——而变得更好。我也要感谢艾萨克·托宾为这本书所做的设计，读者们会因为它受人喜爱的封面而想要一睹为快。

戴安娜·哈格曼一边忍受着我的暴躁和绝望，一边确保这本书顺利完工。在阅读我那仿佛需要无止境修改的书稿时，她没有抱怨，没有疲倦，也没有发脾气和失去乐观。没有你，我永远不可能完成这本书。非常感谢！

第一部分

关于数据、证据和观点

一个研究问题

儿童的社会阶级地位

20 世纪 60 年代初，斯坦福大学的两位社会学家保罗·沃林（Paul Wallin）和莱斯利·C. 沃尔多（Leslie C. Waldo）想了解社会阶级如何影响儿童的学业表现（这是当今社会科学家依然关注的一个问题），于是他们对 2002 名八年级的男生和女生进行了问卷调查。为了测量社会阶级，他们让孩子们回答奥古斯特·霍林斯黑德（August Hollingshead）当时著名且广为使用的社会地位指数中的一个问题（霍林斯黑德社会地位指数根据这个问题和一个关于教育的类似问题的回答来确定家庭阶级地位）：

[请描述]你的亲生父亲（如果你和他住在一起）。如果你没有和亲生父亲住在一起，请描述和你住在一起并承担父亲角色的那个人。他可能是你的继父、养父、叔叔、伯伯或其他人。

大多数时间里，他是为自己工作还是为别人工作？

_____ 他为自己工作，或有他自己的公司

_____ 他为别人工作

_____ 我不知道他在做什么

大多数时间里，他的工作或职业是什么？

他 _____。（Wallin & Waldo，1964，291）

有些回答比较粗略，两位社会学家就用学校记录和学校护士保存的记录这两个额外的信息来源加以补充。

沃林和沃尔多没有描述他们的研究内容或他们打算怎么使用这些数据，他们也没有讨论我很快会提到的关于含义的问题。但是，他们或许认为父亲的职业可以作为测量社会阶级的一个重要线索（如果不将其作为一个决定性测量指标的话），而社会阶级则是父母生活方式的经济和社会现实与他们的孩子可能拥有的生活的结合。他们认为，通过研究父亲所做的工作这个单一事实，可以间接地估计家庭的收入和财富状况，从而不太精确地测量父母对孩子的教育期望——或许作者没有明确这样表达，但这么做并非毫无意义。除此之外，测量指标还有生活方式和家庭文化。家庭文化会让孩子带着我们现在所说的文化资本和经济资本进入成人世界，在向他们开放一些可能性的同时，也关闭了其他一些可能性。所有这些都与父亲在霍林斯黑德量表中的得分水平有关。每一位社会科学家在将这类问题纳入调查问卷时，都会想到运用这些量表的某些版本。

知道了家庭的社会地位，读者就可以用更具体的意象来充实阶级地位的含义。研究人员在撰写项目成果的"理论意义"时也经常调用这些意象。劳埃德·沃纳（W. Lloyd Warner）的《扬基城系列丛书（1941—1945）》（*Yankee City Series，1941—1959*）脱胎于一项历时数年的著名人类学研究——与沃林和沃尔多的研究同期，其研究对象是新英格兰地区的一个小型社区。该丛书第一卷就包含了从"下－下"到"上－上"阶层不同家庭生活的一系列冗长而详细的综合肖像（从许多相似的家庭资料中提取相关细节构建而成）。詹姆斯·博萨德（James Bossard，1943，1944）关于家庭餐桌谈话的研究——基于研究人员所听到的真实家庭用餐时的谈话内容记录——则提供了一些在日常生活中发挥作用的机制的例子。这些机制可能会在父亲所做的工作与它为孩子们提供的某种机遇和生活之间建立一种可观察的联系。所有这些都是"社会阶级"这个概念在一个因此类问卷项目的答案而兴奋的社会科学家身上可能唤起的意象。博萨德这样写道：

> 本论文所依据的案例材料中反复出现的语句，很大程度上体现了家庭的经济价值观，以及父母对儿童经济价值观的培养。"少放点黄油，一磅要 50 美分。""鸡蛋现在 60 美分一打了。""比尔的鞋子必须要换鞋底了。""什么，又要换？我不是三周前刚花了 2 美元换鞋底吗？""我想你应该为浪费面包而感到羞耻，因为成千上万的穷苦孩子还在挨饿。""妈妈，玛丽弄脏了她的新衣服。""好吧，她最好处理一下，圣诞节过后我们才能再买一件新的。"普通家庭生活中孩子对这种价值观的吸收是如此稳定，以至于在经济价值观的培养方面，

他们与成长在福利机构中的孩子形成了巨大的差异。（Bossard，1943，300）

沃林和沃尔多的数据支持这样的结论吗？

谈不上。相反，他们的论文集中于一个简单的问题，这个问题在他们做出推断之前就出现了：由于他们已经发现的一种不确定性，他们从儿童身上精心搜集来的数据很可能无法作为任何结论的充分依据。他们这样描述自己的问题："如果数据或职业量表的局限性使得排名存在任何疑问或不确定性，那么本研究对职业排名的归类也会存在不确定性。研究对 2002 名男生和女生的答案进行了排名，其中 17% 的排名被认为不确定。另有 111 名调查对象的答案无法获得排名，因为完全缺乏三个信息来源中的任何一个，或是由于信息不充分而完全无法对排名进行猜测；简言之，有超过 22% 的调查对象无法归类。"（Wallin & Waldo，1964，291—292）

那么，这 17% 的回答是如何"不确定"的？相当多的孩子给出了模糊的答案，比如"我父亲为福特公司工作""电话公司""他在海军服役"，或是"他做销售""他是个承包商"。当孩子们以这种方式回答问题时，研究人员无法判定如此描述的工作对应霍林斯黑德量表 7 个等级中的哪一个。他们无法归类"牧师"这样模糊的答案，因为此人可能是一所大学神学院的毕业生，目前正在富裕的郊区向圣公会教徒布道，但他也可能是贫民窟临街教堂里自封的、自学成才的牧师。如果孩子们在描述父亲工作时使用了研究人员在职业名称标准汇编中找不到的专门用语，如"社会总裁助理""货物装载专家""钢铁厂的火炉工人""航海工程师""保险承保人"或"劳动关系代理人"，那研究人员也无法对这些父亲归类——你可以猜测这些词背后的含义，但你无法让一个持怀疑态度的人相信你对相关对象进行了可靠的测量。

换句话说，有多达17%的数据无法就其声称的测量对象给出一个足以分类的测量值，从而使分类成为可能。此外，还有111名调查对象（5.5%）根本没有回答这个问题。总之，研究人员无法对近四分之一的调查对象进行归类，因而他们不得不从旨在支持研究所期望得出的结论的表格中移除这些人。有足够多的调查对象存在分类误差，这足以显著改变汇总数据表格中统计关联性的方向。这表明，如果没有一些独立的佐证，你不能相信人们提供的有关他们自身行为的数据。

沃林和沃尔多的问题不只是运气不好，当然也不是他们的能力不足，这一事件还涉及更广的范围和更多的应用。

数据、证据和观点

社会科学家们将数据、证据和观点（"观点"有时也被称作"理论"或"概念"）这三项要素结合起来，以使自己、同行甚至更广泛的读者群体确信他们真的发现了一些东西，而不只是一个巧合或一场意外。

社会科学家观察的事物——不管他们用什么方式观察，都会用文字、视觉影像或录音等更长久的形式记录下来，以形成他们能够处理的材料——都由可观测的实体对象构成。这些实体对象可以是机器产生的标记，比如心电图（EKG）机器用来记录心跳的电活动的描记图；可以是人为的标记，比如人们在一份问卷表格上打的钩，或是写下的一些可能被社会学家或历史学家发现并利用的东西；也可以是社会科学家记录自身见闻时做的标记；还可以是那些将记录自身行为作为工作内容的人所做的标记（就像警察记录下被捕者的名字和指控罪名一样）；也可以是那些与社会科学家合作的雇员或志愿者所做的标记，旨在记录受访者在社会科学家面前的言谈举止。这些被记录下来的痕迹就是**数据**，是研究人员做出科学结论的原始资料来源。沃林和沃尔多的数据就来源于学生在回答问卷中的问题时填写的内容。

当科学家们使用这些数据——这些搜集并保存下来的信息记录——支持一个论点时，它们就成了**证据**。当人们搜集原始数据，而读者接受并将其视为关于发生事件的有效陈述时，它们就是可靠的证据。如果我们要对一个人的年龄做出陈述，依据可以是某人以书面或当面形式询问本人并记录下的答案，也可以是某人从当地出生证明保存处的官方出生记录中复制来的信息——这类数据通常足以证明答案的可靠性和真实性，因而人们会接受我们提出的以这些答案为支撑的论点。"是的，她确实是 22 岁。"她的出生医学证明证实了这一点，任何通情达理的人也都希望看到这样的证明。这就使它成为证据，因为数据能使一项陈述超出纸面可见的东西而成为现实，成为**公认的事实**（accepted fact）。这张纸就是关于年龄这个事实的可观测的证据。"公认的事实"中"公认的"这个词提醒我们，证据必须使人相信其有效性和分量，方可成为证据。

数据转化为证据可以支持我们希望其他人（科学部落的成员、其他领域的人、政治家和普通大众）相信或至少暂时接受某些一般观点的特定例子的陈述。对科学家来说，观点通常隶属于我们称之为"理论"的一套更普遍的思想或概念体系。数据因对一种观点提供了支持，从而转化为证据。

数据、证据和观点构成了一个相互依赖的圆环。我们对数据感兴趣，是因为它们能帮助我们对世界上某些重要的事物做出论断。因为预期有人可能不接受我们的论断，所以我们搜集信息，期望能说服他们：如果我们的论断不正确，以前就不会有人以那种形式记录下现实。我们希望提出的观点引导我们去搜寻各种数据（可观察、可记录的事物），这些数据有助于我们说服别人。这三项要素中的每一项，其有用性都取决于该要素如何与另外两项结合。如果我们提供的数据作为证据明显不能让人信服，如果我们关于数据显示了什么、证明了什么的论断不能说服人们相信这些数据如我们说的那样支持论点，则没人会接受我们的观点。

如何将上述思路应用于沃林和沃尔多的研究？他们想以他们

提供的数据——学生们在问卷上填写的答案——作为父亲实际从事工作的证据，想以学生关于父亲职业的报告作为可信赖的现实，来支持他们有关"社会阶级"一词所指涉的更广泛、更复杂的现实的观点，也就是他们希望读者接受的观点。

波利亚论合理性：作为实证科学的一个适当目标

当我谈到用数据支持观点时，我想到了数学家乔治·波利亚（George Polya，1954）在其关于合情推理的分析中，曾提醒实证科学家们注意的这个论断的另一个版本。我详细地引用了它，因为这是我在这本书中遵循的基本方法：

严格来讲，除了数学和论证逻辑（事实上，它是数学的一个分支）之外，我们所有的知识都由猜想构成。当然，其中有各种各样的猜想。有非常受人尊敬和可靠的猜想，比如物理科学中关于某些一般定律的表达；另外也有一些既不可靠也不值得尊敬的猜想，当你在报纸上读到这样的猜想时，它们会让你感到愤怒；而介于上述两种猜想之间，还有各种各样的猜想、预感和猜测。

我们通过论证推理来捍卫数学知识，而通过合情推理来支持我们的猜想。数学证明是论证推理，但物理学家的归纳论证、律师的旁证、历史学家的史料论证和经济学家的统计论证都属于合情推理。

这两种推理之间的差异是巨大且多方面的。论证推理是可靠、无可争议、不可改变的，而合情推理是有风险、有争议且暂时的。论证推理像数学一样渗透到科学中，但它本身（就像数学本身一样）本质上不能产生关于我们周围世界的新知识。我们所了解的关于这个世界的任何新事物都涉及合情推理，这是我们在日常事务中唯一关心的一种推理。论证推理有严格的标准，这些标准通过逻辑（形式逻辑或论证逻辑）得以编制和阐明，而逻辑是关于论证推理的理论。合情推理的标准则不固定，没有哪种合情推理的理论能在明晰程度上与论证逻辑相提并论或博得类似认可。（v）

本书接下来的所有内容都由在我看来足够合理的猜测构成，我希望你们能基于我提供的证据持同样看法。我期望社会科学的报告能包含有合理论据支持的陈述，以及表明结论合理可信的数据。但作为一名依然在从事研究的社会科学家，我也期望大多数我们认为真实的论断有一天变得不那么真实，会受我们现有的框架和数据无法解释的各种变量的影响。我期望它们能解开一部分困惑，并留下一些待完成的工作。

回到沃林和沃尔多

沃林和沃尔多意识到，他们的数据不能合理地支持他们原本希望表达的，关于社会阶级、阶级文化、教育以及儿童社会化某些方面的主张。22% 的孩子没有提供他们需要的、能使相关论断合理可信的信息，这一无可争辩的事实导致他们原本打算提交的证据出现了致命缺陷。当你不知道如何对将近四分之一的数据提供者进行分类时，当你不知道该把他们归入哪一个群组时，你的观点所暗示的与社会阶级相关的事物就无法让人信服。如果那些被你当作正宗中产阶级教会里真正的持证牧师的人，事实上除了他们自认为被叫去做相关工作以外，并没有资格成为牧师——如果你去过他们的教堂并和他们交谈过，你就会知道这些——那么结果将会怎样？如果你把孩子所说的"为电话公司工作"的父亲纳入管理人员之列，但他实际上只是一名夜间打扫管理人员办公室的清洁工，或是一名整天爬上电线杆修理断线的技术员呢？又或者反过来呢？沃林和沃尔多认识到，他们原本希望能够就阶级、文化和其他话题展开细致的论证，但他们无法为之提供可信的证据。

这就是沃林和沃尔多感到不安的原因。但令人担心的不止这一点，因为他们还发现，在社会学文献中有许多研究人员使用了类似的方法或研究了类似的问题，但只有一篇论文提到过这样的困难：

我们的研究有三个潜在的数据来源，可以从中获得所需的职业数据。因此，与其他仅限于从调查对象那里获取数据的学童研究相比，我们对家庭的职业排名研究很可能有更坚实的基础。只要这个假设是合理的，就可以推测这些研究中不确定排名的发生率要远远高于我们的研究。

　　作为对任何研究发现的限定，不确定的排名属于应当报告的测量误差。除此之外，调查人员对研究中不确定排名的数量和重要性的认识，可能会表明使用与原计划相比不那么精确的职业排名的可取性。（Wallin & Waldo，1964，292）

你不得不从他们措辞谨慎的怀疑中挖掘出他们真正想说的内容，但好像除了斯坦福大学的一个团队外，没有其他研究人员经历过或报告过这样的问题。沃林和沃尔多谨慎地没有说明这个明显的结论，但我会说说这个结论。其他研究人员也经历过同样的问题（怎么可能没经历过呢？），但他们不知道怎么回事就解决了它，因为他们既没有报告问题，也没有报告解决方案。考虑到研究人员以前经常使用（现在依然使用）这种量表测量社会阶级，你不得不承认，基于此类数据的社会阶级研究肯定包含了许多未报告、未测量的误差。但是，运用这些工具的前提是研究人员成功地测量了所有案例的相关变量。这或许解释了为什么此类研究领域的报告总是出现反常和矛盾。

　　沃林和沃尔多的问题，以及许多类似的问题，常以各种形式出其不意地出现。这些问题也会出现在用各种方法搜集各种数据的各类社会科学研究中。我们应该将其视为工作中的正常问题，并扩展自身对所做工作的理解；因此对我们而言，"正常的科学"就包括关注和处理这样的困难，消除它们对数据的干扰。但是，我们也应该思考如何更积极地利用它们，将其作为开拓新研究领域的途径。正如杰出的调查研究者霍华德·舒曼（Howard Schuman）多年前所说："一旦我们把调查中出现的问题当作生活中的事实来认真对待，这些问题就是理解的机会。"（1982，23）这是在暗示，他认为社会科学领域的同事们没有足够认真地对待这些问题。

另一个问题，另一种观点，
一个可能的解决方案

假设你的研究数据没有显示出给沃林和沃尔多带来问题的不确定性。你提出一个问题，然后每个人都给了你明确而容易解读的答案。也许你要求他们在具体的、定义明确的选项中做出选择，就好比有人问你的年龄，并给你一个范围列表供选择：18~25 岁、26~45 岁，以此类推，直到 80 岁以上。因此答案的含义没有让人迷惑的地方，调查对象的归类也没有问题。社会科学家搜集的许多信息好像都是这样的。

再比如，问卷调查常常会询问调查对象做某事的频率，从拜访亲戚到从事非法活动，几乎涉及一名研究者可能感兴趣的任何事情；研究者还要求答案必须是一个整数。关于公众参与艺术活动的调查常依赖于这样一个问题的答案："在过去的一年里，你多久去看一次歌剧表演？"以及关于看现场戏剧演出、参观艺术博物馆、听摇滚音乐会等类似问题的答案。对社会阶级地位与艺术品味之间的关系感兴趣的社会学家，以及对特定组织表现等更实际的问题感兴趣的人，会发现作为调查结果的表格有趣又有用。许多社会学家兴奋地发现了他们所期望的结果，即不同阶级在参与艺术活动方面存在差异，上层和中层阶级在歌剧、艺术博物馆和现场戏剧演出等高端活动中的参与度较高。但是，理查德·彼得森（请参见 Richard Peterson & Simkus，1992）也采用了同样的数据来反驳他们的证据。理查德指出，社会中存在很多他称之为"杂食者"的人；我们能在所有阶级中找到这些人，他们参与各种活动，从歌剧到摇滚乐和爵士乐，从艺术博物馆的展览到漫画书，从高端戏剧到电视肥皂剧。理查德的观点基于美国国家艺术基金会（National Endowment for the Arts）实施的定期调查。在该项调查中，全国规模的成年人样本回答的正是上述这类问题。在所有这些讨论中，由这类问题的答案组成的数据体系为各种理论提供了重要的证据。从社会阶级地位如何影响购票行为，到皮埃尔·布尔迪厄（Pierre Bourdieu）的"**惯习**"（habitus）概念所暗示的深层品味和习惯，这些理论涉及方方面面。

如此搜集的数据能够为验证这些理论提供可靠的证据吗？人们提供的数字能否反映他们实际所做的事，如买了多少次票、去过多少个地方、花了多少钱？为了准确回答这些问题，人们需要做些什么？人们有没有仔细记录他们参与的所有艺术活动（也许记录在头脑中，但随时可以回答偶然出现的调查访谈员的问题）？这些调查中的受访对象有没有这样做？因为票价太贵而且不常去，人们可能会记得自己看歌剧表演的频率；但是，他们能准确记得做其他不同事情的频率吗？我们怎样才能发现这一点，以便验证他们的答案，将其作为分析师用来衡量文化品味的阶级差异的证据？这种由自我报告但没有记录证明的数字，能否合理地承载这些理论所赋予的分量？

我们可以要求受访者记下他们参与的所有文化活动。一些大型受众研究公司（如尼尔森）就采用这种方式记录人们看电视的情况。但是，只有确定那些为调查公司写娱乐活动日志的人在认真准确地做记录时，你才能将那些数字作为证据——而事实上你无法确定。也许我们可以跟着受访者，看看他们实际做了什么、去了哪里、看了什么。但很可能没有人会允许我们这样做，至少不是每个通过随机抽样程序选中的人都愿意——这太具有侵扰性了，而且你将不得不长期雇用大量的研究人员。但如果你确实这样做了，你就会对这些数字更有信心。

你参加过几次工会会议？

很多研究人员使用了我刚才描述的那种数据搜集工具，但他们很少检查搜集到的答案的准确性。他们本可以……但是他们没有这样做。我们有幸得到了洛伊丝·迪恩（Lois Dean, 1958）关于一个地方工会的会员参与情况的研究报告，她认为参与情况可以解释这些会员的政治活动和政治态度的差异。她选择了会员所报告的过去一年参加工会月度会议的次数作为分析的具体自变量。她搜集的态度数据显示，政治态度与工会会议出席率具有很强的相关性。但是，这些自我报告的会议出席次数准确吗？

幸运的是，还有第二个数据来源可以让她检查会员们关于出席地方工会会议的报告的准确性。她的一位同事，乔治·施特劳斯（George Strauss）对同一个地方工会做了观察性研究。他参加了该年的每一次会议，记录了在场每个人的名字（这很容易做到，因为他一眼就能认出他们）。知道他这样开展研究以后，迪恩暗地里在每份问卷上标记了填写者的身份（要是现在，这一举动会让她陷入非常尴尬的境地），这样她就能分辨出谁给出了准确的答案，谁在——用她委婉的话讲——"掩饰"。结果表明，其中29%的人在"掩饰"。他们显然想表现为优秀的工会会员，于是在参加过多少次会议的问题上，他们几乎都夸大了数量。

调查结果显示了迪恩原本预期的模式。相比于说自己参加工会会议次数较少的人，那些说自己参加工会会议次数较多的人表达了更自由的政治观点。但是，当她根据实际出席情况调整结果时，刚才的模式发生了变化。但也并非完全改变，有的正向联系保持不变，但有的正向联系却消失了；对于另一些项目，这种联系甚至颠倒了方向。因此，你不能指望会议出席情况对会员的政治倾向产生可预测的影响，也不能指望夸大结果的倾向显示出可预测的效应。换句话说，人们告诉你的会议出席情况，并不能作为一项可靠指标。这些数据不能作为调查对象实际的政治信仰或政治行为的证据，因为它们不能承载结论所赋予其作为证据的分量。

已知的误差来源和组织偏差

我想提出研究实践的一个基本原则，这个原则反映了迄今为止的讨论中暗含的教训。简言之，我们应该认识到，过去发生的任何事情都可能会再次发生。我们不应该认为，当调查对象（比如填写沃林和沃尔多调查问卷的孩子们）没有就我们询问的问题给出有用的答案时，就是某种百年不遇的反常事件。相反，我们应该把它当作一种我们必须防范的、无处不在的危险（正如我们将在第 3 章中看到的，自然科学家有其防范已知的可能误差来源的常规程序）。虽然迪恩的调查对象就其研究中一个指涉关键变量的问题给出了"掩饰性"回答，但我们不应该把类似倾向当作少数工会会员几年前在某个遥远的地方莫名其妙出现的怪异行为。相反，我们最好时刻警惕这种可能性并警觉地采取措施，以确保我们的观点和理论不是建立在复杂的、伪装的、技术性的人为产物之上。沃林、沃尔多和迪恩所描述的可能误差，似乎在研究人员不加防范的任何时候都可能出现。

这种误差并不是随机发生的，它不会像闪电一样击中出人意料的地方。事实上，研究活动的组织形式使它们在某种程度上是可预期的。这本书的大部分内容都在讨论社会学数据中常见的错误类型，并追溯了导致这些错误持续存在的普遍的工作方式。这些普遍采用的工作流程使得很多研究机构在常规条件下，尤其是在时间、数据搜集人员和资金都不足的条件下，依然可以开展社会学研究。尽管如此，这种工作流程也具有一种表面上的有效性：每个人都知道大家都这样做，每个人都接受大家所接受的，即使每个人都知道这里存在"一些问题"。

黛安娜·沃恩（Diane Vaughan，1996）记述了一个更加严重的事件——"挑战者号"（Challenger）航天飞机灾难。在那场灾难中，人们存在一种接受偏离每个参与者都知道应遵循的适当程序的意愿。沃恩将这种人们集体接受一个已知可能存在严重问题的、有缺陷的脚本的状况称为"偏差的正常化"。美国宇航局的工程师们知道，如果"挑战者号"航天飞机在温度低于一定水平时飞行，它的 O 形环就很可能会失效，但是他们受到来自上级的压力，需要把东西送入太空以满足国会的要求。此外，他们之前也曾在低于最佳温度的情况下飞行，没有出现问题。大家似乎都认同这一切，所以他们做了他们都知道不应该做的事情。然后，正如灾难注定有一天会发生那样，它意料之中地发生了。

我们可以借用沃恩从这一事件中得出的概念，来帮助我们理解社会学家和其他研究人员如何继续使用含有已知缺陷的方法。

以下是社会研究中关于此类偏差的一个正常化的例子。我无法证明这些问题普遍存在，但是我认为如果把它们当作罕见的反常现象一笔勾销，就好像它们不需要我们认真和持久地关注一样，那将会是愚蠢的行为。

忽略举证的麻烦和负担

1988 年，精通实地调查研究的法国社会学家让·佩内夫（Jean Peneff）发表了一篇题为《被观察的观察者：工作中的法国调查研究人员》（"The Observers Observed: French Survey Researchers at Work"）的论文。论文报告了他针对为法国主要的统计和调查研究机构、位于南特的法国国家统计与经济研究所（INSEE）的一个区域中心工作的访谈员所做的研究。法国国家统计与经济研究所的工作与美国人口普查相同：每七年进行一次全国人口普查，并就"教育、工作、社会流动、家庭规模、收入、购买意愿、家庭设备、就业预期"等主题开展各类研究（Peneff，1988，522）。佩内夫决定将注意力集中在那些最有经验、最热情的访谈员身上，因为他很快就明白，管理人员经常考虑的访谈员作弊行为，实际上与朱利叶斯·罗斯（Julius Roth）的"雇工研究"（hired hand research）具有一个共同特征（详细讨论请见第 6 章）。佩内夫对访谈员进行了访谈，实地观察了他们的工作情况，同时记录了他们根据工作环境做出的各种调整——从管理学和科学的角度看，这属于"数据搜集"的研究操作：

> 我决定实地观察工作中最有经验、最热情的访谈员，那些

督导和总监认为能最成功、最认真地执行访谈规则的人。令人惊讶的是，当我进行实地观察时，这些受重视的访谈员反而是最有可能无视指示、最不符合匿名调查员理想形象的人。此外，我的观察表明，成功的调查访谈员们发展出了一些实地研究人员所具备的态度和技能。他们为自己创造了一些类似于实地研究人员搜集定性数据时经常采用的做法：主动性、机敏性以及与线人的合作关系。（522）

佩内夫的论文描述了访谈员如何调整问题的措辞和访谈的形式以顺利开展工作，并在确保受访者参与、合作的同时满足上级的要求。这篇论文的细节信息就像一部百科全书，讲述了工作人员如何暗中颠覆管理规则和定义以完成工作（这是社会学理解各种工作情境的一个标准话题）。

佩内夫的论文确实揭示了 INSEE 数据的官方描述和现实之间的巨大差异，但这不是为了曝光 INSEE 不合标准的做法或在知识生产方面的失败。从另一种意义上说，它像许多关于组织的社会学研究一样，表明了虽有管理人员制定的规则和程序，但 INSEE 的成绩主要归功于直接参与核心活动的工作人员的聪明才智。也就是说，INSEE 之所以能完成工作，是因为访谈员系统地回避了据称可以指导其活动的规则——简而言之，他们参与了"偏差的正常化"。

但是后来——对我而言，这就是事件的相关性——美国国

家民意研究中心 [1] 的两位社会学家对他们从佩内夫报告中得出的言外之意感到愤怒（Smith & Carter，1989）。他们没有评估佩内夫对 INSEE 访谈员所做的仔细观察和访谈（这是佩内夫的数据），未将其作为佩内夫对 INSEE 调查访谈组织的社会学分析的证据。相反，他们认为这是对调查研究机构的攻击。他们认为 INSEE 是调研机构中的一个离奇的异常值（也许是管理不善造成的），它不能代表那些正确使用调查方法的机构；他们坚持认为国家民意研究中心和美国其他调查研究中心是准确的。两位社会学家的批评暗示了法国的情况在某些未明说的方面是不正常的。他们认为相比于法国访谈员，美国访谈员更训练有素、更年轻，监管更到位。但他们没有提供任何一手数据来支持这些批判性概述，而是依赖传统的辩论策略。他们坚持认为，如果佩内夫想做出这样的概述，他就必须承担举证责任，提供确凿的证据以证明其他调查研究机构（尤其是美国的调查研究机构）容许访谈员做他在法国了解到的那些事情。佩内夫根本没有提及美国的调查研究机构，但他的描述肯定暗示了这样的可能性：也许美国管理人员对雇员的所作所为的了解并不比法国管理人员多，而这个问题值得进一步调查。这是社会科学工作者最大限度地减轻与他们使用的方法相关的、反复出现的错误的严重性的方法之一（还有其他方法）。

---

[1]　National Opinion Research Center，美国首屈一指的调查研究机构。——译者注

在我看来，这一事件是分析研究实践中随处可见的、更具常规性质的类似事件的一个典型。

不过，洛伊丝·迪恩的研究带来了一个好消息，因为它向我们展示了如何避开问卷调查数据的测量失败问题——自己动手解决；或者像迪恩所做的那样，找别人来帮你。当然，很多人会说这不是解决问题的办法：我自己没时间做，也没钱找别人做。我无法告诉这些异议者去哪里找钱。但如果你的数据包含此类错误，不处理它只会产生更多的错误。如果你知道你能找到更可靠的数据来支撑论点，你可能就想重新安排你的研究重点，以便搜集那些数据。虽然这可能会打乱一些常规的研究安排，但科学的进步往往正需要付出更多的努力，花费更多的时间和金钱。

此外，请记住舒曼的建议：我们要认真对待技术问题，因为这对我们研究的现象具有重要意义，而存在的问题也会将我们引向可能蕴含丰富成果的更进一步的研究领域。我们与其将迪恩发现的不一致现象当作最好忽略掉的麻烦，不如说它开辟了一个研究领域——研究人们声称自己做的事情和实际做的事情之间的差异；还有，这些完全有效的数据可能并非我们认为的与某事相关的数据，而是关于人们正在做什么的数据，因此这也是一个值得研究的问题。每一个使得研究正确完成的问题，都为我们打开了研究新问题的大门。

谁在搜集数据?

与社会学家通常出于"方法论"的思路不同,工作社会学研究提出了一种处理由这些发现引发的各类问题的方法。最重要的一点是,它认识到每一个对研究工作有所贡献的人都会影响最终的结果。撰写研究计划继而分析数据的人的深刻而微妙的想法似乎是控制因素。但我在检索资料时发现的一些案例表明,关于数据完整性和真实性的责任,往往掌握在一些地位相当低的员工手中。当一位作者说"数据显示"时,我们应该始终坚持了解是谁在搜集数据,并在得出最终解释的过程中发挥了作用,才让最终解释者说出"数据显示"。

举个例子,哈莉特是一名按小时计酬的兼职访谈员。在一项调查中,她与受访者交谈,然后将填好的表格交给吉姆。吉姆对答案进行编码,并将结果输入他的电脑。电脑使用了哈罗德(他对这项研究一无所知)编写的程序来汇总数据。最后,汇总结果被发送给策划这项研究的贝克尔博士,但他本人从来没有与任何一位回答哈莉特问题的人交谈过,也从来没为任何一份问卷编过码。

上述链条(真实的链条,越近期的研究往往链条越长)中的每个人都为数据的下一个阶段做了一些准备工作。贝克尔博士对这些行为知之甚少或一无所知,但不管他是否知道,这些行为都会影响数据作为他所提供的证据的价值。

在不同类型的组织环境中，不同类型的研究会安排不同类型的人做不同类型的工作。这些差异会影响激励因素，从而塑造人们的工作方式。在下面的分析中，我主要围绕着有组织的数据创建的一些标准形式，以及不同的责任安排和激励因素，因为它们都会影响数据作为证据的有用性。

社会学家想研究的对象，往往会通过回答问题来充当研究人员的数据搜集者。他们填写询问个人信仰、想法和行为的调查表格，这些信息将被用于一些有价值的目的——无论是什么目的。但无论是有意还是无意，这些数据搜集者（毕竟他们是研究者希望研究的领域中未经训练的非专业人员）往往会因为对问题的理解与出题人不同，在表格中填写了不准确的回答，从而给出于科学目的使用数据的人带来难以解释的问题。

而在另一个极端，研究对象可能会与扎根社区的实地研究人员进行长时间的交谈，有时甚至历时数年。这一漫长的过程为研究人员或其代理人提供了大量机会以纠正他们和受访者的误解。

在我看来，在大规模搜集数据的大型调查机构中，最认真的一直都是美国人口普查机构和世界各地在各方面与之相似的普查机构（包括 INSEE）。人口普查必须根据政府和其他大型机构用以组织活动的传统类别所提出的术语来统计有多少人居住在国内，以及他们是什么样的人。有那么多不同的人希望从人口普查中得到那么多不同的东西，并且几乎所有人都希望这些数字是"正确的"——无论你从何种意义上理解"正确"这个词。因此，机构的管理者有强烈的动力和大量的资金支持，以确保普查结果是正确的。不同的人想看到不同的结果，如果结果不是他们所希望的，他们就会抱怨。所以，人口普查特别希望其数据和分析的质量无可指责。因而，它在以下方面为我们树立了榜样：它坚持不懈地寻找错误和消除错误的方法；它面对不断变化的世界所产生的复杂问题，改变了一度明显确定的类别（如性别、种族和文化身份），使描述美国人民的任务变得更加复杂。

其他政府官员的工作也为社会科学家提供了大量可以使用的记录，尽管相关记录的主要用途是供创建记录的机构内部使用。社会学家和犯罪学家经常使用警方的逮捕数据和警方提供的其他统计资料，将其作为他们研究犯罪和其他形式的越轨行为所依赖的数据基础。验尸官和法医制作的死因统计数据，社会学家同样将其用于自杀研究和疾病、健康相关研究，埃米尔·涂尔干（Emile Durkheim）就开创了自杀研究这一经典社会学研究领域。学校和其他教育机构保存着大量可用于社会学研究的信息。事实上，无论处理何种事务的政府部门，都可能正好存有研究人员所需的数字记录和文件档案。虽然这类数据与研究人员的课题紧密相关，但还是会造成严重的困难。因为数据背后的现象（即我们想研究的事物）的报告方式，服从于搜集这些数据的机构或个人的兴趣，而不服从于社会学家的研究兴趣（尽管研究者最终还是会努力使数据适用于研究）。警察、法医和教育工作者——所有搜集可供我们使用的数据的人——都会以服务于自身目的的方式搜集数据，而这些目的可能会妨碍记录对社会科学的可用性。

一些研究者会雇用人员以标准化的方式搜集数据。这些数据可以被整合到大型数据库中，作为许多研究主题的证据来源。朱利叶斯·罗斯（1965）将这种做法称为"雇工研究"，暗示数据搜集者的动力和行为反映的是追求收益最大化的方法，而不是关注数据的准确性。

最后，有一些人——从资深教授到希望将自己搜集的数据作为学术论文原始素材的研究生——会亲自做完所有的研究工作，我们可以称这些人为首席研究员（principal investigator）。他们这样做，是因为想拿出一套能说服专业同行的证据，或是想努力解决这样一项有价值的事业中的难题，尽管他们个人不会从中获得任何好处。那些从事"民族志田野调查"的人就实践了这种研究方法，体现了我设想中的人类学家的理想模型，即去一个遥远的地方安顿下来，并与那里的"人"长时间共同生活。更加常见的情况是，社会学家所做的研究是在他们想研究的现象的发生地，比如工业工厂、各种社区、发生各类非常规或"越轨"行为的场所等花费时间进行研究的组合。这种方法几乎适用于研究任何形式的人类活动。研究者对于研究的性质和数据搜集的过程拥有绝对控制权，并且可以做任何看起来必要的事情以获得所需的资料。

在每一种情况下，数据搜集者的社会处境和让他们以这种方式做事的激励因素都决定了数据的可靠性，进而影响数据作为一项社会学论证证据的能力。

　　沃林、沃尔多和迪恩在社会科学史上并不孤单。他们的问题以及与之类似的其他问题，反复出现在各种情况下的各种数据搜集方法中。历史学家、科学社会学家和许多其他学科的专家，从严肃的科学兴起之时就开始思考这些问题，并且现在仍在继续。

第 |1| 章

调查的模式：一些历史背景

阿兰·德斯罗西耶斯（Alain Desrosières，2002）建议我们采用当代科学社会学工作者提出的方式来思考数据的发展，以及将数据转化为证据的方法。他描述了社会科学家现在使用的统计数据形式如何形成于欧洲现代国家发展时期公职人员的活动。这些公职人员需要系统的信息，以便充分管理在其控制下日益扩张的领土。由于无法获得他们想要的准确数据，他们就通过开发数学方法来估计与结论相关的概率，从而处理由此产生的不确定性。

德斯罗西耶斯追溯了现代统计方法和由实践发展而来，用以使工作结果满足需要的方法。"将对象客观化的工作，意在让事物保持稳定，要么因为它们是可预测的，要么因为即使不可预测，人们也可以借助概率计算在一定程度上掌握其不可预测性。"（2002，9）如此造就的对象体现了一种——也许是我们几乎本能想到的模式——**数据**。数据的**稳定性**，即保持不变的能力，使它们能够作为证据发挥作用。当我们指出这些保持稳定的事物时，我们充满自信，并且知道科学界的同行也会认同：这些数据确实支持我们声称它们支持的观点。

德斯罗西耶斯认为，如果研究人员想获得读者的赞同，就必须要做两件事情："一方面，他们要详细说明，测量依赖于有关对象的定义和编码程序的**惯例**。另一方面，他们要补充说他们的**测量反映了一种现实情况**……通过**客观化**（objectification）的问题取代**客观性**（objectivity）的问题……现实作为一系列物质记录的产物。这种记录越普遍——或者说作为更广泛的投入结果，记录赖以建立的等价惯例越牢固——产物的真实性就越强。"（2002，12）因此，它们作为证据的说服力就越强。我关心的是"等价惯例"所做的工作，这些惯例让我们接受那些非常不可靠的数据（不管我们搜集这些数据的方法有多么科学）所反映的"现实"。所以，就是这样，我们的数据依赖于一种共识：接受我们的客观化方法所产生的对象并非完全可靠，因为它对于我们的研究目的来说已经足够好了。

社会科学家在他们无法控制的条件下工作。与其他科学家不同，我们甚至不能假装确信"所有因素都相同"这一条件——作为分离因果关系的一种方法，该条件在实验控制模型中处于如此核心的地位，总是适用于我们搜集的数据。我们总是与那些干扰数据搜集计划的事件和人做斗争，因为我们认为这些数据能站得住脚，也很"牢靠"，能作为我们的观点的证据。但怀疑论者很有可能会否证我们用来连接数据、证据与观点之间的联系。批评者也能找到理由拒绝数据作为所提出观点的证据的价值，他们还宣称：除了观点提出者声称的数据之外，其他东西也可能得出同样的结果，这表明观察、分析或报告的过程有出错的可能性。或者他们也可以说，即使证据能被接受，在逻辑上也并不支持这个观点，因为……然后引用一个在最初的研究设计中没有预想到的理由。批评者也可能主张，这个观点在逻辑上是错误的或者有其他缺陷，从而使研究旨在建构的整个论断站不住脚。

不同学科成员对于在多大程度上接受什么算"足够好"、能作为支持观点的证据的数据有不同意见。我们稍后会看到，自然科学家也有很多类似的麻烦，但在某种程度上他们更容易找到克服问题的方法。托马斯·库恩（Thomas Kuhn）在他关于科学革命的经典著作 [（1962）2012] 中描述了一种极端但又常见的情形：自然科学学科的所有（或者，更可能是大多数）成员都同意其集体工作所依赖的基本前提。用库恩的术语来讲就是，他们拥有一个**范式**（paradigm）。他们都同意应该尽力解决什么问题、什么数据能提供令人信服的证据，以支持范式所产生的特定**子观点**（subideas）。他们能够分辨自己什么时候是对的，什么时候是错的。

库恩的观察发现，在社会科学领域我们很少能看到这样令人欣喜的情况。他搜集的数据为该结论提供了证明，而这些数据源于他对行为科学高等研究中心（Center for Advanced Studies in the Behavioral Sciences）一小群社会科学家的观察。该中心由来自各个研究领域的大约 50 名杰出学者构成，库恩曾在该中心做过一年的研究员，他写道："社会科学家们在合法科学问题和方法的性质上的公开分歧，其数量和程度让我感到特别震惊。历史和熟悉的人都让我怀疑，对于这类问题，自然科学工作者是否比社会科学领域的同事拥有更坚定或更稳定的答案。不知何故，天文学、物理学、化学或生物学的研究实践通常不会引发围绕学科基本原理的争论，而这些争论目前在心理学家或社会学家中似乎司空见惯。"[Kuhn (192) 2012，xlii] 后来库恩由物理学家转变为历史学家和科学社会学家，而这些令他感到惊讶的事实，已经融入大多数社会科学家的日常经验。从他们的工作生活中，他们知道了这就是自身所处领域中人们做事的方式。但是他们也知道这些分歧的程度存在显著差异，至少其中一些成员可以形成足够的共识，并确实完成一些工作。

我成长于社会学传统，这种传统最大限度地减少了此类冲突，尽管它也包含很多方法论上的差异——这些差异后来变得愈加明显。芝加哥大学社会学系在"二战"后（大约 20 世纪 40 年代初期至 20 世纪 50 年代中期）对于社会学可能是什么的话题，在某种程度上仍然受到罗伯特·E. 帕克（Robert E. Park）创立和倡导的宽广、包容视野的影响。对于这些问题，系里存在各种严重而深刻的观点分歧，但这些分歧存在于一种普遍接受采取多种方法开展社会生活研究的氛围（至少就我的经验来看如此，而且我不是唯一这样想的人）。人们对一切事物争论不休（毕竟这是一个大学的学系，不然他们还能做什么？），但基本上都接受以多种方法研究基本问题的做法，接受同事提供的数据可作为相互冲突的观点的证据。许多人在自己的研究中采用了多种形式的数据。比如，帕克的学生克利福德·肖（Clifford Shaw）和亨利·麦凯（Henry McKay）多年来一直使用大量的定量数据研究青少年犯罪问题。这些数据通常来自警方统计数据和法庭记录，因此可以让他们运用数据分析的统计技术（如相关系数）。与此同时，他们以不太形式化的方法研究同样的问题，主要搜集和出版由个体行动者提供的详细的生活史资料，包括犯罪生活故事、犯罪生涯、成功或失败的经历。其他学者也使用类似的资料组合来探究构成犯罪、自杀和其他类似行为的具体经历的知识。当时一些伟大的社区研究，比如《中镇》（*Middletown*，Lynd，1929）、《转变中的中镇》（*Middletown in Transition*，Lynd，1937）、《南方腹地》（*Deep South*，Davis，Gardner & Gardner，1941）、《黑人大都市》（*Black Metropolis*，Drake & Cayton，1945），都是应用这种方法论的典范。

不同方法论的坚定（和顽固）支持者之间存在巨大的争议——赫伯特·布鲁默（Herbert Blumer）和塞缪尔·斯托福（Samuel Stouffer）关于"社会学应该采取何种形式"的分歧具有传奇色彩——一些人专注于一种方法而非另一种，但还没有发展到后来被称作"定量"与"定性"方法之间的那种有组织甚至制度化的冲突。位于芝加哥第 59 街东 1126 号的建筑，即芝加哥大学的社会科学之家，确实在其外墙上承载了这个传奇——"当你不能用数字来表达时，你的知识就是贫乏和不能令人满意的。"这句话出自著名物理学家开尔文勋爵（Lord Kelvin）。但至少在我的时代，有一个故事被在那座建筑里工作的人亲切地保存了下来。故事讲述了经济学家雅各布·维纳（Jacob Viner）有一天路过那里，一边看着开尔文的话一边深沉地说："是的，但是当你可以用数字来表达时，你的知识同样贫乏且不能令人满意。"（Coates & Munger，1991，275）我对新职业的最初看法来自埃弗雷特·休斯（Everett Hughes），他曾经指导我写学位论文。在我获得博士学位后，系里雇我做一些教学工作，这意味着我可以参加教员会议了。我很惊讶地观察到休斯和威廉·F. 奥格本（William F. Ogburn）之间明显的好感和友谊，因为我们这些研究生当时认为他们俩肯定是死敌，我还跟休斯讲了这个传言（我们根本不知道教员之间发生了什么）。他看着我，好像我是个疯子（我想，当我滔滔不绝地说出我 23 岁时的观点时，他一定经常有这种感觉），他想知道我到底在说什么。我解释道，我们都认为他们在研究方法上的明显差异必然会在他们之间制造一些敌意。他哼了一声说："别傻了，威尔①·奥格本是我最好的朋友。"然后他提供了在他看来确凿的证据："你认为是谁帮我完成了《转型中的法属加拿大》（*French Canada in Transition*）里的所有表格？"这个教训让我终生难忘。

　　既然所有的知识都不尽如人意，并且只是一个开端，我们就不应该把好的科学仅仅等同于使用数字的那种科学（或与之相

---

① 威尔是威廉的昵称。——编者注

反），而应该拒绝参与内部争吵，以免增加我们在社会科学研究中的麻烦。我们也不应该把好的科学仅仅等同于那些长期沉浸在社会互动的所有细节和结果中，以此理解社会生活组织形式的研究工作。我们可以利用自身工作方式中的缺陷，作为改进数据搜集和证据使用的想法来源，以产生更多、更好的观点，然后我们可以用新的数据搜集方式检验这些观点，如此循环往复。

数据、证据和观点构成了一个相互依赖的圆环，我们可以围绕这个圆环在两个方向上移动。我们可以尝试经典的路线，使用我们创建的数据作为证据去检验我们已经提出的观点。但是，我们也可以使用那些出乎意料的数据来提出新的观点。根据你选择的方向，你可能会发现自己在使用不同的搜集和分析数据的方法。这两个方向都有效，且都能产生有用的结果。一些人喜欢专注于一个方向的研究工作，寻求更精确的测量方法以创建数据，从而让我们检验自己（或其他人）已经提出的观点。一些人会选择另一个方向，寻找那些出乎意料的数据以激发新的观点。还有一些人喜欢同时做这两件事：寻找能让我们产生进一步理解关于所研究社会状况的观点的数据，同时致力于检验我们暂时得出的新理解。通过认识到我们可以采用多种方式推进自身研究领域的知识进展，我们得以共同进步。

我本着这种精神构思了这本书，试图重新思考这两种所谓不同的科学工作开展方式的当代分歧，同时努力避免不必要的争吵。并且，通过将涉及数据、证据和观点的基本问题的各种方法联系起来，我们可以认识到每一种研究方法的优势所在。这让我重新审视了定量研究中许多众所周知的缺陷，目的不在于对其大肆抨击，而是想看看如何利用它来改善所有人开展科学工作的方式。我也将同样严肃的批判性标准应用于定性研究，以识别有缺陷的流程并寻找改进方法。特别提请大家注意我曾提及的存在已久（但经常被忽视）的传统——在同一项研究中结合两种数据搜集方式，并在好的社会科学研究中见证并实现上述统一。

以上构思方式的一个结果在于，我们可以就自身所知和所做培养灵活性——有时是参与和观察，有时是计数和计算。稍后，我将提供一些以这种方式开展研究和思考的优秀案例。

知识的模型

德斯罗西耶斯在其大师级的统计推理历史著作（2002）中，提请人们注意与 18 世纪两位科学家——卡尔·林奈（Carl Linnaeus，又名 Linné）和乔治-路易·勒克莱尔，即布丰伯爵（Georges-Louis Leclerc，Comte de Buffon）——有关的两个经典科学知识模型。林奈提议采用一个完整的分类方案，科学家可以将研究产生的信息放入其中。当科学家用数据填满分类方案中的所有位置时，他们的工作就完成了。与之相反，布丰提议将构建分类方案本身作为主要工作。这项工作永远不会结束，因为他认为新的和意料之外的数据会不断溢出已有的分类框，科学家们从而需要重新安排已有观点，将其纳入新的分类框，直到又有意料之外的数据、模式和论点出现。两位思想家都对动物和植物进行了研究，但两人以不同的方式使用其研究产生的信息。重申一下，林奈将这项工作定义为把研究结果放入他所构建的分类方案的适当分类框中；而布丰则视其为在新事实显露后，持续创建新分类框的过程。

这两种分析模式一定程度上在规范形式（即研究产生的数据可以和应该用于什么）方面存在差异。下面是德斯罗西耶斯对它们的差异所做的分析：

> 在所有可利用的特性中，林奈选择了其中某些特性而排除了其他特性，并根据选择的标准创建了他的分类方案。这种选择是先验的、任意的，其相关性只能显现在后验中。但是对林奈而言，这种选择体现出一种必然性，因为"属"（物种家族）是真实的，并决定了相关的特征。林奈指出："你必须认识到，不是特征构成属，而是属构成特征；特征来自属，而非属来自特征。"因此，通过系统地将同一分析网格应用于整个研究空间的程序，可以发现有效的自然标准。有效的标准是真实、自然和普遍的。它们形成了一个系统。
>
> 另一方面，对布丰而言，相关性的标准总是一样的，这似乎有些难以置信。因此，有必要先验地考虑所有可利用的特征。但是这些特征非常多，他的方法不能从一开始就适用于同时设想的所有物种。它只能适用于"明显的"大型物种家族，并由其

构成一个先验分类。从这一点出发，人们将一个物种与另一个物种做比较，区分相似和不同的特征，只保留不同的特征。然后，再将第三个物种依次与前两个物种进行比较，这个过程会无限期地重复下去。通过这种方式，物种独有的特征会被提及一次，且仅有一次。这使得重新组合类别成为可能，人们可以逐渐界定亲属关系表。这种方法强调局部逻辑，特别是面向生物空间的每个区域，而不是先验地假设少量标准与整个空间相关……

这种方法与林奈的标准技术正好相反，后者应用了被认为普遍有效的一般特征。（Desrosières，2002，240—42）

德斯罗西耶斯认为，这种方法上的差异也体现在社会科学家的日常工作问题中：

任何一位统计学家，如果不只简单地满足于构建一个有逻辑、有条理的网格，还试图用它来编码问卷的话，都会感到有时候只能依照术语表中没有提供的逻辑，通过同化的方式，即借助自己以前处理过的类似案例来设法处理。这些局部实践（按照劳动分工）通常由在工作室里辛勤劳作的负责编码和敲击键盘的代理人开展。在这种劳动分工中，领导者会在林奈的准则启发下工作，但实际执行者不知道这一点，他们更有可能采用布丰的方法。（242）

将他的分析应用于当代社会学，我们可以看出这些目标和程序上的经典差异如何产生两种不同的工作方式。我们不必认为这两种工作方式相互冲突，但它们在目标和实施方面肯定有所不同。

林奈的解决方案

社会科学研究方法的大多数常规训练，以及围绕学生研究项目的批准和由此而来的学位论文的多数学术程序，都采取了一种仪式化的形式——更多是形式上的荣誉，而非学生实际做的工作。这些仪式在本质上反映了德斯罗西耶斯所描述的理想化的林奈程序。

在最纯粹、最经典的形式中，学位论文的开题需要回顾一系列文献。这项回顾工作是关于已搜集知识的一整套报告，并且这些知识已经达到一个水准：学生计划解决的问题代表了通往不断发展但又已经确立的、类似法律命题体系的下一步工作。我第一次听到有关社会科学的这种看法是在一个关于比尔兹利·鲁姆（Beardsley Ruml）的可能是杜撰的故事中。鲁姆是一位经济学家，他因提出从雇主付给雇员的工资中扣缴税款的观点而闻名。人类学家罗伯特·雷德菲尔德（Robert Redfield）在芝加哥大学任教时，鲁姆是社会科学系的主任。雷德菲尔德对一群学生说，系主任有个习惯，他会走近不提防的教员身边，然后用洪亮的声音问："本周你在社会科学这面墙上添了什么砖？"有时他还会换个比喻，问某个倒霉的教授给科学的链条增加了什么链环。雷德菲尔德说自己永远想不出合适的答案，他更喜欢这样的比喻：许多小溪流向大海，其中一些偶然汇合，冲出了一条更深的河道。

从某个必然是假想的问题出发，学生们详细描述了其他人（也就是"文献"）对这个问题的看法。最重要的是，他们详细描述了自己的研究将如何搜集数据——分析这些数据将解决一些现存的分歧，并有可能在对立的解释之间做出裁决。学生提出的问题得到解决是完成仪式的关键一步。

但几乎无一例外，事情的结果总是与开题设想的不一样。几乎总是模棱两可的研究发现提出了明显的替代解释，这些解释看起来和学生提出的假说一样合理，研究也不会对最初提出的假说给予确定的"是"或"否"，而是以"进一步的研究是必要的"这一经典的呜咽而结束。

因此生活得以继续，学生也能拿到他们的学位。每个参与者都同意忽略最初的研究设想，并勉强接受实际发现的结果，以及那个不幸的学生为了解释这个结果而编造的任何事后解释。

有一种研究最适合这种情况——经典定量研究设计，它为学生所在领域的主要期刊上的大部分论文提供了原始资料：一个明确的问题，附带适当的书目来源；一种合适的研究方法，通常涉及针对特定人群开展的调查，再根据所谓的一般线性模型的某个版本进行分析——通过这个模型，研究者检验若干（单独的，有时是联合的）自变量对相关因变量的影响。关于学术或经济成就（因变量）与社会阶级和人种（自变量）之间关系的研究，就是这种工作方式的例证。

这些研究设计的很多主张已经成为当代社会学的标准方法：

搜集大量数据，主要通过调查问卷或利用其他机构出于自身目的而搜集的大量信息（比如人口普查）；关于出生、死亡、死因的公共记录；学校、警局、医院及其他会定期搜集信息并制表计算的机构的统计数据。这些机构搜集数据是为了自身的行政管理（通常是准政治的），但他们也常常允许社会学家将数据用于研究目的。

如果设计好的调查研究在实施过程中出现问题，比如难以搜集到合适的受访者样本，研究人员也不能轻易改变他们的计划。因为分析的逻辑依赖于计划的适当执行，而这总是需要一些基本同时完成的访谈。如果访谈环节持续时间较长，其间发生的干预性事件就可能会影响受访者的回答。经验丰富的调查研究员大卫·戈尔德（David Gold）告诉我，他对艾奥瓦大学的两个班级的学生进行了一项调查，其中部分问题涉及学生对校足球队的态度。一个班的学生在周五填写了问卷，另一个班则安排在下周一。在那个周末，艾奥瓦大学足球队可能赢得了一场伟大的胜利，也可能遭遇了一次可怕的失败，但无论怎样，这两组非常相似的人群的态度，都会因他们回答问题的日期不同而大相径庭。这类问题的一般解决方案是将新发现的困难作为后续研究的目标（在用动物实验研究学习理论的心理测试中，这是标准的做法）。

还有一个替代选择是使用其他机构（通常是公共机构）出于自身目的所搜集的数据，研究人员可以获准使用这些数据。代表性的例子有美国人口普查数据和死因统计数据，后者为埃米尔·涂尔干对自杀所做的经典分析提供了原始资料，经常作为这种研究模式的典范。在这两种情况下，一旦开始数据搜集工作，就必须按计划进行，无论花多长时间都要完成。你不能改变方法，因为无论你在提取数据的记录中发现了什么缺陷，这些数据都由人们已经完成的工作记录构成。如果它们有错误，那就这样吧，毕竟木已成舟。

用这种方式做研究有很多优点。至少从原则上讲，它能相对容易地积累知识，并为你所研究事物的科学认识之墙添砖加瓦。每项研究都明确了一些论点，增加了有利证据的分量，但也暴露出一些问题。这些问题有时会（尽管不一定）在后续研究中被提及和处理。

更具体地说，这种研究可以聚焦于关键变量，并采用大量的案例——搜集成百上千人的信息，而不是四五十个人的信息——来测量它们。因而，研究人员可以使用复杂的统计分析技术，并利用概率推理，将他们的发现推广到更大规模的人群或案例中。

研究发现出现在整个过程的最终环节，也就是当你搜集了所有数据，并且可以用数组、表格和特定的度量来总结它们的时候。到那时，你可能想报告一些新的发现，并从中提出一些理论。但在你计划和实施下一项研究之前，你还不能利用这些发现。

布丰的解决方案

在另一种形式的研究计划和实施中，研究人员会从事物一般性的、可能相当模糊的方向性想法着手。布丰知道世界上很多动物之间肯定有某种联系，但他不知道它们是如何联系的，也不知道他在工作中已形成的类别是否足以描述并区分那些新增和新颖的样本。这个世界可能包含比他所知道的更复杂的案例，所以他将寻找这些复杂案例作为自己的工作，并利用它们创建一个虽然暂时但更充分的分类方案。如果将这种思路运用于社会科学，你就会带着一些简单的导向性想法开始调查：我感兴趣的事情发生在哪里，谁会在那里，可能会发生什么——这是一个典型的提问列表。通过这种工作方式，研究人员可能会发现迄今为止意想不到的、需要理解和解释的现象。这与沿巴西内陆的大河阿尔托新古河（Alto Xingu）逆流而上，寻找并幸运地发现一个从未与欧洲人有过任何接触的部落的人类学家没什么不同。研究人员听不懂他们的语言，对他们的生活方式也一无所知。当然，任何一位人类学家都会猜测，这种仍然与世隔绝的群体有某种亲属制度来定义和规范性关系及其后果，有某种宗教来阐释那些似乎没有实际日常解释的事情，还有某种食物采集活动——但所有这些事情都还不为人所知。这项工作的主要内容就是在任何解释工作开始之前，描述这些必须被解释的内容。

W. 劳埃德·沃纳是一位社会人类学家。他曾研究过澳大利亚的一个土著社会"墨金人"（Murngin，1937），以及一个现代美国社区"扬基城"[1]（1941—1959）。他向学生提出了一些开展田野调

---

① 马萨诸塞州纽伯里波特（Newburyport）的学名。

查的建议，"当你得知某个重要事件将要发生时"（比如入会仪式或大型公民庆典），"你要比其他人先到那里，保持全程在场，并最后一个离开。其间，去和在场的每个人谈谈，让他们告诉你发生了什么。"

他建议道，如果你这样做了，即参与了这个事件，你就会有一些可以询问他人的具体事项。如果你像我一样把社会生活看作一个过程——这件事发生了，那件事也发生了，接下来还有另一件事发生——如果你能查明"它"是什么，而不是试图把这些事件放入已经被定义好的插槽（slots）中，你就能更好地理解它。

所以，在这种形式的研究中，你一开始了解到的东西部分塑造了你要探寻和你发现需要解释的东西。当布兰奇·吉尔（Blanche Geer）和我开始对堪萨斯大学的本科生进行长达数年的研究时（Becker，Geer & Hughes，1968），我们已经针对一所医学院完成了为期数年的学生文化研究，并形成了许多关于学生的所处状况和应对行为，以及他们如何合作以产生共享认识的观点。显然，我们不能把在封闭、高压且目标严格的医学院环境下得出的学生文化研究结论套用到情况完全不同的其他本科学院中。我们有一些一般性的指导观点。例如，文化成长于那些共享问题情境，并有机会就问题进行交流的人群中。但是我们推断，不同的情境可能会产生不同的结果。所以，除非我们比开始研究时了解到更多信息，我们无法产生任何详细的、可检验的命题。

我们第一次走进堪萨斯大学校园——我们的研究地点，是在开课前几天，应该是在迎新周期间。我们打算研究我们在医学院发现的那种共享认识和有组织的活动（Becker et. al.，1961）。我们在各种学生组织为向新生宣讲而设置的桌子周围漫步，并向遇到的每一个人介绍自己——作为研究人员，我们未来几年都会在校园里出现。

一个自称"杰克"的年轻人问了很多关于我们是谁、我们在干什么之类的问题，然后就消失了。几个小时后，他再次出现（我们后来了解到，在刚才那段时间里，他和大学的各种工作人员一起核对了我们的证件信息，以确保我们的行为是正当的）并让我们坐下来，用了两个小时向我们介绍校园政治生活中大多数人都不知道的一些内情。他告诉我们，校园里有一个秘密团体，其成员由几乎所有主要社团的领导人组成，这些社团包括兄弟会理事会（Interfraternity Council）、全大学校友会（Panhellenic Organization）、大学女生联谊会（women's sororities）和学生会。他说，这个团体会秘密地决定谁将是这个社团的下一任会长、谁将是那个组织的下一任主席，它还控制着学生可以控制的大部分组织和政治事件，对大学高层管理人员也有相当大的影响力。我们善意地认定杰克有点疯狂，于是没有集中精力调查他的上述观点。

但接下来两年的田野调查让我们明白，他告诉我们的一切基本上都是事实。请注意，这只是我们正在研究的许多想法中的一个。我们谨慎而有所保留地用他那离奇的故事来确认我们的调查中涉及这些问题的部分。我们不断发现，校园里的很多事情确实如他所说的那样发生了。我们了解到一个又一个佐证，并用每一个佐证来进一步确定调查方向和构建问题，以及了解我们应该参加什么会议，等等。就算没有杰克的帮助，我们最终应该也会了解大部分事实，但他的披露加快了这个过程。

与此同时，我们使用了解到的其他信息来指导工作的其他方面。这里有一个突出的例子。一天下午，我和两个大一女生坐在一起，听她们聊这聊那。最后，其中一个人问起另一个人，关于前一天晚上和她约会的那个小伙子。"他怎么样？""他真的很好，我玩得很开心。但我不会再和他约会了。""为什么呢？""他的 GPA[①] 很低。"另一个女生接受了这一解释，她认为这足以说明为什么一个其他方面都很理想的小伙子会被拒绝。但我没有接受。以成年人的智慧考虑，这听起来不太合理，所以我问："这有什么关系？"她同情地看着我，就像在看一个不懂某些生活基本常识的孩子一样，然后解释道——她的朋友也会意地点点头——她现在是大一，还会在学校待三年，因此她无意和一个可能今年以后就不在大学里的人认真交往（在她的设想中，对方会有一门或多门课程不及格，然后不得不离开学校）。她不想在社交和恋爱方面束缚自己，以免影响她所期望的那种大学美好时光。这一意想不到的观察，还有校园生活其他领域的许多类似经历，都提醒

---

① GPA（Grade Point Average）是大学衡量学业成绩的标准，是学生所学课程绩点的平均值。——译者注

我们 GPA 在学生生活中压倒性的重要性。我们从未想到学生的浪漫生活会反映学校评分系统的影响，而这足以形成一个可检验的假设。事实上，我们给堪萨斯大学的一些教职员和管理人员讲了这个故事，他们表示难以置信。

通常，这种类型的研究人员要么开展广泛而长期的田野调查，有时还作为他们正在研究的活动的参与者；要么围绕一个共同的话题做长期的、有时是无脚本的访谈。无论哪一种情况，他们都会用某一天了解到的东西来规划和指导第二天的工作。我的工作也包括这两种情形：第一，多年的田野调查，日复一日与音乐家、学生一起做计划；第二，一系列详细的访谈。在每次采访中，比如以大麻使用者、学校教师和戏剧界人士为对象的访谈（说明一下，这是三个不同的研究项目），我都会根据受访者描述的人物与环境信息调整我询问的问题。如果你以这种方式工作，就可以迅速调整工作方向，将你没有预料到的有趣问题融入你对所研究现象的理解。你可能会在随后的访谈中询问由第一次访谈引发的问题，并且你会花时间去寻找关于某个有趣事件或想法的其他事例，这会让你对该事件或观点的理解复杂化。研究在一个持续的过程中解决了一些问题，也发现了一些问题，只有当时间、金钱和兴趣耗尽时，这一过程才会结束。

你不能提前做计划，向持怀疑态度的听众（比如学位论文委员会或研究资助来源）描述你要做的事情。你也不能把工作外包给一个研究小组，除非你让他们在项目的所有工作中成为平等的合作伙伴。你永远不知道研究结果会是什么，尽管你可以确定自己会得到一些结果。你也不能为你想说的任何事情提供确定无疑的证据，尽管你在这个研究方向上可能比很多田野调查导向的研究人员做得更多。

大规模的定量研究可以完成同样的事情，但它的时间尺度不同。当这种类型的研究人员遇到困难和错误来源时，他们可以记录并向同事报告（就像沃林和沃尔多做的那样），然后在做进一步调查和其他数据搜集工作时将这些因素考虑进去。最终，两种类型的科学家都能改进他们的常规程序，提高数据的准确性。

李伯森的建议

斯坦利·李伯森（Stanley Lieberson，1992）是一位杰出的方法论学者，他全面地阐述了社会学工作中出现的这两种模型。他对模型的阐述细致而又审慎，最终坚定地得出结论：社会学家应该使用他所描述的"概率"模型。以下是他的论证过程：

> 一方面，我们假定如果有证据与某个理论相矛盾，则表明该理论是"错误的"，或至少需要一些修正。另一方面，在社会科学中，假定所有相关的数据都与某个理论（即使该理论是准确的）相一致也是不现实的。迄今为止，支撑一个理论的证据很难有力到可以消除其他解释。因此在目前的程序下，如果

我们这样做，我们就该死；如果我们不这样做，我们还是该死。如果我们正在处理理论，那么我们其实也正在处理证据。如果我们把证据看得太重，可能就会拒绝相当不错的理论；但如果我们忽略证据，我们就没有理论，而只有猜测。我们该如何解决这些问题？

第一步是要认识到，我们本质上在与一个概率世界打交道，大多数社会学理论所表达的确定性观点，以及作为批判性检验的概念基础的确定性观点都是不切实际和不恰当的。如果以概率的方式提出理论，具体来讲就是一组特定的条件将改变特定结果出现的可能性，那么我们不仅可以正确地描述现实的社会生活，也将摆脱消极证据自动意味着理论错误的假设。确定性的理论则会假设一组特定的条件将导致一个明确的结果，简单明了。为什么假设一个概率性而非确定性的因果环境是合理的？我会忽略在测量社会事件时产生的大量、几乎无限多的数据错误。这些错误可能会阻止我观察到一个特定的结果，即使这个结果总是出现。除此之外，在一个复杂的多元世界里，就算我们假装认为社会生活由确定性的力量驱动，那也不现实。影响一个结果的条件是如此之多，因此认为一个正确的理论能预测甚至解释任何特定条件下的结果显然是幼稚的。只有最简单、最机械的概念才会假设一个理论必须在所有历史背景和情境中具有支配性的影响力，而不考虑历史场景的异质性。再者，一个能解释所有事件的理论，几乎可以算一部世界历史了。(7)

这种概率论的方法显然有很多值得借鉴的地方。李伯森批评了那些旨在处理研究情境中出现的所有事件和对象的研究模式，因为他十分明白，这些事件和对象很可能会影响我们想解释的结果。

从概率的角度来看，包含复杂的一连串事件的理论是没有吸引力的，经验证据很可能会产生误导……一个包含一组序列的理论，只有当序列中的概率差不多都是 1.0 时才有用。即使如此，概率值也会随着序列事件数量的增多而迅速下降。假设给定 X, Y 的概率是 0.7；给定 Y, Z 的概率为 0.6。那么，给定 X，则 Z 的概率为 $0.7 \times 0.6 = 0.42$。因而，这两个理论都正确。但是，将多个步骤汇集在一起的理论，其预测能力通常弱于将每个步骤视为单独理论问题的理论。当第二步发生的概率很低时，错误就更糟糕了。比如，一个人要患上麻痹，首先必须感染梅毒，而梅毒又必须在未经治疗的情况下发展至好几个阶段。即便如此，在那些未接受治疗的潜伏梅毒患者中，发展到麻痹阶段的人也远远不到一半。诚然，对于那些具备初始条件（X 或梅毒）的人而言，最终结果出现的概率将高于那些没有经历 X 或没有感染梅毒的人。但是，当我们检查这个链条的每个部分时，我们在分析和理解方面会收获更多。此外，对于复杂链条中的某些部分，我们可能还没有任何理论上的解释。在导致第一次世界大战爆发的一连串事件中，什么理论可以解释斐迪南大公在

1914 年遇刺的原因？什么理论又可以解释在没有遇刺的条件下爆发战争的可能性？（8，李伯森的引用略去）

但是……是的，这里有一个大大的"但是"，它让我修改了上述的合理评价。社会学研究不需要得出能预测一组特定先决条件的结果的结论，也不需要预测哪些人最终会患上麻痹。社会学的目标不在于此，而在于讲述导致麻痹的路径，它把每一步都当作一个需要研究的过程，一个包含导致最终麻痹的很多复杂因素的"黑箱"——更确切地说，一个输入－输出机器。李伯森认为，这些复杂因素是如此棘手（他不是唯一这样想的人）；但对我来说，它们其实是我想研究清楚的新事物（我也不是唯一这样想的人）。我想把其运作方式融入我对与导致麻痹有关的输入－输出机器的理解当中。我在其他作品中曾深入探讨过黑箱的逻辑和它们的内部工作机制（Becker，2014；参见 95—121）。现在对这一立场做一小结："我们经常说（甚至坚持认为）社会事件有多种原因。但是标准的研究方法并不包括寻找我们尚不知道的原因的机制。它们能够很好地估算 A 和 B 的关联程度（如李伯森例子中的 X 和 Y），但不适用于探究'无法解释的差异'。这种差异一直在黑箱里，直到我们去寻找它。"（65）将社会学的研究工作理解为探索输入－输出机器的内部工作机制，而不是探索原因和结果之间的相互关系，这会改变研究活动的性质。按照这种方式工作，社会学家会期望增加故事的复杂性，而不是简化它。这种探索不一定是反定量的，关于这一点，我已经在讨论定量比较分析等理论方法，以及在定性和定量研究中的类似方法时做了详细解释（Becker，1998，183—194）。但是，这不是为了提供经过验证的相关关系，为预测提供基础以准确地引导个人决策——这些预测只是暂时的，因为它们包含的证据仅在概率上真实。相反，对于这样想的人来说，更重要的目标可能是影响组织的行为，而组织的管理人员期望这些行为具有可验证的社会后果。

下一步……

这两种模型以及构思和开展研究的方式不断出现在社会学的历史中，已经有大量文献评估了它们的价值、缺陷以及研究人员在开展研究时必须做出的选择。

这些讨论经常带有争论的意味，双方坚持认为"我的方法比你的方法更好"。我已经尽力避免那样做。这两种研究方法都有问题和缺陷，我想公正地评价它们。不是给它们打分定级，而是看看社会学领域的研究到底有什么问题，然后提出解决问题的方法。

最明显的是——我马上就给出最容易猜到的重头戏——请根据具体情况采用这两种方法，对于使用过程中出现的困难不要持一种准宗教的态度，切实可行即可。我们有很多这样做研究的出色案例，还有其他例子表明，这两种研究能够以不同的方式为增加知识做出贡献。我不确定比尔兹利·鲁姆所期望的"社会科学之墙"会不会建成，但我们可以开展一些不错的研究工作，这就足以让我满意了。

这两种模型的区别在于它们各自与数据－证据－理论圆环的关系。"定量"模型最常出现的麻烦在于数据与证据之间的联系，即证明数据确实测量了研究人员认为它们应该测量的东西，以便在随后的论证中将其作为有用的证据。"定性"模型的问题则出现在另一端，即证明搜集到的证据与研究人员坚持认为它能体现、证明或相关的观点之间具有明确的联系，尽管这些证据基于研究人员声称与观察到的事实相关的可接受的数据。如果你认可其前提，那么每一种方法都有其声称的优点，但同样也有它不愿处理（除非不得不处理）的特征性缺点。

以下是关于后文要讨论内容的大致路线图。首先是关于社会学研究方法之争的简短而有选择的历史，其次是表明良好科学方法的构成要素的两个例子，它们出自自然科学领域两个被精心描述的研究项目。在第二部分，我会讨论美国人口普查作为经验研究原型所引发的许多典型问题。接着是一系列简短的讨论，从实际开展数据搜集的人的角度来处理这些方法问题，说明主要数据搜集者的动力、处境和技能决定了构成数据的研究结果，进而决定了我们可以为自己的观点提供什么样的证据。

第 |2| 章

观点、意见和证据

前文是关于研究问题的一些比较一般和抽象的思考方式。但是，这些意见分歧当然不会发生在历史真空中。为了彻底理解这个问题，我们必须看看过去发生了什么，以及那些事件产生了什么样的组织后果。比如，形成了什么样的团体？哪些开展科学活动的方式已经或多或少固化成社会学家的工作环境和职业生涯中的永久特征？

我们如何解决问题？

三位电影爱好者出来喝酒，他们开始讨论奥斯卡金像奖。三人对各种奖项发表意见，有时也会产生分歧。他们遇到了一个问题，关于哪部电影在 1986 年获奖，他们意见不同。其中一位影迷认为是《走出非洲》（*Out of Africa*），并且梅丽尔·斯特里普（Meryl Streep）因在该片中的表演获得了最佳女演员奖。第二位坚持认为是《紫色》（*The Color Purple*），并且乌比·戈德堡（Whoopi Goldberg）获得了最佳女演员奖。第三位则认为获奖电影是《蜘蛛女之吻》（*Kiss of the Spider Woman*），而最佳女演员是出演《甜蜜梦幻》（*Sweet Dreams*）的杰西卡·兰格（Jessica Lange）。他们反复争论，每个人都表示自己清楚地记得他的候选对象是如何获胜的。最终他们在每个奖项上各下注了 10 美元，并询问调酒师谁是真正的获奖者。如果他们问的是一个棒球问题，调酒师还可以帮助他们，而他对电影一无所知。现在是 21 世纪，其中一个人拿出手机查阅维基百科，然后宣布真正的获奖者是《走出非洲》。但谁都没猜中最佳女演员，因为获奖的是出演《邦蒂富尔之行》（*The Trip to Bountiful*）的杰拉丹·佩姬（Geraldine Page）。赢家获得了押在"最佳影片"这个奖项上的所有钱，在其他赌注上的钱则各自收回。

维基百科帮他们解决了问题。无需任何讨论，他们都同意不管维基百科说什么都会解决问题，没有人质疑手机屏幕显示的内容的准确性或有效性。人们常常对维基百科在特定主题上的说法表示怀疑，但在这个事件里，没有人提及批评者在指责维基百科条目时经常提到的政治偏见、编辑失误、缺乏适当引用来源等问题。我在芝加哥成长的那段时期，人们会通过致电《芝加哥论坛报》（*Chicago Tribune*）的方式来解决这些酒吧里的赌注，那里似乎有人日夜待命负责解决这类问题。

采用前文提到的语言，可以说每一位打赌者在哪部电影、哪位演员获奖的问题上都提出了一个假设（换一个花哨的名字，即一个观点）。他们找到了各方都认可的关于谁是真正获奖者的权威**数据**（维基百科中的陈述），然后用这些数据作为**证据**，得出了一个三人都接受的、能够解决赌局的结论（他们不必像我这样详细说明这些逻辑步骤）。

我一直认为，当年我在芝加哥酒吧里弹钢琴时听到的顾客们的争论，是后来我在社会学和其他领域的学术争论中遇到的所有问题的原型。在我看来，无论在哪个知识领域，无论使用哪种数据和分析方法，观点、数据和证据这三者的关系以及人们运用它们的方式，从以前到现在一直是科学方法的核心。

但是，社会学以及共享或交叉主题和问题的其他领域，不会以学术形式出现在酒吧里，也不会让维基百科解决任何问题。用让观点支持者和反对者"检验它"或"对它进行研究"的方式来阐述一个观点时遇到的困难，并不那么容易得到解决。研究人员对答案展开激烈的争论，他们对于哪些数据"算数"、能作为大家都接受的决定性数据，以及这些数据作为证据能证明什么有不同意见。接连不断的争论有时会以一种永久的有组织的分组形式固定下来。这些分组相互竞争学术职位、学生、出版机会和（最重要的）研究经费，研究经费为研究人员提供了完成科学工作所需的时间和其他东西。

具体来说，一些社会学家更喜欢、更倡导"定量方法"。他们寻找"硬数据"，即他们提议计算或测量的东西。他们将这样搜集来的数据进行分组比较（多半根据它们在标准化排序中的数字），并且常采用统计检验来决定什么时候关注一个分析结果，什么时候将其作为证据来支持他们的观点，什么时候又不得不放弃这个数据，因为它不能胜任这项工作——这就是第1章所描述的林奈模式。另一些社会学家使用"定性方法"，密切且较长时间地观察人群、组织和环境，记录大量的田野笔记以详细报告他们的发现，他们不太担心测量问题（尽管事实上他们经常对事物进行计算，并使用计算结果检验提出的观点）。他们使用搜集到的数据，以适合数据性质的各种方法进行分析，以支持他们的观点。这属于布丰模式。这两组人经常争吵，因为他们认为另一方搜集的数据充满错误，不能作为任何东西的证据。

这样一来，社会学家形成了很多系以及跨系的联盟和工作小组，这些组织往往体现了与林奈和布丰的研究方法相关的思想和工作方式。

例如，我经常被归类为"定性"研究者。的确，我个人喜欢做田野调查——比如，在人们开展例行工作时与他们待在一起，或在长期、松散和非结构化的访谈中讨论他们生活或经历的某些方面。尽管我的大部分研究都是这种类型，但我是在与20世纪20年代和30年代的芝加哥大学社会学系相关的传统中成长起来的。当时社会学系由罗伯特·E.帕克领导，他同时倡导这两种类型的研究。就像其他很多"定性"研究人员所做的那样，在工作中，我也经常对事物进行计算。而且——我希望这听起来不会太软弱——我的一些好朋友也会处理数字。

但是，我最终开始思考是什么让数据成为值得认真对待的证据，以及当我们想凭经验评估自己的想法时，应如何考虑那些不可避免出现的问题，然后围绕这些话题搜集数据。我的结论是，问题在于数据－证据－观点三部曲，以及我们希望在它们之间建立的联系频繁失败。

因此，我开始认真对待包含定量社会科学数据错误的集合作品。我认为它们当中的佼佼者是奥斯卡·摩根斯顿（Oskar Morgenstern）的经典著作《经济观察中的准确性》[*On the Accuracy of Economic Observations*，（1950）1963]。作为经济学家和博弈论的共同提出者，摩根斯顿的经验研究集中于对外贸易主题。关于 A 国向 B 国出口了多少商品，以及这些商品的易手价格的现有数据充满错误，困扰着他和在该领域工作的其他人。摩根斯顿特别不喜欢关注两个数字之间微小差异的惯常做法，因为他非常清楚（他假设其他人也一样），这些作为某种证据的数字实际上充满错误。直截了当地说，如果你没有看到两个数字之间有至少 10% 的差异，那么你的发现真的无法作为证据证明任何重要的东西。有的研究人员曾说，因为错误是随机分散的，所以它们可以"相互抵消"。摩根斯顿对这种说法感到特别气愤，尽管主张这种解释的人从未提供过这一关键论点的证据。不管怎样，他们确实使用了有缺陷的数据。

我小心翼翼地阅读了摩根斯顿的著作，并将他的发现与后来学者的发现以及我所知道的社会学数据中的类似问题（我将很快报告其中的大部分）结合起来，这些问题与困扰他的事情有共同之处（参见 Deutscher，1973）。我开始搜集各种错误，就像有人搜集邮票一样。说实话，很长一段时间以来，我只对定量工作中的错误感兴趣。一般来说，定量工作包含更多错误，因为在定性研究过程中人们更容易即时发现和处理错误——你可以回去再看看，或者再问一遍。因此，你已经消除了最终成果中很多出其不意的错误。你能这样做是因为，当你通过改变提问方式或观察不同的事物来解决问题时，你不会使整个研究项目失效，这一点我将在后面详细阐述。摩根斯顿发现的错误肯定也会被其他定量研究人员发现，那么还有谁会知道如何发现这种错误呢？我开始注意到在我的定性研究同事中也有类似的内部混乱，他们通常有能力纠错，但就是不去做——这就是本书诞生的契机。

我还发现了大量同类工作的例子：研究者做得更认真、更负责，他们避免了已知的错误，拒绝给予证据超出其能承担的分量，同时付出了更多的努力，花费了更多的时间和金钱以确保论点的可靠性。

我还意识到了另外一些事情：我非常尊重定量工作，也了解了很多我之前不怎么看重的定性工作。在这两个领域中，你会发现一些错误表面上看起来不同，但又经常表现出相似的缺陷（后面会有例子，请耐心等待）。我所尊重的定量工作有一个共同的特点：研究者从不使用无法提供让人信服的证据的数据去证明某些陈述。在一些定性工作中，我也常发现这种模式。

在很大程度上，人们不假思索地认为当前这种定性和定量研究方法之间的制度化冲突是正常的。而对历史因素的回顾表明，数字和文字之间、精确性和表达性之间、一般规律和对特殊状况的解释之间（更简洁地说，林奈和布丰之间）的对立，所有这些仪式化的敌意和冲突都与社会学家实际做的工作不相符。社会学家过去并不总是那样做，现在也不总是那样做，而且，真的没有充分理由要那样做。但是，方法论阵营之间的分歧已经根深蒂固，并成为学科生活中一个不幸的事实，融入日常的组织实践。我们可以忽略它，但是必然要付出代价。

　　这些争吵及其给组织带来的影响已有一定历史，因此了解过去如何导致目前的状况是很有用的。免责声明：这不是真实的历史，不是那种你转向该领域时查阅的标准意义上的历史。更准确地说，这是我当时看待它的方式，而它更像是这种狭隘观点的历史。想了解更详细、更严肃的历史，请特别参阅普拉特（Platt，1996）和卡米克（Camic，2007）的作品，但首先我们要进行语言上的澄清。

术语说明

　　因为本书大部分内容涉及研究方法的问题，而且许多此类问题会以不同的形式和严重程度出现在不同的工作方式中，所以我们在语言使用上要格外小心。对于一些常见术语，不同的人有不同的理解。因而，很多看似严重的分歧实际上是由于我们使用的词语缺乏共同的含义。我不会尝试去规定其他人应该赋予这些词语什么含义（我过去曾以更宽松、更不正式的方式使用这些词语，甚至可能在本书中也这样做过）。但从现在开始，我会更谨慎地使用这些术语。

我将使用"定性"来描述这种研究：它关注构成主题的各种资料中的细节和含义的细微差别，并且通常（并不总是）用词语而非数字来描述研究数据。它的主要数据可能是研究人员观察或访谈的逐字记录，以及历史资料，等等。研究人员将资料的含义视为需要他们去发现的东西，而不是毫无问题的既定事实。有时，他们可能会对他们所描述事物的实例进行计算。

我强调"研究人员将资料的含义视为……"。当我问一个人多大了，我是把她给我的"年龄"的含义理解为一系列与出生日期相关的基数。这一现象让人感兴趣的地方在于我可以用这个答案做算术题（例如，计算一个群体内成员的平均年龄），那我就是在做"定量"研究。我通常不会检查她对"年龄"这个词的理解。但是，如果我认为她回答的这个词在特定社会环境下具有我还不知道的含义，同时我还用它来解释对方谈到的关于生活和社会状况的其他事情，而不试图对这些事情进行计算——那么，我的研究就是"定性"研究。

人们之所以会在主要的术语运用方面遇到困难，是因为社会学家和其他学者使用各种词语来描述产生和使用数据的操作，而这些数据无法进行算术运算，所以需要用其他方式处理。以下是我想描述的事物和我将用来表示它们的词语，例子则出自我自己的研究。

"田野调查"是一个宽泛的通用术语，源自经典的人类学研究方法，意指离开家到另一个地方（即"田野"）去搜集一个社会或地区的数据。关于这个社会或地区的信息至今仍是未知的，以至于研究人员甚至不能构想出合理的研究问题。他们不知道"当地的"语言、宗教或亲属制度，而在形成一个研究问题之前，他们需要了解这些事物。研究人员利用第一天搜集的数据来规划第二天的研究，像这样往前推进，提出越来越具体的问题。随着学习的深入，他们能够更有计划地调查问题。并且，他们会记录所有事物，而不只是类似年龄这样显著的事实，或研究对象就某个现象的说法。

社会学家不会去太远的地方开展研究，尽管他们有时会去所处社会中某些他们几乎一无所知——就跟人类学家对新几内亚偏远落后地区或亚马孙流域鲜为人知的区域的了解一样少——的地方。然后他们可能会像人类学家一样开展工作，学习当地的语言（在与研究对象的共通语言中，了解词语的当地含义）、社会形态和他们临时住所中的生活方式。不管他们是否理解，他们都会把一切记录下来。更重要的是，他们利用每一天的信息去制订第二天的调查计划。

这就是纯粹的田野调查案例。很多社会学家都做过某种形式的田野调查，研究那些与他们自己的生活和实践不太相干的人。

在完成一天或一夜的工作后，他们回到自己熟悉的家，继续他们的日常生活。

田野调查的一部分工作是向你正在研究的人提很多问题，它们通常是关于你所看到的对象和活动的非常简单的问题："那是什么东西？那个人是谁？他为什么那样做？我们要去哪里？"对方会以他认为合适且能回应问题的任何语言来作答。当你从这些答案中了解到更多信息后，你就会开始构想你的研究问题和研究计划。你的提问将变得更系统化，并且你会促使对方回答得更具体，直到你所做的事情看上去越来越像访谈：你会预先准备一份问题清单，你确信这些问题的答案会以其中某种形式出现，这样你就可以向很多人提同样的问题，并更系统地总结他们的答案。

但事情并不总是这样顺利，因为你常常不知道人们使用的词语是什么意思，有时连他们自己也不清楚。因而，你会就不理解的词语寻找一些示例，同时让对方向你解释。

至此，你可以把你正在做的事情叫作访谈，但是这个词有多重含义。它当然可以涵盖我刚才描述的这种松散、非正式的询问；但是它也包括研究人员更系统使用的其他常见形式，比如为了得到特定形式的某些信息（如基数中的年龄），访谈员向受访者提供预先准备的多项答案供其选择。研究人员也可能会出于其他目的让受访者用自己的话表述，然后通过解释答案的含义并将其归类，把这些答案转化为数据。在"结构化"访谈和"非结构化"访谈的两个极端之间有很多可能性。

我曾经花了一年的时间观察和采访旧金山戏剧界人士。我想知道他们职业生涯的所有情况：他们（演员、导演、技术人员等）在哪里学会了工作所需的技艺，他们都参加过什么演出，他们是如何得到其中每一项工作的，等等。一开始，我接触的人都有一点紧张。他们问："这个需要花多长时间？"好像他们不确定自己是否有时间应付我将要让他们面对的任何蠢事。后来我想到了一句能克服他们的不情愿的套话："嗯，我只有两个问题。你是怎么进入这个行业的？后来发生了什么？"这是我真正想知道的事情。我无法提前知道他们的答案会包含什么内容，所以我无法想象任何预设的固定问题表（如果有的话，它会方便而完整地引出我想要的信息）。因为我确信我想用对方的语言习惯来表达我的问题，我还会根据受访者已经提到的细节调整问题的形式。他们对我的小玩笑付之一笑，然后回答了我想要的所有细节，而不只是填写明显的（或隐性的）空白表格。我鼓励他们详细地回答问题，因此了解了很多我本来不知道，也不会问的事情。

这些当然是访谈，但它们与普查员或调查研究机构的访谈员所采用的访谈形式有很大不同；在他们那里，问题将以固定的顺序和措辞提出。我的戏剧界访谈也不同于我所做的其他访谈，那些访谈往往是一时兴起。当我在医学院进行田野调查时，如果我和一个学生单独相处，在等待其他事情发生时，我也会跟他聊聊他的学生经历中我感兴趣的某些方面。如果我够幸运，对方可能会觉得这个问题很有趣，从而愿意详细地回答，还可能引出另一个领域的话题，直到他接到平时会接到的那种电话，不得不去给患者看病。我后来基本不再用同样的方式对其他人做这样的访谈了。

因此，我们必须区分不同类型的访谈。在一种极端情况下，访谈员会写好问题并读给受访者，而受访者的回答会被记录在已经确定的类别中。在另一个极端，像我这样的访谈员会让人们谈谈他们感兴趣的一些话题，并根据在访谈过程中听到的内容构想具体的问题。我们可以称前者为"结构化"访谈，后者为"非结构化"访谈。因为可能性是如此之多，显然我们永远不会有任何可用的井井有条的类别集合来对它们进行分类。我们也不能继续不分青红皂白地把所有行为都称为访谈。

开展田野调查的人——那些加入他们感兴趣的环境，观察、倾听并不断重新构想自己的想法和兴趣的人——可能会在这个连续体的任一端以各种各样的方式在不同时间开展访谈。把他们可能做的所有事情都称为"访谈"会导致误解。我建议大家详细说明特定案例涉及的访谈种类，我在本书中也会这样做。

为了指出这种立场的一个关键后果，我们绝不应该将对一个现象的实际观察与从声称观察到该现象的受访者那里搜集的描述混为一谈。第二种描述作为发生之事的证据，虽然永远不如第一种描述有分量，但它可以影响我们对多重情境中发生的事情的总体判断。

但是，这里又出现了另一种复杂的情况。在我研究戏剧界人士时，我不只是访谈他们，我还去了他们表演或排练的地方。经过大约一个月时间，我认识了很多人。因此，我的访谈引出了一种田野调查。我可能会在一个新演出的开幕式上碰到我访谈过的人，我们会聊这聊那，他们也会告诉我刚刚发生在他们身上的事情，他们还会把我介绍给其他人……你明白了吗？

最大的问题归结为两个。研究人员自己观察到了什么，他们的所见所闻提供了什么样的证据，这些证据可以用来支持什么观点？还有，研究人员有多容易改变他们的研究设计并寻找和使用新信息？越开放，就越像田野调查；越封闭，就越像正式设计的调查。与往常一样，读者必须注意实际报告内容的细节，不能依赖任何刻板印象。

以下是关于"民族志"的一个说明。这个词的含义总体上是模糊的，它涵盖了我刚才描述的所有活动，模糊到当有人说"我就我的主题做了民族志研究"时，我甚至不知道我刚才描述的各种事情中哪些是他们做过的。如果我对此感到困惑，我想其他人也是如此，而且这个词已经因为这类过度乱用而变得毫无用处。我建议禁止使用这个词，或者至少自愿放弃使用，如果这样做有好处的话。

考虑到这些，我们需要做一些历史方面的说明。

定性与定量的争论：一个更加统一的时代

这场仪式化争论的双方都忽略了这样一个事实：在很长的研

究历史中，研究者成功地混合了两种数据搜集形式——在可能的情况下进行统计，寻找其他形式的信息，以便在可用时提供其他类型的分析资料；研究者经常在同一项或相关研究中结合两种类型的资料，使用可以拿到手的任何数据，并寻找有助于理解和组织研究发现的各种观点。

我在读研究生时开始阅读社会学的著作和论文，那时我非常年轻。1946 年，我开始在芝加哥大学社会学系攻读硕士学位时才18 岁，但那是该大学本科学院当时实行的令人迷惑的提前录取制度的结果。我于 1951 年毕业并获得了博士学位，那一年我 23 岁。

当时关于社会学的出版物比较少。三本主要期刊 [《美国社会学杂志》(American Journal of Sociology)、《美国社会学评论》(American Sociological Review)、《社会力量》(Social Forces)] 和少数（非常少的）地方性、区域性和专业性期刊囊括了我们每个人的阅读刊物。社会学著作的数量也不像现在这样可观。当时的社会学家人数不多，他们也没有能力购买或分配足够多的书籍（教科书除外）以使出版有利可图，直到 20 世纪 40 年代末美国《退伍军人权利法案》(G.I. Bill) 的出台才填补了研究生院的空缺。

所以，那时每个人都在阅读一切能找到的东西。我和我的同学们不会粗略浏览一份新到的期刊，看看里面是否有值得一读的东西；更不用说使用某种尚不存在的搜索引擎来提醒我们哪些内容需要放进文献目录。我们阅读每一篇论文，不管它属于什么领域，不管它涉及什么主题。所有这些都是社会学，都值得我们关注——此外，还有什么可读的呢？但我们的普世主义为塔尔科特·帕森斯（Talcott Parsons）厚重而令人生畏的《社会行动的结构》（*The Structure of Social Action*）破了例，我们大多数学生（至少芝加哥大学的学生）觉得可以放心地跳过它。我记得哈佛大学的一些研究生告诉我，他们都默认不阅读帕森斯教授在 1953 年以后发表的任何作品，因为帕森斯经常改变模式变量的数量，以至于让他们跟不上进展，无法快速改变研究计划和草案。这些学生认为，如果他们都践行这条规则，帕森斯教授就不会抱怨了。毕竟，他不可能赶走整整一届研究生，对吧？很显然他不能，或者说，不管怎样他没有这么做。

那时，一个认真的学生可能会阅读芝加哥大学出版社在 20 世纪 20 年代和 30 年代出版的著作集，其中主要包括罗伯特·E. 帕克的学生的学位论文。我们阅读了期刊上的所有论文，定性、定量或理论性的，主题涉及帮派、社区、工业组织、婚姻相处和预防犯罪的尝试。在三大主要期刊上得到发表的论文并不多，它们几乎构成了那时的全部社会学领域，而不是在 21 世纪我们视作理所当然的这个作品数量更多、范围更窄的领域。

那时我阅读的作品通常只使用一种数据，比如长期访谈、人口普查资料、问卷调查或调查访谈的结果，但也有作品使用多种数据（出自芝加哥大学社会学系并由芝加哥大学出版社出版的社会学著作尤其如此）。当我回想那些给我留下深刻印象（现在仍然如此）的著作和论文时，我发现它们都采用了多种方法，在某种程度上，大家也都认为那样做是理所当然的。这与现在受人推崇的劳动分工大相径庭。在现代分工中，定性研究人员提供见解和可能的假设，而定量研究人员提供检验和证明，使想法和见解转变为"真正的科学"。

以下是关于这种阅读经历所产生的态度的一个朴素的个人案例。当我决定以音乐家为研究对象写硕士论文时，我自己就是这样的音乐家——在酒吧、舞会、派对上演奏，并常常与刚认识的其他音乐家一起组成乐队（在芝加哥这样的大城市中很容易做到）。于是我自然打算通过参与观察来搜集主要数据，利用我作为一名演奏者的身份，出现在我想观察的地方和人群周围。这会让我在为硕士论文搜集资料的同时，得以继续演奏维持生计（尽管我还是个学生）。

但我很清楚，在我接受的传统学术训练中，社会学家要做的一件事是寻找研究对象的生态学特征。对我和我的大多数同学来说，这意味着空间分布。对于我这年轻而又未受过良好训练的头脑而言，"生态学"意味着绘制与我的研究主题有关的事物的空间分布图，其理论基础是社区具有可以从现有统计数据中辨别出来的"社会特征"。因此，我去了大学书店，那里肯定为像我这样的学生保留了大量的芝加哥街道地图。我买了一份这样的地图，然后煞费苦心地在上面标注了美国音乐家协会第 10 地方分会大约 12000 名会员的街道地址。我也属于这个分会，所有会员的地址和电话号码都在"协会手册"中（作为会员，我也有一份），这样人们就可以联系会员，提供一晚、一周或更长时间的工作。这就是他们开展业务的方式。我几乎没有意识到这些数据存在严重的缺陷，因为当时芝加哥有两个种族隔离的地方分会，黑人音乐家属于第 208 地方分会。在我与一个种族混杂的大乐队一起工作一年之后，事情变得复杂起来——音乐家们并不是特别赞成种族隔离，但协会的地方分部已经达成了一致意见，两个地方分会似乎都更喜欢这种状态（毫无疑问出于不同的原因）。

尽管费了九牛二虎之力才绘制出地图，我却开心不起来，因为我在音乐家的地址分布中没有发现任何地理规律。他们遍布全城！我真是太天真、太缺乏社会学思考的经验了，以至于没有意识到我精心绘制的地图数据包含了一个重要发现，一个揭示了音乐家在城市的阶级和种族差异地区均匀分布的模式（不同于社会学家当时用来研究"社会解组"——如青少年犯罪、离婚和精神疾病——的地理指数）。它也不同于其他许多类型的工作（无论高低贵贱），那些工作的从业者在芝加哥的地理和社会空间中的分布是不均匀的。比较常见的模式中（音乐家例外），在畜栏工作的人们居住在靠近工作地点的波兰和爱尔兰社区。正如斯坦利·李伯森（1958）之后以类似且更复杂的方式所展示的那样，爱尔兰、意大利和波兰医生会在自己族裔群体占主导地位的社区开设诊所，而犹太和盎格鲁-撒克逊医生则可能在中央商务区或其族裔同胞居住的较富裕的社区开设诊所。医生们在选择居住地时也出现了类似的模式。

如果我当时明白自己关于音乐家的田野调查对居住地选择有所启示的话，那这将会扩展李伯森结论的范围（当然，这个目标没有实现）。如果我遵循这一思路，我的地图将会在事实和理论方面显示一个重要发现，从而使经验格局复杂化，并开辟新的、可研究的问题。

但更重要的是，对于当前的主题，我不认为混合使用两种不同类型的数据会得出任何不寻常的发现。李伯森自己没有做过任何观察和访谈，但他毫不犹豫地使用了奥斯瓦尔德·霍尔（Oswald Hall，1948，1949）和埃弗雷特·休斯通过密集式访谈搜集的数据作为证据，并扩展了他们的观点。在我制作音乐家地址的地图时，我不认为我有什么创新之处——说实话我确实没发现。我的大多数同学几乎都会做类似的事情，如果这与他们正在研究的内容相关，并且他们的数据和我的一样容易获得的话。

我们阅读的期刊上刊载了当时可用的各种研究风格的论文。尽管每个学生有自己的偏好，但我们明白这都属于社会学，都可以作为开展研究的方法范例。如果这不是一种开展研究的好方法，那它怎么会出现在这些期刊上？证明完毕。

争论：布鲁默、斯托福和《美国士兵》

然而，关于社会学的定性方法和定量方法之间的争论（或争吵、误解）由来已久，不管这些表述可能具有什么含义。当赫伯特·布鲁默和塞缪尔·斯托福开始他们长期而激烈的方法之争时，我才刚出生（或许他们开始的时间比这还早）。但在某种程度上，他们的分歧为后来发生的一切定下了基调，尽管争论的很多细节并没有很好地保存在公开出版的记录中（在各个图书馆收藏的个人论文中可能有很多记录，但我还没有查看这些资料）。

斯托福、布鲁默和"美国士兵"研究

1947 年 12 月，美国社会学协会在纽约市举行了年会。赫伯特·布鲁默发表了题为《民意和民意调查》的演讲（Blumer，1969，195—208）。想象一下当时的场景。布鲁默身材高大、仪表堂堂，曾是美式足球职业球员，他的演讲风格令人印象深刻。他是罗伯特·E. 帕克和乔治·赫伯特·米德（George Herbert Mead）的重要学生，现在通常被视为芝加哥社会学派的创始人之一。他曾多年在芝加哥大学担任社会学教授。对于谈论的任何主题，他的典型做法是笼统地描述大多数学者处理这个主题的方式，然后权威地指出他们都错了［你可以在他的论文集《符号互动论》（Symbolic Interactionism，1969）中确认这一点］。在详细解释了每种方法的失败之处后，他会宣布"正确的方法"——一个总是可以从米德的著作中推论出来，并且将特定主题置于布鲁默关于社会和社会生活的更全面、更系统的视野中的主张。

在布鲁默演讲时，人们静静聆听。他的任何一次演讲在当时的美国社会学小世界里都是新闻事件。这一次，他以有条不紊、慢条斯理的方式颠覆了美国业已成形的民意研究的理论和实践，并特别抨击了民意调查的方法和结果，断言这种工作方式中有关公众和民意的本质的错误观念会导致它不可避免地产生错误结果。他说民意调查专家对"民意"没有明确的定义，只是简单地将其视为访谈的结果。与之相反，他认为"民意"是指有组织的团体内和团体间通过讨论和辩论而形成的对某一话题的集体理解，而不是像民意调查方法所假设的"个人意见的汇总"。他明确指出，如果你接受了这种对民意的理解，那么民意调查所依据的个人访谈就不能告诉我们关于民意的任何信息。

他的演讲结束后，两位评议人对他的论文进行了常规的学术批评。接着，台下的塞缪尔·斯托福反驳了布鲁默的观点。他比布鲁默稍微年轻一些，是芝加哥大学的博士（他肯定上过布鲁默的课）、哈佛大学的教授。众所周知，他是布鲁默刚刚大力抨击的那种工作方法、风格及其背后理论的支持者。虽然没有人记录下他的原话，但我的同学罗伯特·哈本斯坦（Robert Habenstein）当时在现场。他告诉我，斯托福震惊了在场的社会学家，不是因为他不同意布鲁默的看法（这在每个人的预料之中），而是因为他更进一步，出人意料地指责布鲁默是"美国社会学的掘墓人"。布鲁默的批评显然激怒了斯托福，并妨碍了他所从事的一些重要事务。是什么原因让一位哈佛大学教授那样爆发？斯托福认为布鲁默在为什么实体挖坟墓？

斯托福不仅是布鲁默的前学生和前同事。第二次世界大战期间，他曾主持当时规模最大的调查研究。在美国陆军的支持下，他创建的研究机构就陆军指挥官感兴趣的各种主题设计了问卷并进行了预测试，然后从 50 万名士兵中回收了完整的问卷表格，最后将分析结果以书面形式提交给了军事指挥官。他们研究了与军队士气、士兵的最终复员等话题相关的问题。这次调查行动无疑是一次巨大的成功，得到了最高上将乔治·C. 马歇尔（George C. Marshall）的高度认可。

对斯托福来说，这项工作的重要性超过了马歇尔的好评。斯托福的目标是对他来说更为重要的东西——美国社会学和社会心理学的未来。他想把这些领域转变成他和其他许多学者所认为的"真正的科学"。在他看来，"真正的科学"意味着测量重要的变量并使用先进的统计方法分析结果数据，以便检验从基本理论前提中以严格和确定的方式提出的假设。斯托福认为他组织的研究团队的工作让他做到了这一点，同时证明了这些方法的可行性，以及它们在产生真正的科学方面的成效。

战争结束后斯托福争取到了一笔资金，可以组建一个大型团队来编写最终以四卷本形式出版的《美国士兵》(The American Soldier, Stouffer, 1949, 1950)，其中实质性和方法论性质的论文都建立在从军队搜集的调查数据之上。哥伦比亚大学的保罗·拉扎斯菲尔德（Paul Lazarsfeld）和罗伯特·K. 默顿（Robert K. Merton）于 1950 年编辑了第五卷《社会研究的连续性：〈美国士兵〉的范围和方法研究》。虽然这不是斯托福研究项目的正式组成部分，但它旨在总结性地展示这一庞大资料库的纯科学用途，并希望这种工作方式最终能主导社会科学。

这个组织松散的工作团队意在明确以下主张：这类研究——通过对仔细测量的数据（在这项研究中，大部分是关于态度的数据）进行精心的定量分析，检验和证明设计好的理论假设——将向他们自身领域的怀疑论者，更重要的是向物理和生物科学领域的怀疑论者证明，社会学是一门"真正的科学"。斯托福、拉扎斯菲尔德、默顿和他们的同事想让这种在哈佛大学和哥伦比亚大学的社会学系已经牢固确立的工作方式，成为美国（乃至世界）即将到来的社会学时代的"常态科学"（这是托马斯·库恩后来提出的术语）。他们希望这五卷本能粉碎任何反对意见。而且，或许更重要的是，他们想向控制美国国家科学基金会项目的立法者和自然科学家们表明，社会科学（至少其中的佼佼者）应该在政府研究经费中有自己的份额。

斯托福的另一位老师威廉·F. 奥格本已经说服许多政府部门相信了这一点。他发起了一场成功的运动，将这一信息带到了华盛顿（Laslett，1990，1991）。但这些零散的发现并没有获得期望中的物理和生物科学（就相关人士而言，它们无疑是真正的科学的典范）领域学术领导者的认可。

把陆军调查结果作为进一步分析的数据的某些动机，想必是出于对第一次世界大战后物理科学在美国大学里的地位的嫉妒。我还记得理查德·拉皮尔（Richard LaPiere），他在斯坦福大学的一个小系当过很多年教授，也是两次世界大战之间美国社会学界的一位领导者。他带着明显的情绪向我讲述，当他走进斯坦福大学教师俱乐部，听到那些"真正的"科学家语带嘲讽地大声喊"社会科学家过来了！"时，他是多么难受。许多年后，那种感觉还在。

我一直在想象（这肯定是一种极端的、过于简单的想法）编写四卷本的劳动分工：默顿提出社会学理论，然后斯托福采用拉扎斯菲尔德发明的巧妙新方法对这些理论进行分析。例如，"参照群体"的概念——源于士兵对自身现状的态度研究——至少在一代人的社会学思考中发挥了重要作用。调查显示，士兵生活状况的客观水平对其服役体验各方面"满意度"（研究人员将其作为所谓"士气"的测量标准）的影响，远远小于这些士兵对其他士兵状况的了解的影响。如果甲连士兵认为他们比刚刚过去的乙连士兵（他们的"参照群体"）的状况差，那么与他们认为自己和对方一样好或更好的情形相比，这些士兵会感觉更糟。他们的书中充满了关于这个概念和类似概念的论证演示，并以表格的形式支持论证，而这些表格又展示了他们所采用的变量的影响。

这个项目的四卷本成果不仅体现了调查研究团队的成就，还体现了其合作者对于最终解决所有关于社会学地位的棘手问题的期望。这里让我们再回到社会学协会年会上爆发的斯托福反击布鲁默的场景。当时斯托福一定认为，他和他的研究伙伴们完全有权利享受同行对这份来之不易的胜利的认可，但布鲁默作为这个领域的资深学者却抨击了他们的期望和成就。

当然,斯托福和其合作者的愿望远远不止避免在教工餐厅遭到嘲笑。定量方法的支持者期望,他们展示的研究结果和科学方法有朝一日能使他们控制专业协会、大学院系和研究生项目,进而控制下一代人的学术训练。一旦赢得科学地位,他们也期望增加在该领域学术期刊中的分量和资金来源。然而他们的这些期望并没有实现。如今更高的赌注改变了学术社会学中的权力关系,并导致不同方法的实践者之间产生越来越强烈的分离感。

1948 年选举的惨败

斯托福想必也希望其团队的多卷本成果能克服另一个巨大障碍(它出现在美国社会学协会年会以及他对布鲁默的批评进行反击之后):1948 年选举的惨败,当时主要的民意调查对于 1948 年总统选举获胜者的预测都令人吃惊地失败了。如果民意调查能有效地发现潜在的事实,则托马斯·杜威会赢得选举并成为美国第 33 任总统。然而,杜威却惨败给哈里·杜鲁门。

当时颇受欢迎的《文摘》(*Literary Digest*)杂志首次尝试通过所谓的“民意调查”来评估民意状况,其邮件调查旨在预测 1936 年总统选举的获胜者。这项民意调查严重误读了民意状况,它宣称来自堪萨斯州的默默无闻的共和党人阿尔夫·兰登(Alf Landon)将击败现任总统富兰克林·罗斯福。当然,这并没有发生。这同时导致外界对该调查方法的批评。事实上,对民意调查方法的批评与这些方法的发展是同步推进的（Squire，1988）。

乔治·盖洛普（George Gallup）新成立的美国民意研究所正确预测了 1936 年的总统选举结果，获得了《文摘》杂志溃败后留下的生态空位。它在 1948 年以前一直表现良好，在这个当时依然相对新兴的调查行业中，它和其他主要机构（克罗斯利、罗珀）一样预测杜威会获胜。这一惊人的失败打击了公众对民意调查的信心，而斯托福和他的同事们本来期望能解决这个问题。

民意调查的失败引发了人们对许多问题的认真反思，比如如何进行准确的民意调查和做出经得起实践检验的预测。批评家和一般公众都公开质疑整个操作过程的可信度。灾难性的误判既影响了大型民意调查机构的商业利益（这些机构依赖对选举结果的成功预测来证明其研究方法对商业客户的实用性），也影响了学术研究机构和学者个人的热望和持续发展。

在 1936 年至 1948 年间，民意调查已成为一项大生意，其利润源于为商业企业——制造商、广告商、广播网络和好莱坞工作室——设计调查方案，以帮助企业猜测购买者会做出什么反应，从而让它们赚到钱。选举研究已经成为民意调查的保留项目（参见 Garrigou，2006），因为这种调查研究的准确性可以通过与实际发生的事件进行比较来加以评估。而商业调查的准确性则永远无法得到有效证明，因为有太多其他变量会影响人们要测量的行为，即公众对广告活动或新产品的反应。对于选举的民意调查来说，只需观察选举结果是否验证预测，你就能判断调查结果是否准确。

当然，除非它们没做到，就像在 1948 年那样

民意调查专家希望将他们的业务和组织从这种潜在的致命失败中拯救出来。学术领域的社会科学家们也希望借此引起警示。这两个群体在一个由社会科学研究理事会（SSRC）领导的、迅速组织起来的调查委员会中开展合作，该委员会包括了双方的代表。

调查委员会迅速开展工作，旨在找出问题所在并编写一份报告，为防止以后再次发生此类损害名誉的失败事件提供建议。该委员会包括主要商业机构（克罗斯利、罗珀和盖洛普）的领导人和代表，以及编撰《美国士兵》的社会科学家。

这个委员会主要代表了以斯托福、默顿和拉扎斯菲尔德为首的群体的利益，就是布鲁默抨击过的、急于证明社会科学是一门真正的科学的那个群体。心理学曾试图通过模仿被视为"硬科学"成功原因的实验方法，以证明自身是真正的科学，现在依然如此。但大家很快就认识到，出于实践和伦理的原因，社会科学不能使用实验方法。因此，社会科学领域的领导者探索各种技术手段，寻找能让他们谈论自身学科的伟大课题，同时又接近那种声称控制了所有变量（除了你想测量后果的那个变量）的实验方法。

委员会的发现都在意料之中，因为导致失败的所有困难在业内是众所周知的，而且已经存在多年了。配额抽样程序（这也是委员会批评的对象）告诉访谈员要从多个类别（比如，年龄在 35 岁至 50 岁之间的白人女性）的每一个中抽取一定数量的人，但又

让他们以能找到这些人的任意途径自由地寻找。访谈员和他们的雇主发现配额抽样比概率抽样容易得多，但是配额抽样阻止人们使用数学推理，就是那种使从小概率样本中进行归纳成为可能的数学推理。同样，问卷设计中的常见问题导致了已知的不可控错误来源（我将在后面的章节对此进行详细讨论）。委员会讨论了许多类似的错误，并建议进一步研究以解决这些问题。研究人员已经开展了一些研究，但是他们提出的解决方案相比当时的做法成本更高，也更难实施；而且因为大部分研究人员和民意调查专家认为这些方法"不切实际"，所以它们也从未得以全面实施。

当然，美国社会学界极端分散，有大量的院系和几十个研究机构。这确保了没有任何理论或方法论立场能够达到调查方法的支持者所希望的那种霸权地位。每一种社会学立场都会在某个地方、某些系（通常是很多系）找到安身之所。尽管定量研究团体通常比它的对手做得更好，但社会学的学术界从来没有被任何派别完全支配过。

在社会科学领域大型研究的主要资助来源中，最著名的是美国国家科学基金会。它一直支持大型调查活动，这体现在它对综合社会调查——一项始于1972年、每年或每两年进行一次的大规模持续调查——的持续支持上。但是，作为最重要的博士学位授予部门，大学院系选择混合方法论意味着该学科作为一个整体从未完全接受《美国士兵》及其创作者启发的研究程式，从而为其他各种方法论观点留下了大量的剩余空间。难怪库恩在行为科学高等研究中心的社会科学同事中没有发现任何被广泛接受的范式。

以上这些事件可能已经被遗忘了，但它们引发的组织后果和感受仍然存在。方法论普世主义的早期形式失去了阵地，社会学家发现自己在选择阵营时往往是无意的，也并非完全赞同"自己这一方"的观点，或者不会感到特别忠诚于它。把这种分裂当真的人（我想说明一点：我从未这样做过，现在依然不会）感到自己被拖到了越来越极端的位置。

"二战"结束以来，社会学家就定性－定量问题进行了反复的、仪式化的对话。定量研究者常常发起这些讨论，将两个阵营的存在视为一个问题，组织会议并撰写著作以解决这个问题。他们的讨论聚焦于两种工作方式的分工，而这些著作和劝告书的作者们通常解释说，典型的定性研究工作在学科劳动分工中起着重要作用：主要是提出问题，帮助界定描述这些问题的术语，并根据工作所创造的"丰富"数据提出假设，等等。但是这些支持者注意到，当上面这些工作完成时，真正的科学工作——检验和证明假设——就开始了。而且在他们看来，这必须通过对大量可比较的案例进行统计分析的方法来完成。这些案例之所以可比较，是因为研究者在大致相同的时间用相同的工具进行了调查——《美国士兵》完全就是这种工作方式。（这一观点充实了前面引述的李伯森的立场。）尽管定性研究者对定量工作有一大堆抱怨，但他们并没有试图说服调查研究人员和人口学家成为定性工作的支持者。因此，定期爆发的忧虑更多来自想要建立"适当"分工机制的定量研究者。

定性研究支持者的忧虑则在另一个方向上周期性爆发。他们指责那些使用问卷调查的人没有公正地对待"生活体验"的质感和细微差别，忽视了影响他们所探求的结果的相关变量及类似的过错。

由于这种对话每隔几年就会重复一次，每次都有新的主角登场，因而这场游戏的每一次迭代的新参与者都认为他们在做一些重要而创新的事情。事实上，还是老生常谈：定量研究的主角试图平息定性批评者的抱怨，并提出他们可以做的有益工作，反之亦然。在这些周期性的对话之间，两种立场的支持者们都表现出一种彬彬有礼的回避和相互容忍。他们并不相互批评，生活就这样继续下去；但到了困难时期，工作岗位和研究经费匮乏时，冲突就爆发了。

在这种仪式化的吹毛求疵中，我们失去了中间立场。常识毫不意外地告诉我们，开展社会学研究的所有方法都有各自的优缺点，而真正的区别在于做得好的、富有想象力的工作和没有遵守那些严格标准的工作。

但不止如此。通过仔细而冷静地观察我们可以看出，研究者肯定有很多不同的工作要做，不同的方法也会产生不同的结果，而这些结果又可以用来完成不同的工作。多么令人惊讶！但是，这些不同的工作不需要按照某种必要的时间顺序来完成。例如，首先你产生一些想法，然后你做真正的科学研究。它们并没有占据现实的不同顺序——如果说"我们"在研究人们如何"真正地生活",而"你们"这些人只是单纯分析统计偏差;或者反过来说,"我们"正在科学地测量事物,而"你们"只是在写二流小说,这都是愚蠢的。劳动分工比这些嘲讽更有趣。不同的工作相互渗透,聪明的研究人员会在合适的时候做需要做的事情。

与持续争吵的历史相伴,很多"好东西"被埋没在毫无结果的争论中。我打算把有用的东西和不过是用来学术拉拢的东西区分开来,并试图说明这两种形式的工作是如何相互交叉、相互渗透的,同时增加我们发现有趣结果的机会。因此,我呼吁人们关注那些比其支持者所认为的更好的工作,因为它们没有得到应有的关注。我始终坚持认为,我们应该处理的问题是创建能作为值得信赖的证据的数据。这些数据能够承载我们要探索的想法所赋予它的分量。

第 |3| 章

自然科学家是如何做的

自然科学模式

一些社会科学家指出，自然科学家的工作体现了他们想实现的目标——"硬科学"，这种科学使用严格的方法产生科学定律，详细阐明了无处不在且不受历史变迁影响的变量之间的关系；这些定律做出的概括不会因为国家、历史时期或一个社会中的子群体而有所不同。但是，遵循这一思路的社会科学家其实是在模仿自然科学的错误范例，从中得出错误的结论，因而永远无法接近他们的目标。

这些社会科学家通常以物理科学，特别是物理学，特别是原子物理学，特别是理论原子物理学作为范例。他们将其视为高度理论化、高度抽象的研究领域——这些领域依靠严格的科学测量产生普遍的真理——的缩影。但他们忽略的一个事实在于：自然科学的主题更接近研究人员自身的工作环境。例如，生理学家和地质学家对于在不同自然环境中具有不同形式的关系和过程的一般模式产生了布丰式的想法。这些想法为他们进一步的研究指明了方向，而不会牺牲关于他们所研究的实例的特定知识。

因此，以物理学作为范例的社会科学家在自然科学家如何工作的话题上——他们如何提出问题，什么是他们接受的合理证据，他们如何检验自己的结论——得出了错误的结论。而且，自然科学家的工作方式中特别引人注目的地方在于，他们为了确保数据的准确性不惜一切代价所付出的不懈努力。

如果想像自然科学家一样，我们就必须更准确地观察他们的工作。正如科学家们自己（或密切观察他们的科学社会学家）所描述的那样，我们将不得不放弃对其活动的幻想，转而了解自然科学研究工作的日常现实。

对工作中的科学家的两个详细描述向我们展示了我们正试图接近的对象，让我们对这些人的实际作为有了更真实的了解。提前总结下文的论点：工作中的科学家会验证推理过程中能够验证的每一步，不管这样做有多么麻烦或代价有多大。这非常重要，值得重述一遍：**不管这样做有多么麻烦或代价有多大**。一旦他们发现了某个没有正确验证的步骤（通常是因为他们预期发生的事情没有发生），他们会尽一切必要的努力来纠正错误。特别是，他们不会将这些偏离预期结果的错误作为随机变化一笔抹去，也不会调用其他方便的"替罪羊"，除非有证据表明他们发现的异常确实是某个原因引起的。

自然科学家极其重视数据验证，因为对同一问题感兴趣的其他科学家很可能会重复他们的工作，并表明他们提供的作为证据的经验数据并不支持他们的结论。但这种问题很少出现在社会科学研究中，因为人们几乎无法复制社会科学研究的条件。因此，很少有研究者重复之前的研究，同事和竞争者都认为各种捷径已经"足够好"。更糟糕的是，他们也接受了从"足够好"的数据中得出的结论，毕竟"确实"基本上就是真实的，不管那些含糊其词的笼统借口可能意味着什么。

当然，社会科学家从事的科学所处理的研究对象与自然科学的研究对象存在的问题不同；而自然科学之间也存在差异，天文学家研究的问题就不同于困扰地质学家或昆虫学家的问题。基本材料（星星、岩石和昆虫）的获取方式不同，搜集数据的基本仪器也相应不同，而且它们在仪器和精度方面也存在不同的要求。但是，研究者都专注于寻找最好的方法来观察、计算和测量他们想了解的事物。倘若他们不这样做，其他人也会这样做，而且可能会得出更准确的数据，这将使他们的发现受到质疑。

因为物理学家经常充当社会学家幻想的榜样，我们可以先看看塞巴斯蒂安·巴里巴尔（Sébastien Balibar，2014）所描述的一位实验物理学家的工作。像物理学这样的科学，期望研究得到的发现不会因研究地点变化而出现显著的偏离——至少原则上是这样。在实践中，物理学家开展研究的特定场所具有一定特征，比如温度、湿度、空气静电、无线电波和其他物理性质，这些与研究人员的理论问题无关，但可能会对他们的观察和测量产生严重影响。科学家不必观察这些事物，但是必须防止它们影响要观察的事物。巴里巴尔所描述的他本人和同事关于在极低温条件下对物理材料行为的研究，似乎并不依赖于不受研究人员控制的任何事物的特性。其实不完全是这样。正如巴里巴尔的故事告诉我们的，像他这样的科学家实际上花费了大部分时间试图让这种说法变成现实。他们最大的问题来自与他们的思想和理论无关的事物，因此他们不得不消除这些事物的影响，摆脱困境，这样他们才能去解决他们确实感兴趣的问题。李伯森和霍维奇（Lieberson & Horwich，2008）呼吁人们注意社会科学家长期以来对物理科学家实际工作的误解，以及对他们的实验结果到底有多大的确定性或不确定性的误解。

大多数生物学家都无法像物理学家那样控制工作环境。正如布鲁诺·拉图尔（Bruno Latour，1988）所言，这些领域里的科学家把世界变成一个实验室。在这个实验室里，他们可以施加足够的控制来操作他们感兴趣的事物，而不会让无关变量扰乱他们正在寻找的明确关系。但是拉图尔研究的科学家们必须在巴西丛林的中部地区完成这项工作，因为他们想解释的事情就发生在那里。拉图尔（1995）详细描述了一个法国农学家团队的工作。这个团队着手研究的是巴西腹地的一种典型现象，即热带草原和丛林的混合，以及随之而来的关于两者当中哪一方正在侵蚀另一方、哪一方正在被侵蚀的问题。拉图尔仔细记录了科学家们制作科学报告时采取的每一个步骤，这份报告最终也发表在相关领域的一份科技期刊上。拉图尔清楚地说明了他们采取的许多标准预防措施的常规性质，以确保他们搜集的数据适合作为最终结论的证据。

社会科学家甚至没有这种可能性。因为他们通常无法充分控制对研究案例和变量的选择，以操纵或抵消外在变量的影响（他们知道这些变量仍然会影响研究结果）。这使得许多在自然科学领域可行的研究策略很"幸运"地成为社会科学家的禁区。

巴里巴尔的冷藏库

塞巴斯蒂安·巴里巴尔是一位实验物理学家，专门研究在超低温或接近绝对零度（所有分子停止运动的温度）条件下出现的现象。两位美国物理学家曾报告说他们发现了一种固态氦晶体，看起来像一种无限流动的液体。一位诺贝尔奖获得者发表了对这项发现的"大胆解读"，多年来物理学家们一直在努力解决由他的解读所引发的问题。巴里巴尔创建了他认为将会是研究这些现象的完美实验室：在一栋坚固的混凝土建筑的地下二层，他安装了一个符合他的规格要求的冷藏库，从而创造出解决所有累积问题所必需的超低温条件。他组建了一个由青年研究人员、博士后和技术人员（最特别的是一名金属工人和一名玻璃吹制工，他们按照非常严格的规格制作特定的零件，然后装入实验装置）组成的团队来完成这项工作。

巴里巴尔认为他和他的团队已经解决了所有悬而未决的问题，包括其他地方的实验人员曾报告的某些令人困惑的实验发现。然而，在最后一刻，在已经排除了一些令人困惑的人为现象及其原因的情况下，他们突然发现了一些无法重现先前结果的数字。团队成员已经消除了设备和程序中引发早期问题的很多小缺陷。现在，他们怀疑他们尚未发现和消除的一些"振动源"正在让所有辛勤工作付诸东流："我们关掉了所有的灯；我们启动了冷藏库的空气悬挂系统；我们在晚上进行了测量，当时我们禁止任何人进入地下实验室；我们计算了 36 小时内的平均测量值。"但这些全都没用。他们重新检查了早前制造的特殊设备，并让技术人员重新制造了所用的特殊配件。最终，他们得到了预期的结果，这些结果验证了他们的想法。然后：

> 每个人都知道待在太阳底下很热，因为光携带了能量。温度计在太阳底下和在背阴处的记录是不同的。日光穿透了我们楼上实验室的窗户，我们知道它可能会穿透冷藏库并使其升温。为了达到距绝对零度百分之一度以内的温度，我们必须追踪任何十亿分之一瓦特的入射光。我们的窗户实际上是过滤器。我们仿佛一直在用只允许最少的光线进入内部的太阳镜来观察我们的实验室……［他们搬到了地下实验室］。但我们突然意识到，各种无线电波正通过那些显然不是金属（如果是的话，我们无法透过它们进行观察）制成的窗户进入实验室：法国电

台、我们的手机……不仅仅是光。这些电波引起的小电流会让我们的超灵敏温度计升温。我顿时笑了出来。什么？"法国音乐"广播节目在给我们的温度计加温？为了解决这个问题，我们将受影响的仪器包裹在适合无线电射频的铜质滤波器中。

然后，成功了！温度不再停留在 40 毫开，而是下降到 20、15、11，甚至是 9 毫开。我们值得骄傲的冷藏库尽管有两对五扇窗（研究人员可以通过它们观察实验过程），但它所达到的温度是那些报告矛盾结果的人们的温度的一半。（Balibar，2014，39—40）

所以，物理学并不全是数学和抽象理论。当然，它需要这些，但它也部分依赖于侦探性的工作：追踪每一个可能的错误来源，确保每一次测量都能真正达到它所声称的精度。如果我们想以这些科学家为榜样，就必须注意到他们为获得让我们如此钦佩的结果而实际付出的努力。

要得到巴里巴尔的结果，不仅需要自然材料的配合，还需要创造一种物质和社会环境。在这种环境下，很多事物都必须**恰到好处**：他需要一个特殊的冷藏库，为此还必须有一名特殊的冷藏库技术人员随时待命，以保证它的运行；他需要一名特殊的金属工人，可以在需要的时候制造特别定制的金属设备；他还需要一名玻璃吹制工，道理同上。还要打造一个消除了所有（所有！）可能影响结果的外部干扰因素的客观环境。

如果我们将实验物理学作为范例，就必须准备做实验物理学家做的所有事情，而不仅仅是那些我们认为方便和负担得起的事情。

拉图尔在热带草原上研究土壤科学

布鲁诺·拉图尔（1999）基于自身长期参与的研究团队，描述了一群法国土壤科学家如何在巴西丛林中研究是"丛林正在侵蚀草原"还是"草原正在侵蚀丛林"的问题。这不是一个通过快速环顾四周或询问一些当地人的看法并总结回答就能轻易判断的问题。

他逐步描述了科学家们的工作。首先，他们创造了能够得出谨慎、经过验证的结论的条件（他们的研究领域通常不具备这些条件），以说服那些具有高度批判精神的同行。拉图尔把科学家为实现这一目标所做的工作称为在丛林中创建一个实验室，并建立能使他们验证推理过程每一步的控制机制，就像他们在巴黎的实验室里所做的那样。

在建立了能指导他们以训练有素的方式搜集数据的基本参数后，科学家们开始在野生丛林中采集土壤样本。他们的操作流程已变成一个准实验室流程，因为他们可以在其中控制和验证推理的每一个步骤。拉图尔描述了漫长的一系列步骤，从他们最初到达原始丛林开始，到他们在自身研究领域的期刊上发表论文结束。这些论文中充满了证明结论的各种表格、图表，以及支持结论的证据。科学家们采用了一个可以被证明能产生可靠结果的程序，以建立并论证他们论断中的每一个步骤；而这些可靠的结果能为他们所研究的生态过程的最终观点提供令人信服的证据。

1. 他们利用地图来定位研究区域。"丢掉两张地图，混淆制图惯例，抹去花在拉达姆巴西（Radambrasil）地图集上的数万小时，再加上飞机雷达的干扰，我们的四位科学家将迷失在这片景观中。他们不得不再次开始他们的数百位前辈曾做过的所有探索工作：参考标记、三角测量和平方测量。是的，科学家掌握了世界，但前提是世界以二维、可叠加、可兼容记录的形式出现在他们面前。"（Latour，1999，29）拉图尔提请注意餐馆——研究人员计划初始步骤的地方——老板采用类似的方法给每张桌子标上数字，"这样他就可以导航了"（29）。埃蒂露萨（拉图尔的一位同事）用手指在两张地图上（一张航拍图和一张标准地图）指出他们要去的地方。拉图尔说，她指的是一些纸，但她谈的是世界。

2. 他们每隔一定距离就给树木钉上带编号的金属标签，以此标记自己在森林中的位置；否则这些位置看起来太过相似，难以区分。

3. 他们通过参考已知的分类模式来识别每个位置的植物，并将他们最终会参考的样本保存在一个盒子中，以确保这些样本是用可参考和可检索的方式加以编组的。

4. "土壤学家想知道,在某一深度,森林下面的基岩是否不同于热带草原下面的基岩。"(40)所以他们进行了挖掘和测量,结果发现两者是一样的。一个假设被推翻了。

5. "迷失在森林里,研究人员依靠一种最古老和最原始的技术来组织空间。他们在地面某处打上木桩,以划定出与背景干扰形成反差的几何形状,或至少允许它们被识别出来。"(41)

6. "勒内的标准做法是沿着横断面重建表层土壤,横断面的极限包含尽可能不同的土壤……他无法使用土地测量员的测量链,因为没有一位农学家曾平整过这片土地。"(42)他转而使用一种叫作"计步器"(pedofil)的东西,测量所需长度的线长,并以正方形排列的方式创建一米见方的地块。

7. 然后,他们对每平方米的土壤进行取样,并将其放入一个有编号的塑料袋中。这些编号将塑料袋中的土壤与关于位置、洞的号码、采集时间和深度、取样地块的准确描述——包括采集时记录的任何描述性定性数据——联系了起来。(46)

8. 他们从事这种极其系统化的活动,以便"以最小程度的变形保持我们产生的数据的可追溯性(同时通过摆脱当地环境来完全转变它们的形态)"。(47)

9. 然后,他们构建了一个"土壤比较器",即在一个较大的方形盒子中排列很多小硬纸板立方体,以较小的比例再现了抽取样本中的方形地块。(这种构造使其变成一个小手提箱,可以在不干扰样本的情况下移动它们。)

10. 接下来是关键的一步。勒内从每平方米地块中挖到指定深度的洞里取出一小块土，完成了拉图尔视作这一科学领域最重要的魔术。通过把刚刚挖出的土块（他的数据）放进小纸板箱，勒内把它变成科学证据。对于它的来源，或者它是否成功地再现了它所代表的那一大块土地的特征，无人能成功地提出质疑。

11. 这种转变使土壤学家可以同时查看所有样本，从而发现其中的模式。现在他们可以把观察到的模式写在纸上，这样就可以脱离土地样本，同时保留其中必要的内容作为他们将要提出的论断的证据。这样一来，数字和其他信息（观察到的数据）仍然与原始的观察和活动相关联，科学家从而可以将其作为没有人能质疑的证据。

12. "在每一个阶段，我们都发现了数学的基本形式，它们以研究人员身上体现出的实践为中介被用来搜集材料。"（56—57）

13. 研究人员如何描述每个样本的"主观"色彩感？通过使用一个硬纸张的小笔记本：孟塞尔代码（Munsell code）。这本小册子的每一页都将色调非常相似的颜色组合在一起。有一页是紫红色，另一页是淡黄红色，还有一页是棕色，等等。孟塞尔代码是一个相对通用的规范，它被画家、油漆制造商、制图师和土壤学家用作共同标准，因为它将光谱中所有颜色的细微差别逐页排列了出来，并给每个颜色分配了一个数字——这个数字可以作为参考。如果世界上所有调色师都使用相同的编译程序和代码，就可以快速地理解和复制它。（58—59）

　　将土块放在某种颜色样本旁边的洞下，勒内就可以快速、可靠地选择"匹配"的样本，从而为进一步分析提供无可争辩的**数据**。

14. 拉图尔这样总结整个操作过程：

　　勒内提取了他要的土块，同时摒弃了过于肥沃和复杂的土壤。反过来，忽略土块的体积和质地，这个洞可以框定土块并选择对应的颜色。然后，这个小而扁平的彩色矩形被用作土块（被概括为一种颜色）和对应色调的数字之间的中介。正如我们能够忽略样本的体积以专注于矩形的颜色一样，我们很快也能忽略颜色，从而只保留参考数字。在稍后的报告中，我们还将省略这些过于具体、详细、精确的数字，而只保留地平线趋势图。（60—61）

15. 还有一些不太容易做出的判断。比如，样本是黏土比沙子多，还是沙子比黏土多？研究人员通过在每个样本上吐唾液并品尝样本来解决这个问题。尽管在这个属性上不存在相当于孟塞尔图表的东西，但他们显然可以使用这种方法，且不会受到持不同观点的同行的质疑。

16. 这些程序将土壤学家搜集的世界中的物质转化为科学发现或论点，并向他们想说服的读者提供使其接受、相信且不会对之吹毛求疵的证据。正如拉图尔所说，用最终的图表来总结他们的工作是不现实的，因为它与之没有任何相似性。图表所做的也远不止相似，它取代了原来的情况，即我们借助科学实验计划书、标签、土壤比较器、记录卡、木桩以及最终由计步器编织而成的精妙蜘蛛网来追溯原始状况。然而，我们不能将图表与这一系列的转变分离开来。孤立地看，这些图表没有任何深层含义。它没有取代任何东西。它做出的总结并不能完全替代它搜集的信息。它是一个奇怪的横断物，也是一个对齐运算符。只有当它允许在先行与后继之间走完整个流程的前提下，它才是真实的。(67)

然后，他得出这样的结论：

知识似乎并不存在于头脑与一个物体的当面对质中，也不只是借助某个事物所证实的一条语句来指代那个事物的参考文献。相反，我们在每个阶段都发现了常见的运算过程。它在一端属于物质，在另一端属于形式，通过一个没有任何相似性可以填补的间隙与随后的阶段分离开来。这些运算过程基于一定的序列连接在一起，而这些序列跨越了事物和词语之间的差异，并重新分配了语言哲学中两种过时的固定表述：土块变成硬纸板立方体，词语变成纸，颜色变成数字，等等。

该链条的一个基本特征是它必须保持可逆性。阶段之间的顺序必须是可追溯的，允许双向行进。如果链条在任何一点被打断，它就会停止传递真理——停止生产、构建、追溯和传导真理。"参考"一词标示的是整个链条的质量，而非智力。只要电路不被中断，真理－价值就像电流一样在其中流通。（Latour，1999，69）

这些科学家进行推理和证明的每一步都取决于这样一个过程：它所面向的科学读者能够很好地理解并进行必要的转译，从而使自己确信这个过程的确实现了作者所说的目标。

当然，这些都不是在一天之内发生的。团队规程中避免错误的方法集合的每一项新增补充，都源于成员曾经犯过的错误，并最终被纠正和纳入"标准操作流程"。

将自然科学模式搬到社会科学

所以，物理和生物科学家发现，大量与其兴趣无关的"事物"会影响他们感兴趣的实体和现象。巴里巴尔想研究一些严格限定的现象和它们的相互作用，以了解在非常低的温度下什么会影响他所感兴趣的材料的状态。他发现各种他不感兴趣的事物都会影响他想研究的事物，从而增加了证明他想研究的事物的影响力的难度。他必须尽力摆脱那些无关的事物，这需要付出一些很大的努力和一些非常小的努力——后者只有在他分离出令人不快的"无关"变量（如穿透窗户的无线电波）之后才会出现。

拉图尔在另一本关于路易斯·巴斯德（Louis Pasteur，1988）

发现微生物存在的书中写道，科学活动的很大一部分是为要研究的对象创造一个受保护的环境，保护它们免受敌对者的攻击，否则敌对者会阻止它们做科学家想研究的事情。如果巴斯德想研究微生物的生存状态，就必须创造特殊的环境，使微生物在其中不会受到那些会杀死它们，或者虽然不会杀死它们但仍然会干扰科学家准确观察微生物如何生存、繁殖和死亡的事物的影响。

与之类似，拉图尔研究的土壤科学家，他们针对从热带草原到丛林或反方向转变的活动过程的研究，也涉及大量对象和事件。它们具有不同的价值，并以不同的形式、颜色、载体等特征出现。这些对象和事件会由于天气、影响土地利用模式的政治决策（在巴西始终是一个热门政治议题）和影响耕作实践的市场力量等不同因素的变化而随时发生变化；而这些因素反过来又吸收了历史顺序和传统、土地所有权和家庭结构模式等因素。土壤科学家不能像巴斯德那样为他们的研究对象创造特殊环境。（你会发现，这与李伯森所描述的影响社会现象的复杂因果关系网络非常相似。）

不过，他们可以仔细测量那些他们了解的、确实会影响他们感兴趣的事物的因素，从而分离出他们感兴趣的原因和结果。（尽管确实很麻烦，但这并不像李伯森担心的那样困难。）

因此自然科学家知道，很多事物会影响他们所研究和想解释的事物。他们花费了大量的时间和精力来处理这些"无关"事物，以便分离出他们想研究的特定现象。如果他们能成功做到这一点，他们就可以做出好的科学研究并产生数据，他们希望这些数据能为他们想说服同事接受的观点提供令人信服的证据。

自然科学家在搜集与他们感兴趣的事件有关的"好数据"方面，存在显而易见的巨大困难。与自然科学家一样，社会科学家面临着同样的问题，但他们还有一些额外的困难。他们无法操纵研究对象——人、组织、互动、事件——然后观察他们感兴趣的变量在各种情况下如何取值。自然科学家可以将温度降低到接近绝对零度，可以在树上钉上标签，还可以将小土块放入盒子以备日后比较。但是，社会科学研究的对象——人——有自己的生活、见解、群体身份和利益。与从热带丛林中获取土块不同，社会科学家必须以一种更独立于研究人员的需求和愿望的方式，从进行某种活动的人们那里获取数据；而且他们不能影响这些活动。他们可以观察它的发生，并采取一切可能的步骤了解正在发生的事情，以避免将因果关系的权重归因于某些他们不能像自然科学家一样确定其影响（对他们所宣称结论的主题的影响）的事物。

社会科学家也无法让技术人员制造特殊设备，以解决数据搜集过程中的问题。他们无法测量和标示出有意义的相同研究单元。他们无法制作（尽管他们经常尝试）简单的装置来轻松地对研究单元进行分类 [就像土壤学家用来对土壤样本进行分类的颜色比较装置一样（不过，请参阅蒙克于 2014 年在这方面取得的一些有趣进展）]。原因在于每个潜在的解决方案——研究单元的定义、现象的类别、分类和测量的单元——本身就是他们想研究的现象的一部分。这是科学社会学的基本功课——社会科学所研究的事物不会发生在社会真空之中。我们了解到的关于科学活动的复杂社会本质的所有内容，也都适用于社会科学。我们无法创建一个实验室，将我们想研究的事物与可能影响它的所有事物（除了我们对其影响感兴趣的项目）分隔开来。

我曾受邀在一次公开会议上担任与谈人，几个社会科学研究团队的成员在会上报告了他们完成的项目。这些项目得到了一个重要政府机构的资助，资助依据是研究人员提交的详细计划书，其中概述了他们将要搜集的数据和他们将如何处理这些数据，从而为打算研究的观点提供证据。当他们报告这些精心计划的研究成果时，每个团队都列出了最初的计划，然后说——措辞不同，但意思相同——"事情比计划要复杂得多"。无论我们多么努力地预测可能出现的困难，事情总是比我们的计划更加复杂。我们甚至极少提议处理我们可以预见的所有可能的困难，因为我们相信，没有人会给我们足够的资金来做到这一点。当然，肯定也没有人会给我们足够的资金和时间，来处理我们都知道会出现的那些无法预料的问题。事情总是比我们预想的"更加复杂"。

这意味着社会科学数据的问题不仅仅是可以通过更好的工具或更仔细的测量来解决的"技术问题"，我们将通过了解社会科学家通常搜集、分析和报告数据的方法来认识这一点。这里先摆出接下来几章的结论：我们必须明确推理步骤和支持性数据，然后检查推理路径每一个步骤的准确性。反复检查，同时将我们对潜在错误的了解纳入我们的工作方法，永远不要把它们当作可以安全忽略的随机现象（因此与我们关注的问题无关）一笔勾销。
这对传统而被广泛接受的社会科学研究模式提出了严峻的挑战。
大多数社会科学家在原则上都能理解这一点，但我认为我们还没
有将其纳入我们的日常工作方法。

PART 2

第二部分

谁在搜集数据，

他们如何搜集数据？

开展科学研究，总是不可避免地涉及各种各样的人。像其他任何大型人类事业一样，很多人都必须以这样或那样的方式合作，以产生相关科学界可接受的结果（在这方面，并非所有人都是受过训练或技能熟练的科学家）。这些结果依靠并反映了他们每个人的努力。每个参与者的每项操作都会影响发现的数据，并将其转化为某个观点的证据，然后作为一项结果公布。连接数据、证据和观点的问题在很大程度上取决于谁来搜集文字、数字和视觉资料——这是其余部分操作所依赖的对象。数据搜集人员的类型，他们参与研究活动的原因，他们对于开展社会研究的兴趣以及期望从中获得什么收益，这些因素都会影响搜集的数据和分析这些数据的方式，以及它们作为证据对某些科学知识体系的发展所做出的最终贡献。而且，这些由于不可避免的集体生产而出现的数据错误，本身可以成为（实际上必然是）某种社会学研究的对象。

数据搜集人员的类型

让我们通过询问"谁搜集原始数据"来对各种社会科学研究进行分类。是产生研究想法并将接受随之而来的褒奖或批评的首席研究员吗？是首席研究员的学生吗？（他们接受了研究负责人的教导和培训，因此了解研究想法和目标，明白事情应该怎样完成，以及要达到什么样的准确度标准。）是受雇从事特定工作并接受活动所需的培训，但其实与研究结果没有个人利害关系的数据搜集人员吗？或者说他们搜集研究资料是出于与所属工作组织完全不同的目的，作为其他工作的一部分？他们搜集的资料最终能否为其评价自身日常工作的质量和回报提供依据？在每一种情况下，工作状况都会影响这些数据搜集人员的工作动力和理解，从而影响他们的工作方式，并因此影响搜集的数据作为证据的适宜性。最后一种情况，那些自身的社会生活正在被研究的人经常自己搜集数据，他们在表格里报告自己的活动、信仰和观点，然后由其他人收走这些填好的表格。这些人对自己填入表格的内容的准确性有多大兴趣？他们与这些数据的最终用途有什么样的利害关系？

在极端情况下，首席研究员亲自搜集所有的数据。他想出了研究的主意，提出并定义了研究问题，制定了搜集和分析数据的计划，并很可能筹集到了数据搜集工作所需的全部资金，他还将撰写最终的报告。如果我是那个人，我会实施所有的访谈，开展并记录所有的实地观察，完成所有的分析工作并撰写所有的报告。不会有其他人做以上任何事情。（如果是一个平等或准平等分担工作的团队，情况会有略微变化。）

我前面描述的那种典型的人类学家——他们走进田野，远离大学——就是这种数据搜集人员的具体体现。如果我像他们一样，那么无论这项工作结果如何，我都需要承担——我做了这项研究，然后得到相关专业人员或公众给予它的赞扬或责备。我在确保每项操作的有效性方面有着明确的兴趣——我不希望五年后有人出现在我面前，证明我完全弄错了——而且这种自我兴趣与那些阅读和判断数据（即我的数据，也是最终产物所依赖的数据）准确性和证据价值的人的兴趣是一致的。

我们可以想象，首席研究员对项目的成功怀抱深切期望，希望做好每一件事。但我们不能认为这是理所应当的事情，因为偶尔会出现这样的情况：一些首席研究员极度渴望让他们的研究"成果显著"，并证明他们想证明的东西，而为此编造了既不是他们自己也不是其他任何人搜集的数据，还试图用编造的数据冒充真实的事物（参见法吕迪 1991 年对一个著名案例的讨论）。我不知道迄今为止暴露出的情况是否代表有更多从未被抓住的科学骗子，或者说暴露出的就是全部人。审慎的读者会认为这种可能性永远存在。如果我们有理由认为研究人员的意识形态或一厢情愿的想法影响了研究结果（这可能出现在任何类型的研究中，尽管方式不同），则会产生一种破坏性较小，但有时也会被指出的可能性。

首席研究员经常招募研究生担任他们的研究伙伴或助手，而且我们可以想象（这并不意味着毫不怀疑地接受），这些研究生的动力会因为他们在研究团队中的职位而有所不同。他们担任的角色越重要，就越促使他们尽可能好地完成工作，这样他们就可以分享回报。

　　社会科学家使用的大量数据是他们所研究的机构出于自身目的而搜集的信息。这些信息在某种程度上与独立研究的目的重叠，或者可以经过重新整理和加工用于独立研究。最明显的例子是，美国人口普查开展了我所知道的规模最大、执行最认真的数据搜集项目。这个项目之所以能有效实施，首先是因为美国宪法根据每个州的人口规模授予了其在众议院的代表席位。搜集这些信息需要大量工作人员，他们的全职工作是确保完成统计全国人口这项大型作业。这种方式或多或少保证了人口普查得出尽可能好的结果，所以人口普查局的报告会引起更大规模、更多样的选民（而不只是众议院或最高法院成员）的关注。商业机构重视人口普查，因为它准确地报告了他们在哪里可以找到特定年龄、性别、社会阶级或具有其他特征的潜在顾客。计划修建学校的市政府想知道哪些地区的居民正在生育将在这些学校就读的孩子，以及他们的数量。当各州决定在某地建造新的高速公路和交通系统时，人口普查数据能帮助他们预测用户的往返地点。因此我们可以说，人口普查数据是全国人口中每一位成员的财产，其中任何一个人都可以想出一个需要使用这些数据的研究项目（即他们想了解的一些事情）。

　　其他政府机构也会出于其他政府目的搜集更加具体的信息，这些出于他们自身目的而产生的数据常常服务于（或可以服务于）社会科学家梦寐以求的某些研究目的，并且数据生产者可能会与我们这类人分享信息资源（即便没有要求他们这样做）。

卫生机构，特别是像疾病控制和预防中心这样的政府机构，它们发布的许多报告所提供的数据集不仅包含了与疾病、死亡相关的各种主题，还包含了社会科学家可以用以为各种假设提供证据的更普遍的主题。这些假设涉及家庭结构、毒品使用、与生活条件相关的疾病发生率，以及社会科学家们感兴趣的其他主题——但是他们没有足够的资金和人员去搜集相关信息；而政府有实力搜集这些信息，并且有时会提供这些数据给科学家们重新分析。

同样，政府搜集和发布的死因统计数据也经常被用作社会学研究的数据。涂尔干对自杀的开创性研究［（1897）2006］让几代社会学家忙于摆脱他们在自杀研究中遇到的许多问题——当有人在死亡证明上将死亡归类为自杀时，就会带来问题。此外，在官方表格上填写具体"死因"的验尸官和法医创建了社会学家用来检验该学科历史上重要观点和理论的数字。研究表明，这些工作人员确定诸如"自杀"或"他杀"等重要社会性原因的方式，可能会受到他们的职业隶属关系和专业问题的影响。

犯罪学研究者——对法律、犯罪、监狱和相关事务感兴趣的人的混合体——长期以来一直将执法机构的记录作为犯罪发生率的主要数据来源，并将因某一特定罪行而被捕或定罪的人（可能是两个截然不同的群体，有时被描述为这些罪行的实施者，尽管逮捕和定罪并非这类事实的可靠标志）的可用数据作为关于犯罪分子的知识的主要来源。直到这些资料中的缺陷——它们反映了警察和法院在创建数据时必须满足的利益（除了准确记录之外）——
开始产生明显不切实际的结果。《统一犯罪报告》(*Uniform Crime Reports*)是联邦调查局对地方警察管辖区所搜集数据的汇编，多
年来各家报纸一直据此制作关于全国或地方犯罪率上升或下降的
"故事"（这是一个具有长久政治利益的项目）。我们利用犯罪率
的变化来评估以下论点：严格执行打击轻微犯罪的法律（公开或
隐蔽持枪的合法化，或其他数十种可能"原因"）是否会影响犯
罪率？如果是，犯罪率会朝哪个方向变化？此外，我们还能在哪
里找到有关犯罪活动的可靠信息？

　　同样，学校记录也包含了社会科学家认为有用的许多信息，
比如出勤记录、考试分数、等级和其他衡量成就的指标。

　　许多研究数据是由大型机构（例如调查研究中心和商业民意
调查公司）搜集的。这些机构只做研究，通常使用标准化问卷开
展大型调查。他们雇用技能熟练的人员来制订研究计划——创建
研究工具、问卷、访谈日程表和样本要求——并监督计划的执行，
将研究投入实地，雇用、培训和管理访谈员，监督调查结果的编
码和数字格式转换（用以进行分析）。这些全职专业人员监督由
访谈员、编码员和其他熟练工（有多熟练是另一码事）组成的团
队。在这些机构的各个层面上，从事工作者不一定与雇用他们的
人动力一致，不一定与想用他们产生的数据来检验观点的科学家
的目标一致，也不一定与支付调查项目费用的人目的一致。就我
们通常了解到的信息而言，我们不能认为所有员工都会一心一意

地致力于其雇主的想法和目标。一个抱有合理怀疑态度的局外人可能会要求认真查找证据，以证明该研究是按规定进行的。一旦偏离理想方案的信息过多，就足以让人产生合理的怀疑。

大型研究机构需要不断支付账单——相当多的长期工作人员以及由此产生的工资、医疗保险、办公空间维护、数据存储、水电费等固定成本——因此机构必须保证稳定的项目流入，这些项目的赞助者将支付足够的资金来维持企业运营。一些研究机构得到大学的部分支持，比如密歇根大学的调查研究中心和芝加哥大学的国家民意研究中心。皮尤研究中心（Pew Research Center）几乎完全由一个基金会支持。有些机构，如美国人口普查局和法国国家统计与经济研究所，直接得到国家政府的基本支持。还有一些商业企业，它们向公司、政治团体、候选人以及其他任何能负担其产品的人出售民意调查服务。

在这些机构中，搜集实际数据的大多数人——那些到处寻找符合样本要求者（或至少给他们打电话），然后询问印在研究表格上的问题的人——是被朱利叶斯·罗斯（1965）恰当但或许不太友好地称为"雇工"的人。他们被雇来做特定的工作，没有事先接受过相关专业培训；他们按小时或访谈次数获取报酬；他们对于要问什么问题、如何措辞，或者其他任何在日常访谈中不可避免会出现的小而重要的问题没有发言权。我不知道有多少机构拥有全职、长期的访谈人员，他们受过良好的培训，非常了解社会科学的工作流程。但是，研究论文很少报告为防止调查人员捏造事实所采取的措施，或者调查其他可能影响数据质量的访谈员行为的措施，或者因考虑到搜集数据的有效性所面临的已知威胁而修正数据的措施。充其量，他们向我们保证访谈员"训练有素"并且受到密切的监督。我不认为我是唯一对这种说法的表面意思持保留意见的人，我将在后面的章节中提供一些关于这些问题的证据。此外，我自始至终都对原始数据中来自被研究者自己在生活（正是提问者想了解的生活）中"搜集"的数据保持警惕。

我围绕数据生产者之间的区别粗略地组织了其余章节，并利用这种对提供社会科学数据的人的粗略分类来组织有关误差、错误和麻烦的讨论。在使用由各种各样的人搜集的数据作为我们的观点和理论的证据时，我们不得不预计和留意这些误差、错误和麻烦。这一分类还提出了处理这类问题的方法，并通过重新思考我们对相关数据搜集的特定形式的理解，展示了看似管理性质的问题如何变成科学问题。

我尽己所能整理了以下资料：以各种方式搜集数据的准确性，每种数据中常见的错误类型，研究人员处理这些错误的方式，以及他们通常采取什么步骤来避免这些错误。

我不希望这本书听起来好像充斥着责骂和同行间的中伤，所以我还使用了很多最初激起我对科学工作领域的好奇心和兴趣的例子，为如何有效地处理我指出的许多问题、如何克服这些常见的困难并获得更好的结果提供了范例。我的范例始终是自然科学领域的工作者——例如物理学家巴里巴尔，以及拉图尔所描述的土壤学家——搜集数据并将其作为证据的方式。当我责备谁时，我是希望社会科学界的同行们能够跟随这一指引，耐心地克服错误，从而使我们的数据成为我们希望它能够支持的观点的良好证据。

而且，我对一个相当常见的情况特别感兴趣——当访谈员的欺骗行为成为科学社会学的一个研究重点时，数据错误的来源本身也成了研究的对象。

第 |4| 章

人口普查

什么是人口普查？它有什么特别之处？是什么让人口普查如此难办？正如我们通常所理解的那样，进行人口普查需要人口普查员搜集他们正在普查的所有案例，并搜集关于每个人的相同信息。理想情况下，一次全国人口普查要统计本国的每一位居民——向所有人或几乎所有人提出相同的问题并得到回答。尽管每个人都了解与全国人口普查有关的那种标准形式的人口普查，但人口普查的抽象概念提供了一个更加通用的、可能非常有用的模型。

现实地讲，没有人能够对全国人口进行绝对完整的清查。像其他科学家一样，人口普查专家一直在努力消除所有影响工作的缺陷。但有时他们也不可避免地发现，自己为了完成工作而做出了本想避免的妥协。如此看来，人口普查能成为各种研究的良好示范，很大程度上是因为从事人口普查的人并不试图隐藏或回避他们知道自己的工作存在缺陷这一事实。相反，人口普查实事求是地接受不可避免的错误，并告知其数据使用者当他们使用人口普查资料作为证据时，可以主张什么，不能主张什么。

开展一次人口普查

当人口普查机构试图统计整个国家的人口时，其工作向我们展示了消除错误的认真尝试是什么样的：工作人员如何处理工作中不可避免会出现的错误；尽管有错误，他们为完成工作而做出了哪些妥协；这些现实情况如何影响他们生产并用作科学观点证据的数据。

人口普查，特别是美国的人口普查（它并非独一无二，只是可能得到了更好的研究，或者只是因为我更熟悉有关它的文献）体现了社会科学证据的一些最基本的困境。这些困境引发了人们对基本研究问题的认真思考（我认为这些问题既不是进攻性的，也不是防御性的）。了解人口普查必须解决的问题之后，我们可以继续探讨影响调查工具和问卷使用的问题，以及针对"实地"社会生活的非结构化访谈和观察的更自由、更多样的方法中显现的问题。

美国人口普查局无疑是现况极佳的数据搜集机构，但它与世界各地类似的政府机构一样，仍然面临很多问题。尽管它拥有诸多优势：强有力的财政支持；以美国宪法为法律依据，这使得拒绝参与成为一种联邦罪行；大量的长期工作人员不停处理困扰其工作的问题；政府内外的一大批分析师和批评家密切关注，查找并纠正问题；还有用户群体，他们的需求和批评推动政府不断改进自身工作。

人口普查体现了社会科学的数据搜集工作可以实现的最大可能性（如果其从业人员比现在更努力工作、更不设防并有更多合作的话）。因此，当我强调它的问题和未能把事情做好的时候，我并不是在抱怨或批评。在准确性、精确性、合理而充足的资金支持，以及尽心尽力以正确的方式开展研究方面，人口普查是数据搜集所能达成的最好结果。而它之所以这么好，是因为其主要目的（严格来说是唯一目的）是做法律要求它做的事情，并以尽可能满足更多选民（确实很多）的方式去做。

科学工作总会遇到很多困难。科学家们总是将现有的方法和设备生产能力推至极限，因而他们不得不更加努力和谨慎地作业以准确地完成工作。人口学是社会学中量化程度最高的专业之一，该领域的期刊充满了关于数据搜集和分析方法的批评和改进建议。社会学中最激烈的争论往往围绕其从业者搜集的数据的准确性而展开。

全国人口普查

请记住，根据德斯罗西耶斯（2002）的说法，人口普查的产生是因为国家政治机构的官员希望获得更多、更好的关于其管辖范围内居民的信息。在 19 世纪，当欧洲国家基本形成现代形态时，它们汇集的领土比以往所包含的国家领土要多得多，因此其领导人第一次需要并希望了解超出当地范围的居民的情况。

为了搜集这些信息，国家建立了规模更大、效率更高的行政部门和常规的信息搜集程序（无论实现与否，这至少是它们的愿望）。为了更牢固地掌握本国的自然环境，政府官员组织地理学家绘制了地形图、政治边界图、道路图和气象图。为了跟踪和规划国民经济发展情况并为税收制度提供基础，政府官员创建了行政部门和流程，用以记录和分析收入及其在各阶层人口中的分布情况，并测量农业和工业产出以及分析支出模式。政府官员还建立了记录和分析人口的机构。这里住着多少人？他们的年龄有多大？有多少男性，有多少女性？他们的教育程度如何？妇女的生育能力如何？现代国家想知道所有信息。

人口普查在许多方面提供了关于认真的定量研究的绝佳范例，而"为社会事务方面的数据搜集问题找到一个认真的解决方案"的国家集体意志正体现了这一点。由此产生的问题源于任何类似人口普查的程序自行设定的艰巨工作：这些问题经常出现在依赖结构化数据搜集程序来搜集数据的研究中，它们通常比人口普查中的问题更严重。

在全国范围内搜集准确的数据需要付出巨大而昂贵的努力。确保数据的准确性达到使结果值得信赖的程度，只会增加工作的难度和费用。但是——毫不奇怪——尽管政府一直认为这样的社会科学数据搜集项目很重要，但从未向它提供财政支持；而这种支持使得军事开支和最近的"大科学"开支成为可能，现代武器装备和为物理学家购买的昂贵大型设备就是例子。许多小规模的研究表明，如果我们真的希望的话，人口普查局所使用的、创建了许多人想要的结果的程序，可以达到比目前精确度高得多的水平。人口普查中的一些常见问题没有得到解决，不是因为它们在原则上无法解决，而是因为解决它们的"成本太高"，并且在组织上是"不可能的"（尽管什么是"不可能的"或什么是"成本太高"，总是由社会定义，可能会有不同的评价结果）。此外，人口普查中出现的许多其他问题，是因为它所处理的项目种类在历史上发生了变化，因此很多看起来显而易见的统计人口及其特征的方法——甚至如性别和种族这样简单的事项——有时会产生突然变得毫无社会意义的过时数据。

根据《新牛津美国词典》（ *New Oxford American Dictionary* ），人口普查是"对人口的官方统计或调查，通常记录个人的各种细节"。完美的人口普查包括其覆盖区域内的每一个人，基本上在同一时间统计所有人，并定期重复这项工作。这些标准中的每一项都有助于提高人口普查的有效性。满足这三个标准可使人口普查具备其他方法无法企及的特殊价值，反之则会降低其价值。

搜集被统计区域中每个人的信息可以消除一些常见的抱怨，比如样本不够大或没有随机选取样本。人口普查不会从对随机或其他任何类型的人口样本的观察中得出结论。它告诉你每个人的情况，从而消除了对基于数据的结论的准确性的各种潜在质疑。解决抽样问题后，其他许多通常与民意调查和问卷调查研究相关的问题也就消失了。

在同一时间向每个人提问，可以避免因搜集数据期间"有事发生"而出现的问题。例如，关于人们对大学橄榄球的态度调查，人们会因在周六的大赛之前或之后填写问卷而产生不同的反应。人口普查一般不会询问明确限定时间的事项，所以如果所有询问都在一两个星期内进行，通常就不用担心上面的问题了。

定期重复询问基本相同的问题可以让研究人员调查人口的稳定性和变化，所以他们需要确保他们的问题即使在十年后仍然具有相同的含义，从而产生可以对这个十年和下个十年进行比较的信息——正如我们将要看到的，这并不像你想象的那样容易做到。

在许多方面，人口普查都体现了使用高度结构化的访谈资料的优势和问题。

尽管社会学家依靠人口普查提供的各种资料，但每十年开展一次的人口普查并不是为了帮助社会学家和其他研究人员完成他们的工作——这种用途只是其进行宪法授权活动的副产品。因此，我们的研究人员必须学会充分利用那些就人口普查目的而言足够好的东西，同时希望对它来说足够好的东西对我们也足够好。本章讲述了人口普查数据无意中给社会学研究带来的一些问题。

进行一次完整的统计

1960年的美国人口普查严重漏报了总人口，特别是漏报了年轻黑人男性的数量。这给人口普查官员带来了两个即使他们想忽视也无法忽视（没有理由认为他们会这样想）的直接后果，因为十年一次的报告中的这类缺陷会引发种族、政治和智识方面的后果。

美国人口普查的一个特征使它不同于其他大多数国家的人口普查。美国宪法将众议院（国会下议院）的代表权与一个州的人口挂钩。一个州的人口越多，分配给它的代表席位就越多。各州的国会席位是根据人口普查统计的居民人数来确定的（即使人口最少的州也至少有一个席位）。严重漏报人口会引发一个重要的政治后果：该州在国会的代表人数可能不足。它还会影响州内各个子区域的代表分配。

美国国家科学院在 1972 年的一份报告中总结了人口漏报所导致的另一类问题：

> 最近，人们对人口普查漏报的核心关注点，不是简单的在全国人口普查总数中的百分比不足问题，而是特定人口子群体（最突出的是年轻黑人男性）统计存在较大缺陷的问题。从统计的角度看，有差别的漏报意味着覆盖面不足，与其他可能相关的数据缺陷（错误分类是最突出的例子）一样，这可能会严重损害一系列官方社会数据的质量，并因此损害其实用价值。从近年来一些主要社会问题的角度来看，人口普查漏报提出了同样重要的问题，即美国社会的运作方式在官方系列数据中否定了特定群体的代表性。（Parsons, 1972, 3）

　　这一困难对大众和政治家所认为的"社会问题"的界定方式产生了直接影响。通过将发现的案例数除以总人口数，我们可以计算某事物在总人口中的比率——例如疾病的发病率或某种事件（如犯罪）的发生率。或者，我们把这种关系表示为"每10万人中有多少某案例"。因此，如果说犯罪率是 15%，那就表示在一个国家的总人口或特定人口子群体中，每年有 15% 的人会实施或遭遇犯罪行为。

　　以这种方式计算犯罪率需要我们精确地测量两个数字：犯下相关罪行的人数和总人口数。如果用于计算某类人口总数的方法遗漏了一些显著的数字，每10万人的比率就将高于实际水平，高于数字被准确报告时的水平。如果人口普查未能统计一个城市或该城市某些区域（或一个州，或整个国家）10% 的人口，那么犯罪率（该类别居民的犯罪数量）将会出现误差，因为分数的分母在纸面上看起来比实际情况小，这会在人口普查准确统计了这些人的情况下得以显现。

　　但这两个数字可能是错的，甚至经常是错的。我们永远无法做出完美的测量。但是我们经常安慰自己，计数中的错误本质上是一些没有任何社会意义的事件的随机、偶然组合。这种简单的解决方案通常不能解决任何问题，因为这些错误并不是随机的，它们显然是系统性的，并且与具有（或据称有）我们感兴趣的表征的人的有社会意义的事实相关联。

　　在 1960 年的人口普查中，对于年轻黑人男性的统计漏报导致该人口群体的犯罪率看起来比准确计数时的犯罪率高。而且，没有人可以将其视为一个能以某种方式"抵消"的随机错误，或是一个没有社会学、政治或道德后果的错误。人口普查误计了这个群体的人数，而这个错误必须得到纠正——美国国家科学基金会针对其原因开展了一项调查（Parsons，1972）。

如何数"没法数"的人—— 那些不"住在某个地方"的人

人口普查统计那些"居有定所"的人。它要求并假设会得到一个答案：一个可定位的建筑物或建筑物单元（一幢房子、一座公寓或类似建筑）的名称。但是，有一定数量的人并没有住在你可以用这种方式描述的地方。他们没有一个可以让你随时联系的"永久"地址，这就是为什么邮寄的人口普查表没有（也无法）送达他们手中。如果这些人不住在某个特定的地方，那他们住在哪里？帕森斯和她的同事（1972）以多种方式研究了这个问题，因为它出现在了 1960 年的人口普查中。此外，他们还发现了一个概念上的问题，这个概念的含义如此明显，以至于从来没有人提出过质疑：说某人住在某个地方意味着什么？这个问题没有明确的答案，因为我们大多数人有时或常常出现在各种各样的地方，但只将其中一个地方称为"住的地方"。一些富人可能有两个或更多的住宅，哪一个是他们"住的地方"？还有一些人，如玛丽莎·艾丽西亚（Marisa Alicea，1989）所研究的波多黎各居民一样，他们大部分时间住在岛上的一个社区，但经常长时间在美国工作，因而在那里有了第二个家，但他们也没有放弃第一个家。因工作而经常出差的人在租住的临时住所（比如酒店客房）花费的时间，往往多于他们称之为家的地方，也就是他们接收邮件的地址。人口普查以（并且应该以）哪个地址作为"我住的地方"，并不是一个显而易见的事实。这是一个我们使用（或人口普查使用）什么惯例来给案例赋值的问题，其中一些不详的数字将体现出这种复杂性。

在美国国家科学基金会 1972 年的报告发布若干年后，这个问题又以新的名义出现了：应如何统计我们称之为"无家可归者"的群体（以及我们应该将他们归入什么类别）？人口普查必须将他们视为住在"某个地方"的人。我们应该在他们的表格栏里填上什么？而且，当然了，一旦无家可归被定义为一个问题，人们就想知道——作为"对其采取行动"的初步准备——在美国生活着多少这样的人。正如帕森斯和她的同事所指出的，人口普查搜集的数据不仅来自人们的住址，而且来自占据这些住址的家庭——每个住址都包含由相关人员组成的家庭。但是，这种技术不能，也没有提供一种方法来统计那些没有家庭住所的人——他们或认识他们的人无法通过住所收到人口普查表格以记录所需信息。

人口普查的一些重要用户——联邦、州和地方政府机构——确实想知道人口数量，这样它们就可以规划改善其生活状况的干预措施，制定预算，并做政府和慈善机构所做的其他事情，以处理它们决定承认的社会问题。与该问题有利害关系的各方（政府或私人）都提交了数字，这些数字通常反映了他们认为对自己的事业有帮助的方面。有解决方案的人们提交了大量数字，而想降低成本的机构则提交了较小规模的数字。

彼得·罗西（Peter Rossi）是一位技术熟练、经验丰富的调查研究人员。他决定通过尽最大可能地枚举（即不遗余力或不计成本地找到每一个人，不管他在哪里）来部分解决这个问题。要统计没有固定住所的人，就需要把普通数据搜集的一些常规做法和一些不寻常的妙招结合起来。虽然他在关于这段经历的书中（Rossi，1989）没有这样讲，但是他所采取的策略第一步就包括重新界定居住地的含义，将住在某处转化为"你昨晚在哪里过夜"，至少在向无家可归者提问时是这样——否则他们将无法回答这个问题。因为无家可归者没有一个可以"经常"过夜的"家"，至少并非通常意义上人们所谓的"家"。

这提醒我们警惕方法中的一个基本问题，它将在本章中反复出现。我们的概念总是包含歧义，即使是（也许特别是）那些看起来容易理解和显而易见的概念。这些歧义常常被人们忽视，甚至可能没有人意识到，但它们会出其不意地出现并干扰我们的努力——我们希望研究对象保持足够长时间的稳定，以便我们计数和讨论。

因此，罗西和他的团队在统计人们的过夜地点时，并没有太想知道其中的含义。跟其他想估计无家可归者数量的人一样，他们从那些断断续续住在由城市机构或宗教组织管理的救助站里的人着手。这些没有"家"的人（通常是男性，但有时也包括女性，有的女性还带着孩子）可以在救助站里过夜，睡在能抵御寒冷的床上，可以使用厕所和淋浴，也许（尽管也不一定）比他们待在街上更安全一些。救助站的人数夏天会减少，冬天会激增，没有人长期待在里面，但是你可以准确地计算出某个晚上有谁待在这些地方。

其他人则睡在他们能够进入且不会（或不能）被驱赶的、无人监管的公共场所，如公园、小巷、建筑物门廊，这些场所至少能让他们保持温暖。公共图书馆的阅览室也可以做到这一点，但这里晚上会关门。火车站和公交总站每天晚上都为一些无家可归的人——他们与等待离开城镇的真正的旅客混在一起——提供庇护之所，少数仍然存在的通宵电影院也是如此。

还有一些人睡在大街上。有多少？大量研究人员曾试图估计这个数字，而罗西也试图找到能够表示救助站人数与其他场所人数的某种比率的数字——如果你算出其中一个数，就能得出另一个数。但是罗西没有这样的好运气，因此他最终做出了一次真正英勇的努力：至少对"街头"的人进行抽样统计。他用"街头"这个模糊的术语指代无家可归者可能出现的其他所有地方：这样或那样的公共场所，包括现有建筑物或环境中的每个角落。

为此，他在芝加哥的城市街区中抽取了一个样本，并根据在这些街道上发现无家可归者的可能性进行加权，然后向这些街道派出访谈员，并让他们携带类似人口普查问卷的调查问卷。罗西描述了他和团队为完成样本设计所要求的访谈而采取的措施。首先是在这些地方找到人（剔除因其他原因而在那里寻求庇护的人）并对他们进行计数，然后使用标准的人口普查表对他们进行访谈：

> 为了最大限度地减少身份识别问题，街头调查定于凌晨 1：00 到 6：00 之间进行。此时，有固定住所者和无家可归者之间的区分最为明显，从而增加了遇见无家可归者的可能性。即便如此，在街头遇见的 607 人中，只有不到十分之一（9%）的人被确定为无家可归者。

> 为了应对"隐藏的无家可归者"的问题，访谈小组按照指示搜索每个抽样街区中的每个非住宅地点。非住宅地点被定义为人们可以进入而不会遇到锁着的门或其社会等价物（"社会等价物"包括通宵营业的餐厅的经理、保安等）的任何区域。例行搜索的地方包括街道、人行道、小巷、建筑物门廊、走廊、车库、废弃建筑物以及开放式的地下室或屋顶。此外，访谈员还会检查停放的汽车、卡车、棚车，以及垃圾箱、包装箱——简而言之，任何可以容纳一个人的物品。

> 深夜中的芝加哥（或其他任何城市）并不安全。为了保护访谈员，我们雇用了休班的警察护送他们在街头和救助站巡视。访谈员以两人为一组，每组由两名休班警察陪同（他们身

着便衣，但依法携带警用左轮手枪）。警察就应采取的安全措施向访谈员提出建议，并先于访谈员进入任何建筑。为了补偿人们接受访谈所花费的时间，同时加强他们的配合度，我们向每一位在街头被筛选出来的人支付 1 美元。如果接下来还有较长时间的访谈，我们会另付 4 美元——一次完整的访谈共计花费 5 美元。救助站住户的报酬也是每人 5 美元。（Rossi, 1989, 60—61）

确保获得的数字正确无误，这是研究人员必须做的事情。做不到这些，你搜集到的就是虚假的数字，只是通过法令得到的数字。这些数字可能是准确的（几乎可以说肯定不准确），但是你就这样接受了这些数字，因为还有什么其他事情可做呢？

罗西坚信有必要按照这种模式对无家可归者进行一次全国性调查。不过，他说该建议"略过了几个严重的财政和技术障碍。首先，这项调查会很昂贵。搜集在国内救助站和子区域中抽取子样本所必需的数据，将是一项单调乏味又费力的工作。寻找街头无家可归者也会消耗大量的资源。以现值（1988 年）美元计算，这样一项调查可能会花费接近 1000 万美元。其次，小城市的无家可归人口可能不像在芝加哥这样的大城市这么集中，这就需要调整抽样技术，而这些调整是无法完全事先预料的"。（Rossi, 1989, 71）那么，正确地开展一次人口普查——至少统计该国及各组成部分的人数——所需的工作和资金可能比委托这项工作的政府愿意支付的开销多得多。仅仅是获得你的想法所需要的一整套数据就已经很困难了。

误 报

埃弗雷特·休斯在德国度过了他的 1952—1953 学年，并做了很多不能被称作研究的事情（至少从一个认真的、有计划的、旨在研究一些或多或少精心设计的问题的项目来看）。取而代之的是，他四处探查，看看这看看那，并追踪那些引起他注意的项目。这不完全算是研究，也不仅仅是简单的旅游活动的结果之一，便是他那篇著名的论文《好人与脏活》（"Good People and Dirty Work"）。该论文是他在德国火车上与两个人闲聊后追踪得出的，也由此开启了被他称为"劳动的道德分工"问题的长期持续研究［Hughes，（1962）1984］。

他的调查发现与我们刚刚讨论的问题相关：人口普查的完整性和被统计人员所属的类别定义，即所谓的"犹太人失踪案"。这是一个对专业人口学家有重要影响的故事，无需我的提示，他们就能想起来。休斯是这样讲述这个故事的：

"1938 年结婚者的人种分类"——1953 年夏天，我无意间在纳粹政权出版的最后一本年鉴《德意志帝国统计年鉴（1941—1942）》的一份表格上看到了这个标题。从早期的德国官方统计数据来看，我几乎可以肯定纳粹时期之前的德国人有宗教信仰之分，但没有人种之分。统计学上的德国人与统计学上的美国人正相反，后者有人种而非宗教信仰的区分。偶然注意到德国人口普查中的类别变化让我想到了一个问题：纳粹上台后，德意志帝国的统计学家必须在他们的官方年鉴中做出哪些改变？对专业统计学家而言，这背后隐藏着更普遍的问题：他们的工作在政治上有多中立？他们所报告的数据类别在多大程度上受制于政治要求？

我不知道这些一般性问题的答案。但我确实翻阅了所有德国统计年鉴——从纳粹前的魏玛共和国的最后一卷（1932年），到纳粹时期，再到战后的第一卷——看看随着激烈的政治变迁，统计类别和报告方式发生了什么变化。[Hughes,（1955）1984, 516]

我不认为休斯会对他了解到的情况感到惊讶：由于纳粹努力使帝国统计局**同步化**（gleichgeschaltet，意味着与当时的政治现实保持协调一致），关于人种和宗教的报告准确性受到不利影响。休斯认为，除了其他方面以外，这也是作为政府统计学家的职业操守的失败。

休斯的分析依赖于基本的人口学概念（Ryder, 1965）。某一特定类别的人口数量从一个时期到下一个时期的变化，源于仅有的四种变化方式中的一种：因出生或迁入而数量增加，因死亡或迁出而数量减少。所有这些事件（至少在理论上）都有官方报告和记录。时间点 2 的人口数量等于时间点 1 的人口数量减去在此期间的死亡和迁出人数，再加上在此期间的出生和迁入人数。

休斯利用人口的这一算术性质，加上德国人口统计学家在对数据制表时所使用类别的变化，来证明德国人口数字未能满足计数和说明全国所有人口的要求。简而言之，德国人口普查一直包含三种主要信仰［新教、天主教和所谓的"以色列人"（Israelite）］的信徒人数，但在 1935 年（希特勒执政两年后），人口普查出现了一些关于"按信仰划分的犹太人（Glaubensjuden）及外国人的职业和社会分布"的新表格［（1955）1984, 517］。"按信仰划分的犹太人"与"以色列人"显然是同一批人，因为两个群体的人数完全一样。从那时起，犹太人就被视为某种特殊群体。与其他宗教团体的成员不同，犹太人先是被划分为两类，即"臣民"和"公民"，后来只被算作"臣民"（《纽伦堡法案》剥夺了他们的公民权）。通过一系列的年度变更，人口普查采纳了新类别，将犹太人计为一个种族的成员，并将其分为犹太人、一级犹太混血和二级犹太混血。休斯说，这位帝国统计学家可能被催促"建立表格和图表，以便一目了然地展示新帝国的繁荣和领土扩张计划的进展"（521）；相比之下，他从未以总结和图表的形式展示过清除国家和民间的外国（犹太）血统人群计划的成功。人们必须从许多表格中挖掘出事实。

休斯就进行了这样的挖掘，并展示了犹太人口如何在几年时间里从官方数据中消失。从统计上来说，他们没有死亡，也没有迁出。休斯发现普鲁士人继续保持着良好的记录，他还看到"普鲁士的犹太人口在六年内减少了 128099 人，足足 35%，而每年死亡的犹太人数量却并没有显著的变化！总的来说，这是一个良好的记录，如果人们记得那时大规模的运动尚未真正开始的话"。他以一反常态的猛烈讽刺评论道："统计学家应该为读者省去这所有麻烦。他应该像对待其他项目一样，协调这个关于新帝国的项目的统计数据。我开始觉得他并没有真正做到**同步**。"[（1955）1984，522]

休斯揭露了德国人口统计数据中严重的、政治强制性的扭曲，我们不太可能在美国人口普查中看到这种扭曲。但是它提醒我们，由于政治操纵，看起来像统计数据的东西可能不是真实的数据。罗西对于统计每一位无家可归者的坚持，向我们展示了在统计人数时应多么小心谨慎。

普查数据什么时候是准确的？
它的准确之处在于？

一旦找到了你认为需要重点研究的人——在这种情况下，就是你的研究策略针对的人口——你就可以通过研究工作来调查你想了解的事情。这不比找到那些能告知你想了解的事情的人更容易。和之前一样，这些问题部分是技术性的（问什么和怎么问），部分是概念性的（答案可以为你的某个想法提供证据）。让我们从一个看似简单的例子开始——种族。

对美国进行种族普查

1980 年的美国人口普查表格纳入了一个关于种族的问题，这个问题长期以来一直是社会学研究的主题。研究人员将普查表格邮寄给人们，让他们在没有访谈员监督的情况下自行在家中填写。研究人员试图使填写指导足够精确和具体，以避免混淆；同时防止人们以不同的方式理解问题从而导致结果一团糟，因为作为个人数据项目的答案并非真正关于同一件事。以下是问题的最终形式，它适用于被列入受访者表格的每一个人：

14. 你的祖先是哪里人？如果不确定如何报告，请参见说明指南。

例如：非裔美国人、英国人、法国人、德国人、洪都拉斯人、匈牙利人、爱尔兰人、意大利人、牙买加人、朝鲜人、黎巴嫩人、墨西哥人、尼日利亚人、波兰人、乌克兰人、委内瑞拉人……

美国的种族在不那么遥远的过去有着更清晰的含义。在 20 世纪 40 年代的芝加哥，当我还是个孩子的时候，人们把我们现在所说的种族称为"民族"或（更优雅但不常见的）"民族血统"。更常见的情况下，他们只是问："嘿，你是什么人？"然后你回答

"意大利人"或"爱尔兰人"或"犹太人",或你"曾是"什么人。美国社会学——从19世纪90年代开始,当时在外国出生的人及其子女与美国社会的同化是一个主要的"社会问题"——一直重点研究种族问题,但主要是在"意大利人—爱尔兰人—犹太人—等等"的意义上。每个人都理解这个想法,以及用来表达这个想法的任何词语,原因在于人们都按照这些词所指的路线在空间上组织自己。城市子社区的居民来自不同的国家,他们通常压倒性地属于某个群体。你可能住在一个犹太人社区,或一个爱尔兰人社区,或一个挪威人社区。城市居民可以通过这种方式辨认社区,因为住在那里的人(或他们的祖先)都来自欧洲某个部分的同一个地方,并且在不同程度上共享一种文化:他们吃同样的食物,在同样的教堂或犹太会堂做礼拜,他们的父母可以使用民族语言(即使他们像我的父母一样出生在芝加哥)说一些不想让他们更加美国化的孩子听懂的事情(我想爱尔兰父母没有这种资源)。社区商店出售附近居民想购买的东西,因此商业区有明显的种族"外观":比如犹太肉店或意大利杂货店,还有出售犹太祈祷披肩或天主教念珠的商店。当然,更加隔离的种族聚居区——聚集在第二十二街附近的唐人街,以及南部的大片黑人地带——占据了城市的很大一部分。

当我还是个孩子的时候,芝加哥就是由这些地区(或是在更年轻和同化程度更高的居民搬离之后剩下的区域)拼凑而成的。意大利人住在泰勒街及其附近,犹太人住在麦克斯韦街及其周围,瑞典人住在北区的安德森维尔，波兰人住在畜栏附近，爱尔兰人在布里奇波特……这仅仅是个开始，因为还有希腊人区、匈牙利人区、德国人区等等。那些靠了解这些人口分布来做生意的人，或工作要求他们经常在城里四处走动的人——比如出租车司机，或像我这样在当地小酒馆和民族婚礼上演奏的音乐家——可能更了解这座城市每一个街区的种族构成。

你可以将种族视为每个人都以相同方式理解的硬性社会事实。当人口普查员询问人们是"什么民族"时，他们毫不费力地给出一个简单的答案。人口普查员对记录下的答案进行计数，并将数字填入恰当表格的正确单元格内，读者就可以或多或少地确定以这些数字为充分证据的某种社会现实。

随着时间的推移，社会学家称之为"适应"和"同化"的社会过程开始发挥作用。人们开始与自身种族以外的其他种族群体成员结婚，他们的孩子现在向人口普查员或任何询问的人解释说，他们是"爱尔兰和意大利人"，或一些类似的组合。玛丽·沃特斯（Mary Waters，1990）研究了由此给人口普查和打算使用该问题所产生的数据的社会学家们带来的问题。为了知道她（或其他人口学家）可以从这些关于"祖先"的数据中合理地做出什么样的推论，以及这些数据可以作为什么样的想法的证据，沃特斯首先向受访者提出了1980年人口普查曾经问过的标准问题：

你的祖先是哪里人？（例如：非裔美国人、英国人、法国

人、德国人、洪都拉斯人、匈牙利人、爱尔兰人、意大利人、牙
买加人、朝鲜人、黎巴嫩人、墨西哥人、尼日利亚人、委内瑞拉
人……)

然后她询问这个人的祖父母和外祖父母分别来自哪里。这些
"组合"的孩子们就会说类似这样的话："我父亲的母亲是爱尔兰
人，她的丈夫是意大利人，而我母亲的母亲是荷兰人，我不太确
定外祖父来自哪里，也许那个国家已经不复存在了。"当被访者需
要详细阐述事实时，他们有时或经常对其进行简化，比如只是说
"我是意大利人"。

当沃特斯问及这样的简化时，人们可能会解释说，他们不喜
欢别人谈论"爱尔兰酒鬼"的方式，而且他们跟祖父那类人一样
喜欢歌剧，于是他们决定成为"意大利人"。而且不管怎样，其
实说什么都没关系，对吧？当然，他们也可能说他们喜欢"爱尔
兰人"的奇思妙想，而不喜欢许多人给"意大利人"贴的黑手党
标签。在大多数情况下，说什么和做出哪些选择并不重要，因为
没有人真的在乎你说了什么。[我简化了沃特斯讲述的更为复杂
的故事（1990，52—89），但保留了其本质。]

换句话说，在所有（或大多数）情况下，关于种族认同问题
的答案不再意味着我在芝加哥成长时期它所指的内涵：某个种族
社区的成员，可能也熟悉另一种语言，有某些共享的特定文化知
识，甚至也许有一些共同的敌人。

因此，两个用同样的话回答问题的人很可能并没有描述同一件事。研究人员在查阅人口普查报告表时，只能猜测这些数字背后的社会现实，并武断地决定这些答案的"意思"。他们不能将这些答案视为社会学版本的温度计读数，即用众所周知、经过时间考验的刻度表来描述一个固定的位置。他们无法从这些表格中找出现实存在的一个"爱尔兰社区"、一种"波兰文化"或一个"犹太宗教团体"，甚至无法推测你在哪个社区吃了肉丸意大利面或犹太丸子汤。他们无法以已知的可信度从对种族问题答案的统计汇总中推断出任何东西。

当时他们并不清楚（现在也不清楚）关于这个问题的答案表格可以支持什么样的推论。李伯森和沃特斯在对 1980 年人口普查所产生的数据进行透彻而深入的分析后说："一些'技术'问题其实反映了美国目前种族和民族实质性特征的复杂和困难之处。"（1988，6）也就是说，有些人可能会将如何对"我是爱尔兰人和意大利人……噢，是的，我的一位祖父是波兰犹太人"这样含糊的答案编码说成技术问题，而实际上这是你希望数据来帮助你回答什么问题的选择。而且，他们还补充道："回答种族问题时遇到的困难为我们提供了关于美国当前种族和民族关系的信息。"（25）

李伯森和沃特斯努力使这些极度模糊的数据传达出一些社会学意义上的东西，并取得了相当大的成功。但是，作为诚实的研究人员，他们用类似下面的告诫来限定他们的尝试性概括："你不可能使用人口普查数据来检验一个复杂的通婚模型。对于想检验我们之前概述的全部变量的研究来说，这些问题可能过于复杂。"（167）他们在这里指出了一个我稍后会讨论的策略：思考研究人员如何利用此类有缺陷的数据来达到良好的效果，即使我们已经认识到这种简单方式的局限性。

如何解决这个难题？最终，人口普查局决定——正如它不久前决定提出"种族"这个更微妙也更重要的问题一样——接受被访者所说的任何"正确"答案，并将解释权留给数据使用者，让他们按自己的意愿处理。从很多方面来说，这个答案已经足够好了。但是，对什么而言足够好？人口普查局没有回答这个问题。你，用户，必须自己决定。这使得研究人员有责任说明这些汇总的统计数据可以承载多少分量，他们的证据可以支持什么样的观点。

"种族"计数

种族曾经似乎是一个明显的物理和社会事实，现在却包含了无限的可能性。除了进行 DNA（脱氧核糖核酸）测试之外，没有"真正的"答案（即使这样，我们也不清楚 DNA 测试能够证明什么）。这里没有类似于在巴西的法国土壤学家用来对颜色做出必要区分的孟塞尔色标一样的对等物。而且，尽管 DNA 测试可能具有一些医学或遗传学意义，但它们尚未获得任何公认的社会意义。它们只提供了关于人可能会产生什么样的自我认同的模糊线索，天晓得它们会对社会归属、社区选择或任何我在 10 岁时就可以非

常自信地（且可能是正确地）将其与种族"归属感"联系在一起
的事物产生什么影响。

在任何使用"种族"变量来说明教育成就、经济状况、心理状
态或犯罪记录变化的研究中，这都表现为一个技术问题。也就是
将种族作为二分变量来测量，将受访者纳入两个取值的分类——
黑人或白人。蒙克（Ellis Monk，2015）总结了大量关于压力在疾
病过程中的作用的研究成果，并结合自己的调查结果，因为这与
全国规模样本中的"种族类别"有关。他发现将受访者分为"白
人"和"黑人"并没有产生大家期望的那种巨大差异。在对一项
精心完成的大型全国调查的数据进行分析后，蒙克发现当他按肤
色对"黑人"种族群体成员进行分类时，该群体内部存在较大差
异。这是由受访者本人对自身肤色的评分和黑人访谈员对其评
分来衡量的，这些访谈员使用了一种包含七个类别（它们再现了
黑人社区中的常见类别）的标准化列表。蒙克解释道："肤色是
对于人们可感知的多种歧视（包括白人和黑人的肤色歧视）的一
项重要预测因素；反过来，这些形式的歧视也是对于关键健康效
果的重要预测因素，比如抑郁症和身心健康自测。与肤色和歧视
有关的种族内部的健康差异，通常与黑人和白人之间的整体差异
相匹敌，甚至超过了整体差异。"（Monk，2015，396）他还指出，
在 20 世纪上半叶，社会科学家的常规做法是以包括肤色在内的身
体特征为基础来辨别黑人社区的内部分层（Monk，2014，1314）。
这一方法已经为后来的学者所摈弃。

这意味着我们不能使用由某人的种族或民族自我认同——当被要求具体说明他们属于哪个群体（黑人或白人）时，他们选择的回答——构成的数据作为与他们有关的任何证据。这些数据现在反映了各种各样的影响，包括与数据搜集人员在工作中所承受的压力和影响有关的影响，而我们无法区分这些影响的多重后果。因此，我们不知道这些证据证明了什么。另一方面，肤色等级似乎为美国黑人和白人之间依然存在的社会差异提供了合理证据（当然，这一点也没有像我们希望的那样得到充分论证）。

定义和测量种族的问题将研究人员引向了两个方向。为了提供与人口普查必须解决的问题相关的证据，研究人员选择了一种不会造成政治麻烦的、程度最轻的测量方式。但是，当这种简单的测量方法不能为研究人员认为"存在"的关系提供证据时，他们开始寻找一种对社会现实更敏感的测量方法，并在一个曾经常见的类别中找到了它——肤色。技术上的困难使人们意识到，有其他测量方法可以提供与理解更复杂的社会现实有关的证据。

更多术语问题："拉丁裔"和"美国印第安人"

这个问题是否只涉及非裔美国人或迁入美国的欧洲移民，因而我们不必过多担心？不，它并不限于美国的黑人和白人关系问题。在人口普查所调查的许多领域都出现了类似的困难，这足以提醒我们注意与人口普查基本活动有关的一系列完全可预见的困难，其中一些与研究人员已经提醒我们要注意的社会现象有关。

我们可以使用哪些测量方法来为什么样的社会分化和社区形成提供证据？

拉丁裔

漏报人口会产生政治后果，因此我们需要采取政治行动，让人口普查纠正这些漏报情形。关于西班牙语人口的漏报问题，乔尔丁（Choldin）说道（我删除了他对一项支持性文献的引用）：

在 20 世纪 60 年代末西班牙裔领导人在人口普查局发表意见之前，该机构就一直受到来自政界人士和科学家的压力，他们要求尽可能减少人口普查中的各种漏报情况。漏报是指人口普查未能包括的"实际总人口"的一部分。美国人口普查的漏报率在 1950 年为 3.3%，1970 年为 2.5%，1980 年可能更低。如果人口普查对某一部分人口的遗漏比对另一部分人口的遗漏更多，就会出现不同程度的漏报。1940 年以来，人口学家和统计学家渐渐意识到了不同程度的漏报。在低收入城市社区、黑人群体（尤其是年轻男性）中，漏报情形通常是最严重的。

在过去几十年里，联邦补助项目激增，且政府经常通过包含人口统计数据的公式来分配资金。大城市的市长们声称漏报损害了城市的收入，因为漏报人数降低了社区在拨款公式中的地位。许多城市在此期间陷入了严峻的经济困境，严重依赖联邦政府的援助。当时的参议员莫伊尼汉代表这些市长发了言，他鼓励人口普查局努力在未来的人口普查中尝试克服漏报的问题。社会科学家和统计学家也敦促人口普查局改进统计工作。（1986，404—445）

这就是那时尚未得到使用的新术语"拉丁裔"出现的宏观背景。菲利克斯·帕迪拉（Felix Padilla，1985）对这个概念的发展历程进行了研究，给出了关于这一术语发明的详尽细节，它涵盖了芝加哥人口中在种族和文化上完全不同的墨西哥人、波多黎各人和古巴人。概括来讲，这三个讲西班牙语的群体都有自己的问题和抱怨（主要集中在就业歧视问题上），他们并不团结，甚至不是特别友善。但是，希望帮助他们增加就业机会的雇主、政府机构和私人组织并不想与三个不同的西班牙语群体打交道；如果他们经常与其中一个群体打交道，其他两个群体就会觉得没有人在乎他们的问题。帕迪拉说：

> 20世纪70年代之前，波多黎各人、墨西哥裔美国人和古巴人一直以各自的国家名称或民族身份自称，尽管美国人口普查一直称他们为"讲西班牙语的人"。然后，随着20世纪60年代和70年代的到来，以及平权行动政策的颁布，再加上不同种族和族裔群体为"分享美国梦"所做的抗争，有人想到回应"讲西班牙语"群体各自的要求的最佳方法是称他们为"拉丁

裔"族群。许多组织一直以拉丁裔的名义向三个群体中的一个提供资源，而忽略了其他两个群体；因为在他们看来，拉丁裔的诉求已经得到满足。如果波多黎各人得到了教育项目资助，那么墨西哥人和古巴人就没有这样的好运气了，因为针对拉丁裔的资助已经发放完了。因此，这三个族群的领导人决定通过创造一个范围更大的泛种族身份（即"拉丁裔"）来对抗这种做法，这个术语将反映三个群体的共同需求和利益。（Padilla，personal communication，2014）

结果，曾经看起来分散而多样的小群体变成一个规模更大、更易发现、更易识别、更易计数，因而也更有力量的政治群体。这种人口类别的存在是一种政治行动的结果，它迫使联邦政府、地方政府以及私人组织正式承认并统计这一新的政治实体。

美国印第安人

在人口普查局统计美国印第安人数量时，同一问题的另一个版本出现了。斯尼普（Matthew Snipp）说道：

> 对于给出多种族答案的人，如果可以确定其母亲的种族，我们就认定该人的种族为其母亲的种族。只有当多种族后代的母亲与其孩子共同居住时，才有可能采用这种做法；对于年轻成员来讲，这样做最有可能是正确的。在其他情况下，当无法

确定母亲的种族时，我们就根据多种族个人在问卷上报告的第一个种族来认定其种族。例如，将种族报告为"白人－印第安人"的人就被认定为白人。

这样的处理对统计印第安人口，尤其是跨种族婚姻的年轻后代有重大影响。特别是，将母亲的种族认定为多种族后代的种族的做法，会导致特定性别的择偶模式对印第安儿童的人口规模产生影响。例如，假设与非印第安人结婚的印第安男性多于印第安女性，那么相比于更多印第安女性与非印第安人结婚的情况，这将导致印第安儿童的数量变少。那些不止一个种族且父亲为印第安人的儿童不会被统计为印第安人，这就减少了印第安儿童的数量。同理，那些不止一个种族且母亲为印第安人的儿童会被统计为印第安人，从而增加了印第安儿童的数量。

因此，人口普查程序是增加还是减少印第安儿童的数量，取决于印第安人－非印第安人婚姻子女的多种族报告的范围，以及印第安男女择偶时对非印第安人的偏好。我们无法调查人口普查方法对人口统计的影响程度。我们有可用于研究跨种族通婚的特定性别模式的数据，但没有关于多种族报告模式的数据。从政策角度来看，印第安领导人和联邦当局应该关注这一问题，因为它意味着潜在的人口漏报，即本来有资格获得联邦和部落服务的印第安人在人口普查数据中被认定为白人。（Snipp，1986，238—240；省略了其引用）

为了将这个结论纳入本章更一般的框架，使用这些定义搜集的数据不能作为有多少人可以被合理认定为印第安人的证据。因为官方定义只统计了若干群体中的一个群体，而这些群体实际上都可以被合理地纳入印第安人类别，他们自己也常以不同方式在不同情境下这么说。

1980 年人口普查中有关种族和祖先的问题，允许人们在两个不同的地方将自己报告为美国印第安人。斯尼普将这些答案组合起来并创建了若干类别，结果发现：在回答关于祖先的问题时，报告自己拥有印第安祖先的人远远超过（82%）在回答种族问题时认为自己是印第安人或印第安 - 其他种族的人（18%）。后面这个规模较小的群体明显更贫困，受教育程度也更低。正如斯尼普所说："印第安裔美国人，顾名思义，与其他大多数美国中产阶级一样，他们大多是白人，只会说英语，不会说其他语言，而且在物质条件方面相对富裕。这个群体的成员可能不认为自己是弱势少数群体的一部分，因为在大多数方面，他们确实不是。这些人与其他白人中产阶级的主要不同之处在于，他们能在家庭史中回忆起一位印第安人祖先。"（1986，247）他还得出了"人口统计数据用户的基本规则"：

> 很简单，用户要小心：人口统计数据并不总是像它们所宣称的那样。对于种族和民族这样高度不稳定的主题，数据用户应该加倍谨慎。种族和民族不是具有明确定义和共同含义

的一成不变的概念。就在不到 100 年前，英国人还认为凯尔特
人和盎格鲁－撒克逊人是不同的人种。如今，民意调查显示，
人们对于种族和民族的态度处于不断变化之中。因为关于种
族和民族的大多数信息都来自自我报告，所以关于这些概念
的公众态度变化应该是这类数据用户所关注的问题。随着公
众对种族和民族的看法不断变化和发展，关于它们的数据含
义也会发生变化，这会让人口学家感到惊讶吗？（248；已省
略斯尼普的引用）

由于美国印第安人的特殊宪法地位，这种分类具有重大的政
治和经济后果。对于大多数声称自己是印第安人的人来说，做一
名印第安人不过是对该人口类别的浪漫化版本的一种情感依恋。
对于其他人来说，它表明他们是一个独特的社会和经济类别的重
要成员。但是，如果只在表格中查阅一些数字而不做更多的工作，
你就无法辨别是哪个版本在案例中发挥作用。每个版本都有其社
会学意义，只是方式不同。

美国印第安人的意外增多给乔安妮·内格尔（Joane Nagel，
1995）提供了机会：她将一个技术问题，即由告诉人口普查员自
己有美国印第安人祖先的人数量意外增加而引发的问题，重塑为
一种之前未命名的、她称之为"种族复兴"的现象的证据。这就
像沃特斯将人口普查中民族血统数据的混乱之处转变为概念上的
进步一样。

马来西亚

以上案例都体现了德斯罗西耶斯的观点——人口普查反映了国家追踪它所负责的人口的兴趣。不同国家及其行政官员的政治和行政兴趣随着地缘政治形势的变化而变化，而其人口普查所使用的类别也会随之变化。赫希曼（Hirschman，1987）将马来西亚历届人口普查（十年一次）中种族类别的演变描述为政治变化的结果："追踪种族分类的演变是知识社会学的一项工作，它告诉了我们'官方'眼中的种族变化是什么样。在本文中，我将分析从 1871 年种族分类的'创建'到 1957 年殖民时代的终结，再到独立后（1957—1980）马来西亚的人口普查中种族分类的发展。种族衡量方式的变化反映了过去一个世纪中意识形态和政治经济的变化。"（557）在一百年的时间里，该地区"不同"群体的标签从"民族"变为"种族"再到"社群"，并在后两者之间来回变换，然后变成一系列可互换使用的词语："种族群体""社群"和"方言群体"。早期官方对欧洲居民的分类相对简单，最初只是单独列出；但在后来的几年里，他们依据字母顺序将欧洲居民与其他种族和语言群体列在一起（562）。类别的变化伴随着政治形势、定义和理解的变化。马来西亚成为一个独立国家后，"欧洲人和欧亚混血被归入'其他人'下的一个子类别——这种做法延续到了 1970 年和 1980 年的人口普查中"（563）。有时还会出现"土著人"的类别。多年来，官方也以不同的方式归类华人和印度语亚群体。

赫希曼引用了一位负责管理人口普查的行政官员的陈述：

事实上，当"种族"一词用于人口普查时，我们不可能界定其意义；出于实践目的，它是地理和人种起源、政治忠诚，以及种族和社会亲和力、同情心等观念的审慎融合。大多数东方人本身没有明确的种族观念，他们通常认为宗教是最重要（甚至是决定性）的因素，因此要实现任何类似科学或逻辑上一致的分类就更加困难了。例如，马来人对遵循伊斯兰教的惯常看法就与欧洲人对种族区分的看法大致相同，在谈到一位信奉伊斯兰教的印度人和一位印度教徒时（即使这两个人的出身几乎一样），他们之间的区别在性质和程度上就好像法国人和德国人的区别一样（564—565）。

行政官员们最终决定采用主观身份，即被统计者自称的身份。这也是人口普查面对这个问题时通常采取的唯一可行的解决方案，无论这给那些想用这些数据作为证据的人带来了什么困难。赫希曼总结道："尽管观察家们可能认为马来西亚的种族普查数据是官方的，即它们符合政府政策或宪法标准，但现实要模糊得多。人口普查数据显示的是人们自认为的种族身份。尽管存在可靠性的问题，但确实没有其他选择……人口普查的负责人可能会向他们的上级和政府服务部门的同事寻求建议，但当没有明确的方向时，他们会遵循自己的直觉，即自身所处的社会和经济阶级的态度。"（566—567）赫希曼的结论是，种族的概念，起初是将欧洲人的优势转化为特定生物因素的理论的合理化，后来被认为是过时和不准确的（568）。最终，在人口普查类别中引入"马来人"的类别，"与形成一个有自我意识的马来人社群以有效参与后殖民政治体系的必要性相一致"（570）。

所有这些情形都告诉我们，要谨慎对待我们赋予人口普查对象类别的数据分量。不要以为它们的社会学意义具有不变的概念清晰性，可以让你将表格同一单元格里的居民视为具有相同特征的人——很可能并非如此。

一些困扰我们已久的问题，一些我们很快就会面临的问题

宗 教

美国人口普查搜集了很多信息，但宗教不在其中。自 20 世纪初以来，联邦法律就禁止人口普查要求人们回答与宗教有关的问题，因此人口普查不会在其十年一次的正式统计中询问这种问题，虽然他们确实"在自愿的基础上搜集有关宗教实践的信息"。因此，与宗教成员、宗教活动有关，并且与人口普查中的教育或年龄项目具有同等保障的官方统计数据尚不存在。

但是，正如政府想了解关于本国居民的其他事实一样，有组织的宗教团体的管理人和成员也想了解有多少人属于或定期实践

（在这些词的任何一种意义上）特定宗教。宗教领袖想了解他们的团体成员在增加还是减少，以及在宗教服务参与、宗教仪式的日常实践、婚姻模式、对儿童的抚养和宗教训练等可测量的事情上，"实践"宗教意味着什么。

社会科学家希望能将宗教视为一个可测量的变量，从而将其纳入对社会生活的解释。例如，他们想了解"宗教因素"（Lenski，1963）对政治态度、生育率、经济行为或社会科学涉及的其他任何事物的影响。

因为没有政府机构搜集这些信息，所以需要由宗教团体的代表或感兴趣的研究机构自行开展这项工作。这两种组织都发现其中涉及一些无法解决的问题，而这类问题在我们统计人们"住在哪里"和统计种族、民族群体成员时已经出现过。如果我们说某人是犹太教徒或天主教徒，或属于现存的众多新教团体之一，或穆斯林（更不用说印度教徒、佛教徒、锡克教徒，以及美国其他少数宗教团体了），我们做了什么样的事实陈述？其他人能从这样的认定中合理地推断出什么？这些信息能提供什么样的证据？

在所有这些团体中，罗马天主教对于成员资格问题有最可靠、最现成的答案。官方教义将任何受洗归入教会（这大多发生在人们还是婴儿的时候，改变信仰的人除外）的人定义为天主教徒，仅此而已，没有什么可争论的。官方机构的最终决定解决了这个问题。曾经受过洗的人现在可能称自己为无神论者，但这并不会影响控制这一定义的官员。当然，除非教会在特定地理实体中拥有某种官方地位，否则在非教会成员眼中，教会成员的观点不会改变任何人的地位。这是个人选择，不是法律地位。

但这仅仅是个开始。因为大多数人，包括教会的官员，都想知道曾经受过洗的人现在正参与什么形式的天主教活动。他们是"实践型"还是"信仰型"天主教徒？社会学家想知道，如果人们是两者当中的其一，他们的天主教身份是否会影响他们的行为或文化。复活节和圣诞节时他们会去教堂吗，还是会无视这些宗教活动？他们每周参加弥撒并定期去忏悔吗？他们是否和天主教徒结了婚，不管答案是肯定还是否定，他们在以天主教徒的方式抚养孩子吗？正如约瑟夫·费希特（Joseph Fichter，1951）和他的研究团队在新奥尔良教区（很多年前他曾对这个教区做了详尽的研究）所做的那样，一个有决心的研究人员会每天坐在长凳上，统计并确认每一个不仅在举行弥撒时出现，而且还做忏悔的人。费希特的研究人员甚至记录了教区居民向教堂的四位牧师中的哪一位做了忏悔。他们的研究持续了一整年，得到了无与伦比的数据。不幸的是，教堂的牧师对其中一些发现表示不满，并且费希特的数据从未得到充分阐释，而这些阐释也许能够回答上述问题。

这些都没有触及社会科学家希望得到答案的问题。这些天主教徒抗拒马克斯·韦伯所描述的新教伦理吗（该伦理经常被援引为对经济生活的一种特殊态度的决定因素）？由于或伴随这种身份识别——研究人员观察到的，或访谈中被告知的，或借助已被识别的人为他们填写的表格所搜集到的——他们会像在地方和全国选举中一样投票吗（正如伦斯基试图证明的那样）？

我们可能不知道这些"数据点"对于社会学家提出的问题到底意味着什么，但是我们对天主教徒的宗教行为的了解，远远多于对那些声称（或勾选）自己是"新教徒"的人的宗教行为的了解。新教涵盖了如此广泛的组织、信仰和实践，以至于我们真的不知道一个关于成员资格的简单问题可能会触及哪个领域的行为或信仰。而且，即使有具体教派的名称也没有多大帮助。众所周知，一些新教徒在搬到新的社区或城市后，只是加入了一个地理位置最方便的教会。这个教会似乎与他们心中所想的相近，比如可以作为结识新朋友的场所，或周日早上安置孩子的地方，又或者这个教会确实满足了他们的宗教需求（无论他们如何定义这些需求）。

犹太教提出了更加困难的问题。因为完全没有宗教信仰的犹太人可能仍然非常重视犹太人的身份，并认为"作为犹太人"是他们本身不可或缺的一部分。我的父亲就是犹太无神论者这一可识别类型的公开明确的例子，他几乎完全只跟犹太人交往。在我的童年时期，我们家住在芝加哥的一个地方，那里具有常见的混合居住特征：一半是犹太人，一半是爱尔兰天主教徒，他们团结一致，希望可怕的意大利人不要搬到附近并"迫使"他们搬走。从事广告业的父亲并不需要与非犹太人有太多接触，因为在20世纪30年代和40年代，广告业依然非常隔离——像他的公司这样的犹太公司会在犹太企业中寻找客户。只有在聘请临时的艺术家或技术人员为印刷品或广播节目准备广告材料时，父亲才与非犹太人打交道。

但父亲也是一个另类。更多的犹太人那时（有些现在依然）被简单地归入正统派、保守派和改革派的传统标题下。我认为，现在很多人觉得自己是"文化犹太人"或者"世俗犹太人"，这意味着他们喜欢犹太式烹饪和犹太式幽默，但没有传统的宗教信仰，也不进行传统的仪式活动。他们不参加犹太会堂的礼拜仪式，不遵守饮食戒律或与传统节日有关的任何习俗，也不一定与其他犹太人结婚（尽管他们可能会这样做）。谁也不知道他们对以色列有什么看法。

（还有一种类型，我将其认定为伦尼·布鲁斯犹太人。详细情况可访问他们的网站：https://lennybruceofficialcom.wordpress.com。）

最后，我们必须考虑那些在回答有关宗教的人口普查问题时，可能会说他们属于女神之约（Covenant of the Goddess）的人，这是一个建立在现代化和非恶意的巫术之上的组织。你可以参见有关巫术宗教的网站"凯尔特人联结"（Celtic Connection，2004）。

任何反对认真对待这类不知名宗教的人应该记住，至少一些州的法律规定［如加利福尼亚州（Evelle Younger & James D. Claytor，personal communication，1974）］，任何根据宗教教派的标准惯例被任命的人都可以举行确认婚姻有效的仪式，并且州政府不负责裁定进行任命的宗教是否为"真正的宗教"。

就像种族问题一样，所有这些问题变体的存在意味着其关键术语没有稳定的含义。关于谁和什么属于某一类别的问题，没有可以依靠的"显而易见"的定义。"天主教""新教"和"犹太教"（更不要说其他宗教）这些术语可能会存在于未来很长一段时间内，但科学家永远无法为它们确定一个稳定的含义，因为这完全取决于特定社会背景下特定人群赋予它们的含义。社会科学家永远无法将其作为具有稳定、固定含义的术语运用在他们的研究和理论中（就像化学家使用元素周期表描述的元素名称一样）。对于想把宗教作为变量的社会科学家，我表示同情，但你不能将其纳入多元回归。

这种不确定的含义并没有阻止一些研究人员在没有解决我刚才提出的任何问题，也没有以可观察行为或私人信仰的方式证明该术语所指涉对象具有任何标准化、可传达的含义的情况下，就在他们的问卷和分析中使用了这样一个"宗教变量"，并在没有合理根据的情况下将它与其他变量的关系解释为有意义的。

婚姻状况

在很长一段时间里，居住在同一所房子或公寓中的男女的关系系统的所有可能性，都围绕着几乎被普遍接受的婚姻实践而展开。研究人员可以询问人们的婚姻状况，并坚持要求得到（没有任何争议和抱怨）以下四个答案之一：单身、已婚、丧偶、离婚。这种类型学穷尽了各种可能性。你可能已经与一位异性结婚了，或者从未结过婚；如果你曾经结过婚，但现在并未处于已婚状态，那么你可能已经与你的配偶离婚了，或者你的配偶去世了。

不过，从逻辑的必然性上讲，这些类别并没有穷尽所有实际存在的家庭种类。相反，它们反映的是围绕法律认可的异性婚姻制度而建立的现存法律体系。但事实上，人们生活在各种或多或少持久的家庭关系中。许多未婚伴侣生活得就像已婚一样；如果他们在法律规定的期限内（通常为七年）维持这种关系，法院可能会认为他们已经建立了一种"事实婚姻"，与其他婚姻没有什么不同。最近的人口普查认识到了这种可能性，并将"未婚同居"新增为关于婚姻状况问题的一个可选答案。现在，你可以与异性结婚，或与异性同居，又或者独自生活。（当然，这样的分类并没有为曾经同居但现在不再同居的人提供一个类似离婚的类别。）

最近，在同性之间建立类似法律认可的结合的可能性，已经成为政治和组织上的现实。美国许多州将同性婚姻合法化，并扩展了有关婚姻的法律和规定，使其明确规定同性婚姻双方具有和异性婚姻双方相同的权利和义务。由于同性父母不能生育自己的孩子，因此有必要对父母关系进行新的法律认定。人口普查最终将不得不在十年一次的调查统计中规划一些项目，使人们能报告其社会和家庭状况的实际情况。这将需要规划者重新思考许多关于家庭结构、生育率和相关问题的分析，以便使人口普查和各州能够创建适合其目的的新统计报告。比如，预测人口增长和比较每次人口普查中各类家庭伙伴关系所涉及的人口比例，这很容易成为像马来西亚人口普查中的种族认同一样棘手的人口统计问题。

人口普查——作为一种模式

人口普查旨在覆盖全部人口，通常涉及一个国家或其他地理/政治实体的人口。但如果我们更抽象地思考人口普查的概念，并扩展"完全计数"的思路以容纳小于整个地理实体的单元，那么我们就有了一个也可用于研究其他问题的有趣工具。

与"全部计数"相对应的是"样本"，即一组数量较少的案例。如果你已经搜集了符合你感兴趣的主题所定义的所有事物的信息，则这组案例代表了你会从所有事物中发现的东西。通常，将小于总人口的实体作为样本，可以从对这个样本的研究中推断出总人口的值。这要依靠抽样方法，它允许你使用概率论的逻辑来得出在你感兴趣的全体人口中同等发现的估计值。

但是，假设我们把这些较少的人口视为我们感兴趣的整个宇宙，我们不认为我们在较少人口中发现的数字和分布必然会在其他任何地方重现。相反，我们知道这个较小规模的人口普查发现可能会向我们展示某种现象的过程和动态，而这种现象不会以确切的形式出现在其他任何地方；但我们希望这些发现能向我们展示在其他情况下可能发现的东西——它们可能具有不同的分布或采取不同的形式。(这是一种基于案例的推理,详细讨论请见Becker,2014。)

女 巫

亨利·塞尔比(Henry Selby,1974)去了墨西哥南部瓦哈卡州的一个村庄,研究关于巫术的经典人类学问题。他本人并不相信女巫或巫术真实存在,但他知道村里的居民确实相信女巫是真实的。事实上,村民们不得不相信女巫,因为女巫和她们施展的咒语为疾病、失败的恋爱、经济衰退等无法解释的事件提供了文化上唯一可接受的解释。通常情况下,这些坏事不会发生在你身上。在这些瓦哈卡农民的世界里,只有当有人通过召唤女巫故意作恶时(女巫调用了必要的制造邪恶的咒语),才会发生坏事。

塞尔比开始寻找造成这些麻烦的女巫。他想和她们谈谈,关于她们做了什么以及是如何做的。在这一年的田野调查中,他和家人住在村子一头。当他询问邻居们是否知道有任何女巫可以和他交谈时,邻居们说抱歉,但没有女巫住在附近。如果他去村子的另一头,就会发现有很多可以向他解释一切的女巫。但塞尔比对村子另一头的探访令他感到失望,那里的人觉得塞尔比让他们说出女巫的名字是件奇怪的事,因为他们的邻居中没有女巫。并且他们说,塞尔比的邻居中才有很多女巫。因此塞尔比的初步结论是,女巫住在村子的另一头。这为他提供了一个方向性的假设,一个有待调查的想法。

　　为了加深理解，塞尔比决定对女巫进行一次系统的普查：找到所有的女巫。他不指望任何人承认自己是女巫，于是他决定让受访者说出他们知道的所有女巫的名字。因此，他的普查不是统计自称女巫的人，而是统计并列出被其他人称为女巫的村民——这几乎和找到女巫本人一样困难。这个话题让受访者们感到不安，他们担心指名道姓会给自己惹上麻烦，所以很多人找借口躲避塞尔比的采访，以至于最终他只招募到六名线人说出他们知道的所有女巫的名字。他原本打算做一次更接近完整普查的调查，结果连样本都谈不上。因此，他没有履行一次"真正的"人口普查的主要义务。

　　尽管如此，这一过程产生的结果对塞尔比和他的读者来说仍具有很高的证据价值。六名受访者都能轻易地说出他们"知道的"女巫的名字，被他们说出名字的女巫都有两个共同的特征：她们不住在说出名字的这些人附近，也不是受访者的近亲。换句话说，女巫不是住在附近的人，如果她们住在附近，你就会了解到关于她们足够多的细节——由于邻里亲近关系而泄露出的那种细节。因此，通过日常观察你可以确定，住在附近的人没有做过任何真正的女巫会做的事情，所以她们不可能是女巫。同样，在小村庄的日常生活中，你足够了解自己的直系亲属，这让你相信她们也不会是女巫。邻里和亲属关系实际上使这些人不可能成为女巫。

　　这与塞尔比从范围更广的统计、从与每个村民的访谈中得到的答案一样吗？他不能保证，我们也无法确定，不管这看起来有多么合理。但是，有了这些证据总比什么都没有要好得多，因为塞尔比的结论与他在几年的田野调查中了解到的关于乡村生活的其他一切都吻合，而他认为这足以支持结论。我想大多数非教条主义者的读者都会同意。你可能会说，举证责任已经转移到了想质疑他的观点的人身上。

尽管证据看起来不够充分（只有六名线人！），但塞尔比的程序准确地反映了进行全国人口普查时会遇到的标准问题的解决思路。既然必须完成这项工作，并且各种问题不可避免地严重干扰了人口普查研究设计的执行，因此最终的解决方案总是"尽你所能"，继续寻找克服现有问题的方法，并设法利用你最终得到的数据。本章后面几页为这个结论提供了更多论据。

音乐家

在一个特定地理区域中有多少音乐家？民族音乐学家露丝·芬尼根（Ruth Finnegan，1989）在《隐藏的音乐家》（*The Hidden Musicians*）一书中提出了这个关于米尔顿·凯恩斯（Milton Keynes）的问题。米尔顿·凯恩斯是英国的一个"新镇"，它由几个相邻的较小社区合并而成。芬尼根想通过寻找新镇范围内所有的乐团——无论规模大小、谁创作音乐和创作什么类型的音乐——来找到那里所有的音乐家。换句话说，在她所定义的区域内对音乐创作者进行完全的统计。

芬尼根寻找音乐家时遇到的困难比塞尔比寻找女巫时遇到的

困难少一些。因为音乐创作不是一个必须小心提起或询问的话题；另一方面，这也不是一个必须通过宣传或推广其活动来引起关注的话题。根据每一条线索、当地报纸上的每一条公告，以及在每一个可能为音乐创作提供场地的地方（比如教堂或酒吧）询问，芬尼根找到了几十个音乐创作团体：从教堂唱诗班到民族音乐社团，再到在车库里排练的孩子们——他们在努力成为英国下一个大热摇滚乐队。（我曾想在此处加上一个数字，但由于类别的边界很模糊，芬尼根并没有明确提出一个数字。但是她显然得到了一个很大的数字，而这个数字并不需要很准确就能支持她的主要观点。）

芬尼根明确指出，人们对现代社会中的艺术的常规研究存在着严重的传统偏见，即将"音乐"等同于正式建立的组织。这类组织有董事会、预算、年度计划和年度筹款活动——它们配备了一个现代"艺术组织"具有的所有装备，以此提交政府资助申请，向董事会和观众募捐，让当地报纸的音乐评论家评价其表演，以及支付为销售门票和向订户发送邮件的软件制作费。简而言之，这是一个旨在引起一般公众的兴趣的组织，一个需要花费一定成本来维持运转的团体，因此它必须将筹集资金作为日常运作的一部分。

与那些针对"知名"艺术组织的常规调查相比，芬尼根的结果——通过更明确、更包容和更严格的定义来界定一个"音乐创作"团体由什么构成——使我们能够更好地了解一个社区里的音乐创作类型。她的结果是通过使用一个更像人口普查的工作定义来实现的——统计社区中的所有音乐类型，而不只是那些"公认的"类型。（事实上，这就是民族音乐学学科对其科学内涵的理解，体现在它的研究人员坚持研究"多种音乐"而非"某一种音乐"上。）芬尼根所使用的类似人口普查的程序正体现了这种坚持。

这两个类似人口普查的操作向我们展示了一种模式，即一次完整统计的不完整版本，我们可以用它来代替关于样本的一个不恰当的看法。这里有一些值得思考的问题。

从错误中学习

我所考虑的几种情形（还有其他情形——这个世界远比我们想象中复杂得多）包含了几个方面的重要教训：如何搜集社会学数据，如何处理我们得到的结果，如何利用出现的问题从而学到更多东西——这既是解决我们意外遭遇的问题的一种手段，也能重新定义问题，以便充分考虑我们现在拥有的新信息。

与化学家放入试管的物质不同，我们打算用问题测量的现象可能不是一个稳固的实体。当化学家向试管中添加"硫"或"汞"时，他们知道它是什么，它的化学描述是什么样（也将一直是这样），向化学家销售它的供应商也保证这批产品跟其他批次一样（当然，供应商偶尔不说实话，但这是另一个问题）。当实验室的心理学家从实验动物供应室购买老鼠时，他们可以要求并得到被培育成具有明显特征的老鼠。例如，对酒精有某种反应的老鼠，可以为研究酗酒原因的人所用。但没有人可以为研究民族或种族的研究人员提供特别培育的人群和特别构造的环境。在两次连续的、十年一次的人口普查中，人们对同一问题的答案常常无法被用来测量同一事物，即使这个问题由完全相同的词语组成。

这使得我们很难开展一项广受关注的人口学研究工作：在连续的时间间隔中（在美国，通常是十年）比较同一地点的同一现象。如果我们知道 1930 年、1940 年和 1950 年受过不同程度教育的人的收入分布情况，我们就可以对一段时间内社会流动模式的变化做出一些推论，看看不同"阶级"人群的孩子们成年后是如何分布的。当人们说自己高中毕业或年薪四万美元时，我们不必怀疑他们的意思（尽管因为通货膨胀，我们必须对美元的数额做出"修正"）。但对于不同教育程度的含义和后果的变化，我们应该做出什么修正呢？

但是，如果人们开始以他们现在描述自身种族的特殊方式来定义自己的种族，那么我们基于种族划分的收入分布研究的准确性就会受到很大影响。对于我们在最新的人口普查中观察到的变化，我们无法判断它们反映的是收入分布的新模式还是人们描述其种族成员的新方式。我们也不能确定相邻十年的统计之间的差异是否在计算同样的事物，因为在上一次人口普查中说自己是"黑人"或"非裔美国人"的人，后来可能决定"管他呢，就说我们是白人"，又或者反过来。

　　这是个多大的问题？研究人员有时候对这些担心不屑一顾，解释说这些本质上属于"随机偏差"，会"相互抵消"。也许吧。但是自然科学家很久以前就知道，尽管这些偏差可能是随机的，但也可能是他们还不知道的、与他们正在研究的对象有关的事物的真正变体。塞巴斯蒂安·巴里巴尔认识到，那些穿过工作区建筑物窗户的无线电波，虽然不是他想研究的对象，但仍然是他实验的一部分。他必须把它们囊括在方程式中，又或者——他真正想做的，并最终想出了办法——摆脱它们。社会科学家通常无法摆脱这些对变量取值而言多余的、不受欢迎的影响。

　　即使我在不同种族的收入分布中发现一个不寻常的"凸起"，类似于巴里巴尔在极低温度下的研究中发现的异常现象，我也无法效仿他，因为我不能做任何事情来"改善"人们就种族问题给出的答案。人口普查告知填写调查问卷的人要遵循的规则，这要求我（作为这些数据的最终用户）接受人们在被问及种族时所说的任何内容。让我们想象一下，1980 年认为自己是"黑人"的人在 1990 年决定说自己是"白人"，而且相比于继续说自己是"黑人"的人，这些人的收入更高。这将"显示"黑人的人均收入下降了，而如果没有人改变他们的种族认同方式，其人均收入就不会发生这种变化。因此，这不是可以抵消的随机误差造成的，而是产生不同结果的系统性"错误"造成的（尽管我们可能不确定是什么"系统"产生了这种结果）。

　　这是我们从 1980 年人口普查关于种族问题的经历中汲取的经

验教训：根据包含如此清晰和明显的困难的数据进行推断时，你要非常谨慎。不要试图让它们承受超出其真实承载能力的分量。了解问题并学会尊重它们。最重要的是，不要因为它们是随机的而用未经证实的建议来否定问题，说它们可以"抵消"。可能确实如此；但这也需要证明，没有证据就不能接受，因为误差往往不是随机的。

　　但是我们也学到了一些东西，这将有助于我们创造更多的知识。这些困难源于一些值得研究的社会学过程；因此，我们可以将关于现有数据搜集策略的技术上的批评，视为我们应该单独研究的事情，这样我们不仅可以了解自身技术的弱点，还可以了解之前未被纳入考察范围的一些社会特征。我们可以评估自己的想法，无论是最初的想法还是由技术问题引发的想法，看看它们是否以及如何有助于我们完成研究社会生活的工作。这就是埃利斯·蒙克等人将肤色和其他明显的种族标志重新引入关于社会不平等的分析时所做的工作，也是乔安妮·内格尔和马修·斯尼普在研究美国印第安人时所做的工作。

第 |5| 章

政府工作人员
为记录工作而搜集的数据

政府统计数据及其搜集者

政府机构定期搜集有关自身运作情况的统计数据，有条不紊地记录机构每日的作为。这样，他们在开展日常工作时就有了便于查阅的数据表格，同时还拥有不时所需的工具，以向他人证明他们确实正在做自己声称在做的工作。出于运营和公共关系的目的，那些必须生产此类信息的机构制定了工作的例行模式，以确保有人搜集必要的数据并将其转化为可用的形式。这些数据搜集的例行程序决定了数据搜集人员开展工作的方式。了解工作环境及其给工作人员带来的压力，为我们提供了关于由此产生的数据的准确性的线索。

数据生产者所做的一些事情可以使他们赚到的钱最大化，或者使他们为赚钱而必须花费的时间和精力最大化。有时他们的行为推动达成组织的目标，有时他们也追求工作人员的个人利益。

我要描述的案例将表明，官方数据搜集机构中各种类型的工作环境和职业利益是如何影响数据准确性的。这些案例提醒我们，在没有认真检查和严格监督的情况下，不要把官方记录或报告作为任何事物的证据。考虑到创建数据的人想最大化的东西，这几乎肯定不是寻找可靠数据以用作证据的科学家们想要的。

一些历史背景

官方的政府统计机构帮助发展中的民族国家处理那些因它们越来越多地介入日常生活而产生的问题。德斯罗西耶斯（2002）为我们提供了这些官方数据生产系统的一些重要历史背景：

> 在18世纪最古老的意义上，统计学是由国家实施的、对国家本身的描述。在19世纪初的法国、英国和普鲁士，围绕着统计学这个词逐渐形成了一种行政惯例，以及以数字为中心的形式化技术。专门的机构负责组织人口普查和汇编行政记录，以便提供与国家和社会的互动模式相适应的描述。形式化技术包括汇总、编码、计算和创建图表——这使得人们可以一目了然地掌握和比较由国家实践所创造的新事物。但是，人们不能在逻辑上将国家从社会中分离出来，也不能从统计部门提供的对双方的描述中将其分离出来。国家由个体之间关系的特定形式构成。这些形式在不同程度上被组织和编码，因而可以通过统计学的方式加以客观化。从这个角度看，国家不是一个外在于

特定社会的抽象实体，并且国家与国家之间也不会完全相同。它是稳固的社会纽带的一个特定整体，并且个人也将其视为社会"事物"。从这个意义上讲，至少在国家团结一致的时期内，这些社会事实确实是事物。(147)

他接着描述了这些统计资料的制作者如何将他们所做的工作融入由政府机关、大学研究中心和官方数据搜集机构组成的复杂网络，所有这些都在政府所面对的历史性发展"问题"的背景下进行。美国读者会对第 4 章讨论过的奴隶制、移民、经济崩溃和其他类似问题背景下的，与官方人口数字和国会代表席位之间的联系有关的问题特别感兴趣。这些观点和线索有助于我们了解由警察、法医和其他此类官员创建和维护的更加常见的地方记录，这些记录经常提供社会学数据。

长期以来，政府雇员搜集的统计数据在社会学中具有一种神圣的地位。自杀——社会学深入研究的一个问题，得到了官方(国家)搜集的死因统计数据的支持，这些研究是对埃米尔·涂尔干的经典著作《自杀论》(*Le suicide*)的致敬和效仿。《自杀论》是一个经典的学科问题(最早的之一)，其解决方案向怀疑论者展示了社会学思考和研究的力量，表明最孤独的行为如何具有深刻的社会学内核。这门 20 世纪初在芝加哥和美国其他地方发展起来的新学科努力解决犯罪问题，它渴望展示社会学如何能对这种不良活动的原因提供更深入的理解，并找到消除犯罪行为的方法。

研究人员利用警察和法院提供的数字来检验他们的解释和建议。

出于调查研究目的而搜集的其他类型的材料，偶尔也会有意想不到的研究用途，尤其是当关于社会学话题的常规调查产生了大量详细信息的时候。这些信息在某种程度上近似于社会机构里的学生认为有用的那种民族志或统计数据。

但是，在任何情况下，如果社会学家想将这些材料用作为自身观点提供证据的数据，就必须注意它所提供的证据类型。他们必须考虑其有用性如何依赖于产生数据的社会安排，并为这种社会安排所塑造。只要适当注意对这类数据的准确性可能产生的有害影响，社会学家仍然可以使用它们，但必须仔细反思这些数据能够合理地提供什么证据。

死因：医学检查人员的报告

在死因的标准法律分类中——收集整理官方死亡证明表格，每一种必须由适当的官员核对——死亡出于仅有的四种原因中的一种，它可以是事故、自然原因、杀人犯罪行为或自杀的结果。这些互斥的类别穷尽了所有可能性，除了"不确定"——它适用于无法证明为这四种原因的情况。死亡调查员［蒂默曼斯（2006）对验尸官和法医的称呼，他们从事相同的工作，但工作方式不同，可能受过完全不同的培训］确定死因的方式会影响社会学对明确界定的人群中的个别案例和原因发生率的理解。自这门学科创立以来，社会学家就一直在研究自杀和他杀，并就其原因展开了争论。研究人员仍未就研究它们的最佳方法达成一致意见。

自 杀

在四个原因当中，一些社会学家将自杀作为一个特别重要的研究课题，这无疑是由于他们对法国社会学开拓者埃米尔·涂尔干的高度评价。涂尔干在 1897 年出版的《自杀论》一书中，用（在当时）复杂的统计分析来处理关于社会整合的抽象理论问题，并提出了理论上有趣而重要的问题和研究方法，这为后来几代研究人员提供了议程。在我 1946 年开始读研究生时，它仍然具有影响力。

涂尔干区分了三种自杀类型——利己型、利他型和失范型——但我只会讨论第一种，因为我要提出的问题同样适用于其他两种。我将借用理查德·桑内特（Richard Sennett）对涂尔干用来解释利己型自杀的两类证据的总结（出自他为 2006 年英译本所写的导言）：

> 一类证据与家庭有关：他发现未婚人士比已婚人士更容易自杀，小家庭成员比大家庭成员更容易自杀。他认为家庭关系网络越紧密，人们越有可能远离利己主义的绝望……
>
> 另一类证据有些奇怪。涂尔干抓住了新教徒比天主教徒或犹太教徒更有可能自我毁灭的事实，并试图将这一统计事实纳

入"利己主义"绝望的框架。天主教会的稳固性据说可以使其信徒较少质疑自己在世界中的地位，而新教则将其信徒推入对自我认知的孤独追求之中。虽然犹太教也重视认知，但犹太人的边缘地位将他们团结在一起，从而减轻了利己主义绝望的威胁。(Sennett，2006，xvii)

涂尔干用以为这些论点提供支持性证据的统计数据有很多缺陷。这并不让人感到惊讶，但总的来说，这些观点似乎得到了证实。研究人员围绕细节展开了争论，但并未质疑使用由负责搜集和报告所谓"生命统计数据"（包括死因）的机构搜集的信息的策略。

到了 1967 年，受到民族方法学和标签理论（可能）影响的杰克·道格拉斯（Jack Douglas）指出，人们用作证据的统计数据是如此不准确，以至于无法用它们充分检验各种理论。他对相关文献（确实有很多文献！）的长篇述评清楚地表明，没有一套可用的统计数据符合用于研究目的的最基本的清晰性和可比性标准（Douglas，1967，163—232），并且这个专业子领域的大部分学者都或多或少心照不宣地接受了对其目的而言足够好的现有数据，而不是他们以任何证据支持的结论。

事情一直都是如此，直到斯特凡·蒂默曼斯（Stefan Timmermans，2006）发表了一项关于法医办公室（该办公室负责确定死于"可疑情况"者的死因）的权威研究报告。自杀是这些专业人员每天必须解决的几个争议之一，是他们日常工作的一部分。蒂默曼斯在关于自杀的章节（74—112）里阐明了其中的复杂性。

当有人死在标准化的医院死亡现场之外时，"死亡的社会秩序就被扰乱了"。如果死亡没有发生在人们习惯上可接受的死亡脚本所设想的地点和环境中，验尸官或法医就要去停尸房工作。"这些专业人员是无形的公共卫生和刑事司法基础设施的一部分，他们唯一的任务是调查可疑的死亡。"（Timmermans，2006，3）

蒂默曼斯观察了法医办公室的工作人员如何确定一系列案例中死者的死因，这些案例显示，工作人员的决定常常依赖于多样而模棱两可的细节。他强调，这些公职人员将案例设定为不同于"根据社会学和公共卫生标准构建的统计学上的"自杀，或"基于亲属和朋友的长期记忆和个人经历的传记性"自杀的事物。因为这两者有专门的含义，服务于与死者有其他关系的其他人的其他种种用途。这些官员创造了一种**法医型自杀**（medicolegal suicide），"一种基于调查标准的专业分类。它由证据碎片归纳而成，在经验科学和法律权威的氛围下发挥作用……专业的自杀类型在某种程度上是一种医学观点，是一种基于现有证据的**判断**……法医主要依靠的证据来自常规的患者评估程序和病史记录。"（2006，107—108）法医还会补充来自可能治疗过死者的医生（尤其是精神科医生），以及尸检和生化检验所提供的任何可用信息。

以下是蒂默曼斯的结论，是在其研究中我想重点强调的地方：

　　三种自杀概念的共存，意味着"自杀"作为一种独立于主张提出者的实体其实并不存在。我们归类为"自杀"的任何现象都反映了分类者的标准和工作实践……很多统计报告的假设都提到自杀的"隐藏口袋"①（hidden pockets），似乎解决这个问题的最佳方案不是改变死亡调查员的记录做法，而是找到一种统计方法来纠正所谓的错误。由于自杀意图和自我伤害的问题无法得到解决，没有其他方法可以确定自杀统计数据的有效性（相比之下，临床医生填写的癌症死亡证明可以与尸检数据进行比较），因此不可能最终确定潜在的统计相关性的大小。所以，社会学家和流行病学家继续依赖死亡调查员（验尸官和法医）的分类（109）……总之，当法医在一份死亡证明上写下"自杀"时，即使亲属和公共卫生官员不同意这种看法，从法医的专业角度看，其死亡也是真正的自杀。（2006，111，高亮部分是我的标注。）

　　调查员对具体案例的分类反映了不同的信息采集过程、不同的证据解释，以及面对来自其他利益相关方的压力（办公室内部及与其他死亡调查办公室相比）的不同反应。（这种情况类似于棒球裁判决定某个投球是"坏球"还是"好球"，从而解决类似的一系列利益方之间可能存在的分歧。）

---

① 指自杀数量被低估。——译者注

当家属出于各种可以理解但与法律无关的原因而拒绝接受自杀的结论时，将死因确定为自杀就会出现一个问题。在这种情况下，死亡调查员占据优势：**"我们归类为'自杀'的任何现象都反映了分类者的标准和工作实践。**当亲属或流行病学家不同意官方的法医学分类时，可能会爆发不和，但在直接影响死亡调查结果的问题上，他们处于不利地位。亲属通常对死亡调查毫无准备，对重要的细节也知之甚少。他们几乎没有机会直接提供自己的解释，无论他们说什么都被认为带有偏见，并要由警察、精神科医生或现场调查员甄别。"（Timmermans，2006，109，加粗部分是我的标注。）家属对法医的工作不能产生持续的作用，无法影响法医得出的结论。

蒂默曼斯最后补充道："合理性是指（法医病理学家作为法医作证时）提供的意见与主流信仰文化相一致的程度。"（2006，113）

这些说法，以及蒂默曼斯提出的大量证据，意味着自杀的社会学解释——旨在检验涂尔干和按照其传统工作的研究人员的理论——不能依赖由司法机构确定并发布的死因表格。

看来情况可能是这样的：以往的研究人员面对这些杂乱且不确定的数据时，决定承认存在严重的问题，但仍继续使用这些数据，就好像它们已经"足够好"，可以支持死亡调查员认为合理的任何结论。

但蒂默曼斯的工作向我们展示了理解和使用现有数据的另一种方式：不是作为解决科学难题的资源［请见库恩关于以科学研

究解决难题的讨论（1962）2012，35—42］，而是作为在合作与冲突环境中工作的研究人员开展的一项活动，这样的环境不可避免地影响他们对自身从事的工作的判断（在这里是指将可疑的死亡分配给四个被允许的类别之一）。换句话说，蒂默曼斯将死亡调查员的工作方法当作一个有待专门研究的难题。

谋 杀

同样的定义问题也困扰着谋杀案件，它由官员而非出于研究目的的研究人员所定义。像其他犯罪率一样，谋杀率常常无法让研究人员满意，更不用说政治家、感兴趣的公民和其他人了。

研究人员、警察和政治家经常将谋杀率的变化用作评估他们提议和实施的政策的可接受证据。关于死亡统计数据在当前政治争议中的使用，蒂默曼斯表示：

（犯罪）破窗理论的拥护者以谋杀率的下降来支持该理论。这里的假设是，谋杀案统计数据真实地统计了由他人造成的死亡。研究人员承认，他们对关于谋杀案的法医分类知之甚少，但谋杀率——与自杀统计数据不同，后者的准确性一直备受争议——通常没有争议。

因此，谋杀率的下降一直是破窗理论及由此产生的不容忍和生活质量警务举措的正当理由的基石。尽管如此激进的警察监视与下降的谋杀率之间的相关性仍存在争议，但如果人们意识到两种谋杀案趋势中只有一种能成为焦点，就会对破窗理论所支持的政策产生更多怀疑。死亡统计数据延续了一种"世界观"，它使由执法人员和医务人员实施的谋杀案发生率降至最低。（2006，193）

蒂默曼斯在"完美的犯罪"一章中讨论了另一种谋杀趋势。他说这种由医务人员或警察实施的谋杀很可能被低估了。这个专门的死亡亚组揭示了是什么使得法医办公室的结论对于研究目的毫无用处。

警察和医生的工作都假定其职业的内部程序足以控制任何可能的违法行为。当然，偶尔也会出现医生和警察明显犯下谋杀罪的情况，而这些职业的成员因故意谋杀被实际定罪的情况则更为少见。蒂默曼斯解释道：

临床医生和警察拥有对他人使用致命手段的职业特权，如果发生潜在的违法行为，他们会在本职业内接受内部评估。作为专业人员，法医在死亡例行检查中严重依赖临床经验和执法盟友的协作。如果将法医谋杀这一类别强硬地应用于执法和医疗死亡，不仅将使这种必需的协作面临风险，还会导致对法医证据的激烈争论，而后者会损害法医的可信度。

关于执法或医疗死亡的法医调查缺乏常规调查中对法医的独立性要求。从表面上看，对普通谋杀案的调查要求法医从警察或临床医生那里获取信息。比信息更重要的是在法医调查中与临床和执法部门同事的合作，从在办公室接到警报的那一刻起，直至签署死亡证明。在面对盟友造成死亡的可能性时，法医的直觉反应是宣称"确定警察和临床医生的罪责是刑事司法系统的任务"。然而在普通谋杀案中，法医在死亡证明书上写"法医谋杀"是毫无问题的。死亡调查员实际上想表明，由于这种深刻的共生关系，法医无法做出独立的判定。（2006，190—191）

换句话说，当潜在的罪犯是他们为了高效而轻松地完成日常工作需要依赖的人（如警察或医生）时，那些必须判定死因为谋杀的人有充分的理由不做出这一结论。

对于未曾介入这种跨职业的剧情，又想将这个过程的结果——犯罪（在这里是指谋杀）统计数据——作为关于犯罪原因的理论证据的研究人员而言，这会产生一个明显的后果。"如果那些看似法医谋杀的死亡未被计算在内，人们就会质疑犯罪行为是否真的减少了。"（Timmermans，2006，192）当我们不知道犯罪率变化的所有原因时——在这种情况下，犯罪是指法医谋杀的真实数量——我们就不能把犯罪率的变化归因于我们所知的少数变量而不承担出错的风险。尽管蒂默曼斯在这里探讨的类别可能无法解释总体犯罪率的巨大变化（谁又能真的知道呢），但它提醒我们注意影响所有此类比率的基本变量：特定类别的人实际决定将一个事件归入哪个类别的过程，他们与影响工作状况的其他职业参与者的互动方式，以及所有这些反过来影响我们用以评估理论的数据的方式。

蒂默曼斯告诉我们：官方的法医以优化工作流程和保持组织资产完整的方式将案例分配到各个类别当中。这类活动所产生的案例集合通常只有一个共同点：它们最终被归入某一类别，并不是因为某些内在特征，而是因为把它们放入那个类别能让工作人员的工作更容易。如果你知道这些影响模式，你就可以使用工作人员制定的分类——尽管它们不一定，甚至不可能与案例本身有关——来概括工作人员的活动。这些工作人员产生的统计数据可以作为某些事物的证据，但它们是什么事物的证据必须得到证明而不是假设。

犯罪率和起诉定义

正如法医将可疑死亡案例归入不同类别以使自己的工作生活顺利进行，因而给希望将由此产生的数字作为研究数据的社会科学家带来困难一样，警察、检察官和法官也采用了让自己容易完成工作（并且在处理犯罪事项时避免与同事发生摩擦）的方式定义其"客户"的活动。但是，由此产生的标准日常工作方式并没有形成一些类别（这些类别中的人必然有一些共同点）；如果有的话，这些共同点可能会让分析师得出有用的科学概括。一般来说，他们的分类足以满足自身目的，但对我们社会科学家的目的来说就没那么充分了。如果我们要将警务和司法工作所产生的数据和统计资料用于科学工作，就必须牢记指导公职人员行为的动机。

社会科学家想提出能解释有明确定义的一类行为的理论。要做到这一点，我们的案例应该都是"相同事物"的案例。但是就犯罪而言，人们的所作所为与当局（警察、检察官和法官）的命名和定义方式之间存在实质性差异。警察逮捕嫌疑人，检察官起诉他们，法官宣布他们有罪并判刑——正如法医一样，当局以让自己完成工作的方式对待犯罪。他们没有理由希望自己的定义对某一特定法律类别的所有案例都一样。更糟糕的是，他们根本不把某些类型的犯罪视为犯罪。

白领犯罪

埃德温·萨瑟兰（Edwin Sutherland）是美国犯罪学的先驱。他首创了"白领犯罪"（white collar crime）一词，用以指代他的同行们完全忽视的一种大范围的违法行为。当这些犯罪学家在阐述关于是什么导致人们违反现行法律的理论时，他们依赖的是导致逮捕、审判和刑事法庭定罪的警察活动记录。但萨瑟兰坚持认为，这些犯罪学家从未考虑过商人在其职业活动中犯下的许多严重罪行；而这些罪行从未被列入记录，因为它们在法律上得到处理的方式不同。萨瑟兰说，这导致了严重的错误。下面的引文主要来自他在美国社会学协会的主席就职演说（Sutherland，1940），他在演讲中提出了这个问题，并指出了同行们的错误做法（我真希望自己当时在场！）："（基于警察记录的）犯罪统计数据清楚地表明，正如人们普遍认为和官方测量的那样，犯罪行为在下层阶级中的发生率高，在上层阶级中的发生率低；每年被投入监狱的人当中，属于上层阶级的不到 2%。这些统计数据涵盖由警方、刑事和少年法庭、监狱处理的罪犯，涉及谋杀、袭击、抢劫、盗窃、性犯罪和酗酒等犯罪行为，但不包括交通违规行为。"但是他说，这些论据中包含的犯罪行为样本是有偏差的，因为它们没有包括"商人和专业人员的犯罪行为……在对土地管理局、铁路、保险、军火、银行、公用事业、证券交易所、石油产业、房地产、重组委员会、破产和政治的调查中，这些犯罪行为一再被证实。"（1）重复一遍，这些活动毫无疑问都是犯罪行为，涉及这些活动的民事审判提交的证据表明了这一点。但是作恶者（计划和下令犯罪的商人）却没有出现在犯罪学家用作理论基础的统计数据中，因为这些人没有被指控犯罪——被指控的是他们的公司。由此导致的抽样不足（这个错误的正确名称）使得统计关联——作为将犯罪与贫困联系起来的理论的支持性证据——失效了。萨瑟兰这样解释这些理论："由于犯罪行为集中在下层阶级，它是由贫困或被认为与贫困有统计学关联的个人和社会特征造成的，包括智力障碍、精神病偏见、贫民窟和'恶化的'家庭。"（1）一旦你添加了警方和法院报告中没有包括的公司犯罪信息，建立在它们之上的统计关联和论点就崩溃了："很显然，商人的犯罪行为不能用通常意义上的贫困、糟糕的住房、缺乏娱乐设施、心智缺陷或情绪不稳定来解释。商业领袖们能力强、情绪平稳且毫无病态可言。我们没有理由认为通用汽车公司有自卑情结，美国铝业公司有挫折－侵略情结，美国钢铁公司有俄狄浦斯情结，装甲公司有死亡愿望或杜邦公司渴望回到子宫。"（Sutherland；引自 Cohen，Lindesmith & Schuessler，1956，96）他得出了这样一个令人震惊的结论："实际上，犯罪与贫困或与贫困相关的精神病态和社会病态并不密切相关，而且……对犯罪行为的充分解释必须遵循截然不同的思路。传统的解释是无效的，主要因为它们出自有偏差的样本。这些样本之所以有偏差，是因为它们没有涵盖非下层阶级中的大量犯罪行为——其中一个被忽视的领域就是商人和专业人员的犯罪行为。"（Sutherland，1940，1—2）

这篇论文的其余部分和他多年后出版的巨著（Sutherland，1983）以详细的描述和分析来支持这些一般性的指控，证明商人、医生和律师经常违反法律，以至于非法行为应被视为美国商业生活的一个标准特征。但是……这些人几乎从来没有因为自己的所作所为而入狱（1940 年时是这样，我写这本书时的 2016 年也是这样）。

国家的司法机构在处理这些罪犯时，几乎总是依赖民事指控、诉讼程序和罚款。萨瑟兰的犯罪学同行抱怨说这并没有产生不准确之处，因为他们认为这些违法者的行为并不是"真正的"犯罪行为，只是违反了民事诉讼程序，完全不是一回事。萨瑟兰反驳说，这些"事实"是由检察官做出的选择造成的，他们更感兴趣的是追回经济损失而不是施加刑事处罚，检察官在试图把像他们一样的人——可能同属一个俱乐部，在同一所学校上过学——送进监狱时会感到不自在。此外，商业领袖们积极地（通常也是成功地）开展活动和游说，以防止执法会干扰他们那些在法律上已经被认定为重罪的活动。

萨瑟兰影响了一代犯罪学研究者，使他们既意识到法律及其执行过程中的阶级偏见，也意识到检察官如何利用他们可用的自由裁量权来行事，从而使得犯罪行为的官方定义和由其产生的统计数据对研究目的毫无用处。这些不足之处使统计数据不适合用作证据，但这并没有阻止人们在关于"犯罪原因"的社会科学和政治讨论中继续使用这种有缺陷的统计数据。

贪污犯

唐纳德·克雷西（Donald Cressey）是萨瑟兰的学生，后来成为其合作者。克雷西想研究贪污行为，从而对这种犯罪行为的发生做出总结概括，使这种概括对于他在朱利特（Joliet）的伊利诺伊州监狱中找到的所有贪污犯采访对象来说都是准确的。为此，他必须确保这些贪污犯都"做了同样的事情"，确保能分离出一种行为现象，其个体实例就像化学实验室中的化学品样本一样。

克雷西希望每个案例都呈现相同的实际行为，以便他进行解释。他最终将他想解释的现象定义为"对财务信托的刑事侵犯"
（1953，22）。在这种现象中，那些以诚信的态度取得财务信托头
寸的人（例如银行出纳员），本来无意偷窃，但最终却拿走了很
多不属于他们的钱。

克雷西知道他要找什么，但是那些他要找的、犯了事的人并
不容易找到。贪污犯单独作案，他们不属于从事此类犯罪活动的
地下世界，因此克雷西无法通过渗透犯罪集团来发现案例。如果
他研究的是窃贼，或许他就能这样做了。他不得不在监狱里寻找
受访者，因为在他们被抓住并关起来之前，没人知道谁在贪污。

尽管克雷西希望每个案例都呈现出相同的现象以便他解释，
但检察官并没有以他期望的方式来起诉人们。相反，检察官们确
保自己掌握的证据能给犯人定罪……因为某些事情。即便不是
贪污，也是在细节上有所不同的相关罪行之一，比如欺诈或受托
人盗窃（不管是什么）。对每一项具体的指控而言，相关法律明
确规定了检察官必须证明的内容，而现实生活中的案件可能并不
具备支持贪污指控所需的所有细节，但它可能包含支持对其中一
项相关指控定罪的证据。对检察官来说这没什么问题，只要能给
被捕者定罪他就很开心了；但这对社会学家克雷西来说却是个问
题。由于人们从雇主那里偷钱时做了很多不同的事情，并且其中
一些人做的事情并没有满足贪污的法律定义的所有必要条件，所
以克雷西寻找的罪犯——其中一些人正好做出了他想研究的行
为——可能会被排除在样本之外，而其他被指控犯这种罪的人实

际上并没有做他想解释的事情，尽管严格按照罪行的法律定义来说，他应将这些人包括在内。克雷西解释了他如何解决这种由检察官的自由裁量权带来的方法问题：

贪污的法律定义因此被放弃了，取而代之的是确立了被纳入任何特定案件的两个标准。首先，该人必须以诚信的态度接受了信托头寸。这与法律定义的要求——贪污的"犯罪意图"必须在占有之后形成——几乎完全相同。在这方面，所有法律定义都是一致的。其次，该人通过犯罪违反了这一信托。这两个标准允许将几乎所有因贪污和受托人盗窃而被定罪的人纳入其中，此外还包括一部分因欺骗和伪造而被定罪的人。这四类罪行中的每一类都涉及对财务信托的侵犯，而其中某些罪行侵犯了本来以诚信态度接受的信托头寸。因此，调查的现象被定义为"对财务信托的刑事侵犯"。这个新概念为被调查的行为提供了一个严格的定义，这样人们就可以对该行为的所有实例进行总结概括，但它并没有歪曲"贪污"或其他三项罪行的法律定义。(Cressey，1951，549—550)

这些案件的检察官提出指控的方式并没有创造出一个同质的犯罪群体——克雷西希望围绕这个群体提出有趣的社会学理论。检察官以可定罪的罪名起诉罪犯，这就将他们分配到了特定的犯罪群体中，而这些被安排在一起的成员除了使检察官的工作更轻松以外并没有多少共同点。克雷西不得不对罪犯进行检查并将其重新分成不同的群组；每个群组内的成员表现出相似的行为模式，并符合一种通用的因果关系模式，因而他可以并且确实做出了有用的概括。

在此过程中，他创造了一种方法，其他人可以用来解决在其他犯罪研究中出现的类似问题。

逮捕和犯罪：警察统计数据

警察部门编写并保存了由警察实施的全部逮捕记录。传统上，这些记录为行政目的和政治操纵提供数据，偶尔也为那些想大规模获取关于犯罪及相关问题的信息，但又不想太过麻烦的研究人员提供数据。但是……不一定物有所值。

警察的统计数据表明了不稳定的研究对象所造成的困难。社会科学家和许多人早就知道，警察的统计数据是不稳定和不可靠的数据来源。已知的问题包括不准确的报告和操纵数字的行为，这样做既出于政治目的（使一个部门看起来像在做自己的工作，但因为腐败或无能它并没有真的在做），也出于经济目的（防止保险费率因为大量盗窃案件而上升，从而损害当地企业）。操纵工具包括谎报和选择性执法。

此外，研究人员还怀疑种族偏见会影响逮捕的统计数据和记录，产生各种严重的误差，使数据资料无法用于以种族和犯罪作为解释变量的社会学分析。

（请记住萨瑟兰对所有由逮捕和定罪统计数据支持的理论的批评。这些数据没有包括白领犯罪，从而破坏了它们对于科学的有用性。）

一些研究人员试图用受害者调查数据作为替代方案来克服警察谎报的问题。受害者调查数据记录、分析并展示了个人向访谈员报告的过去一年中亲身经历的犯罪数量。调查结果显示，这样记录的犯罪数量以及罪犯种类都多于警察的统计数据。当然，这类数据离它们应该索引的活动的直接计数依然差一两个步骤。（另一种替代方案是要求调查对象在匿名调查表上报告自己的违法行为，或要求吸毒和酗酒的人报告他们使用此类物质的数量和场合。）

毒品统计数据（由特种警察部队搜集）

毒品逮捕和定罪在"犯罪率"和目前的服刑者中都占了相当大的比例。许多研究描述了从事销售和分销海洛因、可卡因、大麻和甲基苯丙胺的人们的生活和惯例，只是这些描述不时被与警察的意外互动所打断（例如：Bourgois，1995；Goffman，2014）。但是社会学家们并没有对实施逮捕的人做太多研究。因此，警察行动继续承担着为人们统计毒品交易的工作，逮捕的数量体现了对毒品使用量和吸毒者数量的更直接的测量。

两项关于警方处理毒品使用以及毒品使用者和销售者情况的

研究（DeFleur，1975 & Moskos，2008）让我们仔细审视了警察报告和基于这些报告的分析中的问题，并提出了关于如何避免这些麻烦，且仍然使用官方搜集的数字作为感兴趣主题的证据的建议。

洛伊丝·德芙勒（Lois DeFleur）分析了芝加哥警察局缉毒队——其唯一任务是处理毒品犯罪——在 30 年间（20 世纪 40 年代到 20 世纪 60 年代）的官方警察逮捕记录的大量样本。她发现随着时间的推移，逮捕的地理分布以及（在芝加哥这样一个种族隔离的城市中不可避免的）被捕人口的种族构成出现了巨大的差异。在她研究的 30 年间，这些差异也变化很大：

> 在 20 世纪 40 年代，很少有白人因毒品指控被逮捕。大部分的逮捕发生在近西区（芝加哥的贫民窟）和南区"黑人地带"的部分地区。这两个地区都有吸毒和贩毒的传统……
>
> 20 世纪 50 年代白人被捕的数字表明，在过去十年里被捕人数大幅增加。同样，这些逮捕主要发生在城市的近西区和近南区。不过，新的逮捕集中地出现在了近北区。芝加哥的这片地区包括波希米亚人聚居区，人口也一直在变化……
>
> 1960 年到 1970 年的数字显示，因毒品犯罪被捕的白人人数更多。更重要的是，白人越来越多地在城市北区被捕。这片人口稠密的地区包括一些新来的群体（波多黎各人、古巴人和南部白人），并且年轻人大量集中在此。在这个地区，沿湖岸还有一些昂贵的高层公寓楼。

她总结了这些趋势：

（1）到 1960 年，在城市的黑人地区，白人被捕已不再常见；
（2）因毒品指控而被警察逮捕的白人数量增加了；（3）最近的
白人被捕主要发生在人口构成不断变化的几个地区；（4）30 年
间，大量白人被捕的情况发生在两个地区——近西区和近北区。
（1975，91）

另一方面，记录显示在 20 世纪 50 年代黑人被捕人数增加了
很多，其逮捕地点更广泛地分布在西部和南部地区，到了 20 世纪
60 年代黑人被捕人数急剧下降。

所有这一切发生得如此之快，以至于逮捕人数不太可能反映
毒品犯罪数量的实际变化，而是显示了

政策和执法活动类型的变化。在这一时期，非常多的非白
人被捕。他们往往因为游荡或其他轻微犯罪而受到指控。很多
人在同样的地点一次又一次被捕。我开始向缉毒队的老前辈们
询问那段时期的情况，他们反过来又把我介绍给部门里的其他
人。我开始更多地关注执法活动如何进行，并将这些活动与毒
品统计数据联系起来。我研究了警察记录，采访了退休的缉毒
警察，与年长的现役警察交谈，并直接观察了当前缉毒执法的
许多政策和程序。（DeFleur，1975，93）

为了找出这些变化发生的方式和原因，德芙勒开始以不同的方式搜集数据，直接观察产生这些令人困惑的记录的警察工作："数月的时间里，我观察并深度参与了各种警察活动。这意味着我要与尽可能多的警察在不同的班次一起工作。我和缉毒警察小队一起去见线人，我参与了监视任务，我参与了毒品突击搜查和街头抓捕行动。我还和警察一起上法庭，听取他们的教育讲座并参加他们的会议。我最好的信息来源之一是下班后的酒会，男人们在酒会上轻松自如地畅谈政策、价值观和信念。"（93）下面就是她的发现。缉毒警察将吸毒者定义为意志薄弱、罪有应得的人，因而系统地侵犯吸毒者的合法权利让他们感觉舒服。在缉毒警察看来，这些定义使他们对公众压力——主要是报纸推动的"毒品运动"（dope drives）——的强硬反应合法化。

在毒品犯罪案件中，警察本身也可能会出于自身的政治或预算目的而开展执法行动。因此，各种各样的道德企业家可能会制造很多压力，而这些压力成为改变执行政策和做法的基础。在芝加哥，这种压力显然导致了20世纪50年代的高逮捕率（特别是在黑人地区）。（95）

年长的警察和几位退休警察说，在20世纪50年代，他们只是把人们聚集在街上，好开展执法行动。"是啊，每个人都在我们屁股后面催我们做一些与毒品有关的事情——市长和这个城市里的其他'好公民'都这么说。只是去麦迪逊街或麦克

斯韦街上走走，把黑人抓起来，然后想怎么处理就怎么处理，这真的很容易。没人在乎我们对这些黑鬼做了什么。"（98）

由于许多类似的压力，警方重新定义了使逮捕正当化的毒品类型。此外，在给缉毒警察带来回报的工作类型方面，也发生了历史性变化："他们改变了逮捕的对象、地点、原因和方式。"（DeFleur，1975，98）

最相关的是，如果我们关心数据的准确性，德芙勒说："要了解芝加哥的官方毒品犯罪逮捕统计数据，我们必须考察负责编制这些数据的主要机构的特征。"（1975，99）她的结论是，她的研究已经使以下这个普遍的说法站不住脚了：这种统计数据的变化是围绕被测量现象的"真实值"的随机变化。她补充说，她的数据还表明，如果没有亲自调查影响数字形成方式的压力和环境，包括实施逮捕的警察面临的来自公众、媒体及上级的压力，以及在讨论期间影响数字形成方式的所有变化，研究人员就不能将这些统计数据作为一个时间序列，用以评估这些数字要测量的行为的变化。

用更一般的方式表达，她的结论可能是在强调这些统计数据清楚地反映了生产这些数据的人的工作状况，而不是他们应该记录的现实状况。她研究了一个特种部门，其唯一的任务是逮捕违反毒品法律的人。衡量管制地区犯罪程度的主要标准是被逮捕的人数，但这并没有反映毒品使用的真实情况，而是特种部门工作环境压力的结果。他们实施的逮捕和由此创建的统计数据**与它们本应该证明的事实无关**。

地方层面的毒品统计数据
（由非专业社区警察搜集的数据）

大约 30 年后，哈佛大学社会学专业的一名研究生彼得·莫斯科斯（Peter Moskos）走进巴尔的摩警察学院，参加培训课程并成为该市警察局的一名宣誓成员。他在一个因大量使用和销售毒品而特别出名的区域工作了一年多。他系统地搜集了关于自己和同事所实施的逮捕数量的统计数据。所有被他统计了逮捕记录的警察都在同一个地区工作。这个地区居住着同样的人，他们做着同样的事情。如果实施逮捕的警察都以同样的方式行事，那么被任何一名警察逮捕的人都可能已经被其他警察逮捕过。因此，这些人因毒品犯罪而被捕的次数应该大致相同——毫不意外，事情并非如此。莫斯科斯的工作（Moskos，2008）展示的警察统计数据背后的现实处境与德芙勒研究的现实处境并不相同，这使我们对毒品统计数据可以作为什么证据的理解更加深入和复杂。

莫斯科斯每天全身心投入社区警察部队的例行活动（这个部队不像德芙勒研究的缉毒队那样专门负责某项事务），这给他提供了关于同事活动产生的逮捕记录的第一手资料。这些警察对毒品犯罪的逮捕效率差异很大。有些警察因为毒品犯罪逮捕了很多人，有些警察则很少或根本没有逮捕记录。最重要的是，莫斯科斯无法将这些差异解释为巧合或偶然因素造成的随机误差。每个数字都源于一个复杂的故事，在这个故事中，必须先发生了很多事，才会发生逮捕。

简而言之，正如莫斯科斯解释的那样，当一名警察认为他看到的某个平民正在做可能让自己被捕的事情时，就会实施逮捕。但是，所有逮捕都是酌情决定的。警察会看到很多可以让他们逮捕某些人的事情，但绝不是每件事都与毒品有关，而且警察个人有各种各样的理由选择追捕一些潜在被捕者而忽视另外一些。当平民与警察在路上相遇的那一刻，如果平民的活动可以被解释为值得逮捕，并且警察的工作状况给了他实施逮捕的理由（否则他可能不会逮捕），一次逮捕就成了一个统计数字。上一句中的限定条件强调了任何一次逮捕都具有几乎随机的特征。不同情况总是会出现不同的结果。

站在警察部门的角度，"逮捕"向上级官员、政治家、报纸和电视台表明，警方正在对犯罪采取某种行动。当然，警察可以出于许多不同的原因逮捕人：如果不是因为毒品，也可以是因为入室盗窃、家庭暴力、偷窃、斗殴、扰乱秩序等等。关于毒品犯罪的逮捕不得不与警察可能并且经常实施的其他逮捕行为竞争注意力。警察根据自己的优先顺序——在他们可能想实现的目标中，他们试图最大化的那个目标——来选择他们的目标和用以实施逮捕的指控。莫斯科斯在一年多的时间里每天参与警察工作站的生活，这让他有机会了解警察如何认识到采取行动的可能性并决定行动……或不行动（Moskos，2008，111—157）。

　　为了解决在维持秩序和预防麻烦的过程中出现的紧迫问题，个别警察可能会无缘无故地逮捕人，同时使用各种花招为行动建立法律基础。例如，警察可能会以扰乱秩序的罪名逮捕一位丈夫，以此预防潜在的家庭暴力。或者，有人在街上被拦停后拒绝提供身份证明，警察认为这种行为是在挑战权威，绝不能不受惩罚。又或者有人看起来像在做可能是毒品交易的事情。客气而顺从地回答警察的问题可能会升级为一次逮捕行动，也可能以"这没什么"或"不值得担心"的决定结束。

　　对于实施或不实施逮捕，一些警察还有其他理由。每次逮捕都需要花时间做文书工作，有的警察可能更喜欢这种工作，而不是在附近巡逻几个小时。有些案件需要警察花时间等待法庭审理，还有出庭作证的可能性，因而他们能赚得许多小时的加班费。一名需要额外收入的警察可能会实施逮捕以获取加班费，而另一名警察——他有一家小企业要操心，并且回报更高——则会忽略潜在的逮捕。有些警察单纯只是想避免麻烦。逮捕所需的时间可能差别很大，因此许多警察在即将换班时不会逮捕任何人（Moskos，2008，121—128）。

　　警察们知道检察官有很多理由不起诉案件（其中一个理由是毒品案件数量超出了他们现有的处理能力和可用人手），因此警察实施逮捕其实是在"浪费时间"，所以他们会寻找其他方法（而不实施逮捕）来完成自己分内的工作。与毒品犯罪率较低的司法管辖区相比，毒品犯罪率较高的司法管辖区（也就是检察官经常拒绝起诉的那种情况）的警察会以较轻的、更容易证实的指控来逮捕吸毒者或贩毒者。这种偏好解释了城市不同地区毒品犯罪逮捕率的一些种族差异，但与实际犯罪数量几乎没有关系（Moskos，2008，128—136）。

莫斯科斯将他所在警察部队六个月内每名警察实施逮捕的数量制成了表格："在同一小队中，不同警察的逮捕数量差别很大（他所在部队的 13 名警察中，逮捕数量从最高 77 人到最低 4 人）。如果基于犯罪嫌疑人的变量——种族、行为举止，甚至低级别的犯罪行为——是决定逮捕的关键因素，那么对于在同一小队工作的所有巡逻警察而言（他们由同样的警官领导，在同样的地区管制同一群人），人们会期望得到相似的逮捕统计数据。但其实是一小部分的警察实施了大部分的逮捕行动。"（Moskos，2008，137）一些逮捕数量较少的警察说，太积极只会给他们带来投诉和麻烦（142—145）。另外一些警察厌倦了"牛仔风格"的执法行为。但是，当管理层通过训斥未达到逮捕额的警察来强调"生产力"时，即使是那些逮捕数量多的警察也停止了逮捕，而该警察部队的逮捕数量甚至进一步下降。莫斯科斯这样总结他的观察结果："为了生产统计数据，毒品犯罪高发地区的毒品违法行为类似于交通违法行为。警察并不怀疑他们是否可以开出交通罚单，他们只是想找到一个违反交通法规的人。交通罚单更多反映的是警察的出现，而不是交通违法行为的分布情况。同样，在毒品犯罪高发地区，毒品犯罪逮捕数的大量增加是因为警察的出现次数增多。"（156）换句话说，我们可以将其视为坎贝尔定律（Campbell's Law）的实例，这是一个关于使用统计数据为生产统计数据的工人分配奖惩的效果的一般性命题："任何定量社会指标（甚至某些定性指标）越多地用于社会决策，它就越会受到腐败压力的影响，也越容易扭曲和破坏它要监测的社会进程。"（Campbell，1976，49）

结合德芙勒和莫斯科斯的发现，我们可以更好地理解逮捕统计数据实际测量了什么，以及我们可以用它们证明什么。毒品犯罪逮捕可以被看作由警察部门和在其工作社区中的各种行为者的多项活动线汇聚的结果。当这些活动线在时间、地点和人员方面汇合时，就可能发生逮捕，并被警察记录在官方表格上，然后存放在某个地方，以便他人获取并与其他此类表格相结合，形成官方认证的该警察或警察小队针对这个原因的逮捕总数；还可以与其他此类报告相结合，形成该地理区域内与毒品有关的警察活动的官方认证总结。

如果我们不加批判地接受这些数字，将其作为毒品使用或毒品交易的"实际发生程度"的准确总结（即某一特定时期的吸毒者人数、毒品销售数量及交易参与人员情况），而不知道在汇聚活动的故事中每个步骤对呈现为"毒品使用量"的最终数字有什么贡献（依靠德芙勒和莫斯科斯向我们指明的相关数据），那将是一个严重的科学错误。

出于科学目的，我们应该将这些最终的数字视为真实的数字，即警察填写的表格（报告他们所实施的逮捕）数量，特别是不要将这些数字当作毒品使用活动的完美指标，但也许（虽然也不确定）这是警察报告的完美记录。

换句话说，德芙勒和莫斯科斯提供的数据当然可以用作与报告此类数字有关的警察活动的指标，这不是不可以。但是，再重复一遍，警察活动的结果不能作为该辖区居民活动的证据。在将它们用作证据之前，我们必须核实逮捕记录如何被创建、如何被转化，以便最终成为"警察统计数据"的一部分。我们可以认为这是一个法律版本的证据链。在这个证据链中，分析人员会考虑到证据无法确定的点，而该点会让人们质疑证据的可接受性。这样一个缺口将举证责任转移给了提交物品或记录作为证据的人，它假定在记录涉及缺口的时间段里，记录的完整性很可能已经受到损害。

结合两项研究的发现并不会为毒品使用原因带来什么启发，但这无疑有助于我们解释在警察部门的统计记录中关于警察活动"原因"的细微之处，这与吸毒成瘾甚至参与贩毒——这两项相关却不同的事情（关于后者的现实情况的准确描述，请见Redlinger，1969）——的原因不是一回事。这些发现为我们提供了工具，用以评估多项活动线的汇聚对创建正式逮捕记录的贡献，而该记录则作为一部分数字出现在"毒品逮捕"表格中。这些数字能否用作实际毒品使用的指标，取决于在从警察和市民的互动到最终公共记录的每一个步骤中，它们是如何被处理的。

将调查数据用于社会学

政府机构有时会调查潜在的社会学问题，偶尔包括与犯罪活动相关的领域。公众可以在多种情况下获取这些调查记录，比如出于研究目的使用这些记录来研究有趣的问题。贝克和福克纳（Baker & Faulkner, 1993）就曾发现一批记录对于研究非法商业阴谋很有帮助，这让他们发现了允许大型电气设备公司操纵其产品价格——这是违反《谢尔曼反托拉斯法》(Sherman Anti-Trust Act)的犯罪行为——的机制。对这类犯罪感兴趣的经济学家和社会学家一直安于忽略这些机制，这些机制在市场条件和由此产生的阴谋之间进行干预，是他们永远也无法打开的黑箱子。

我不会深入讨论贝克和福克纳为解释密谋者的活动而提出的复杂而有趣的理论，而会集中讨论一项研究操作：他们成功地使用行为者的"中心度"概念来解释行为者的犯罪活动和在最终的反垄断审判中的命运。（感兴趣的读者可以阅读完整的报告来满足自己的好奇心。"中心度"是网络理论的一项基本度量，其结果可以为人们在集体活动中发挥的作用提供证据。在这个案例中，它通过"直接目睹一个人参与操纵价格事件"来衡量——见过你操纵价格的人越多，你就越处于中心地位。）但对此类问题的调查面临极大的困难，因为正如他们所说，"这些非法网络涉及高额股份、大型公司、政府买家，以及很多公司经理和高管的职业生涯和声誉，其中很多人是当地社区的支柱和精英阶层的成员"（1993，844）。但是，在参议院基福弗委员会（Kefauver Committee）对重型电气设备行业价格操纵现象的调查记录中，正好包含他们需要的内容：

> 基福弗委员会的报告是该委员会对为期三个月的重型电气设备行业价格操纵听证会的逐字记录。每位证人就自己和其他人参与价格操纵活动的情况（包括人际交往、直接交流、密谋会议的日期和出席情况等）作证。委员会可以完整获取大陪审团诉讼程序的逐字记录、明细清单，美国司法部的事实备忘录，以及关于密谋的机密信息的其他关键来源。参议员基福弗的目标之一是在这些信息来源中发现关于价格操纵活动的具体信息的公共记录。（846）

而这意味着对于网络理论所要求的事项，贝克和福克纳拥有绝佳的证据，因为这些证据由他们要理论化的密谋行为的 38 位参与者的宣誓证词组成；他们的证词涵盖了其他人的活动，总共涉及 78 人。这些不幸的证人在作证前都宣了誓，在这种情况下撒谎将构成伪证罪，只会增加可能面临的刑期，因此我们有充分的理由接受这些参与者的叙述并将其作为事实数据，作为人们出席和参与策划执行密谋会议的绝佳证据。面谈涉及的问题包括：参加者讨论哪家公司将"赢得"下一轮为某大公司提供设备的合同招标的会议日期；"赢家"会出价多少，其他参与者可能会比它多出价多少，以确保选定的获胜者得到合同；以及每次会议所有参与者的姓名、公司和职位。这提供了详细而准确的数据（可以这样假定，考虑到对这些事情撒谎可能带来的法律后果），而这可能是网络分析谨慎的支持者们希望得到的。

这些数据可以让贝克和福克纳评估密谋的竞争性解释，这些解释来自秘密社团理论、小团体理论和组织理论，涉及密谋者组织和实施犯罪活动的方式。他们使用关于出席会议和参与密谋的具体行为的数据，用从形式图论（网络研究中一种很有用的数学理论）中得出的公式加以处理，以产生他们想要的结果。

这种非常规但高度精确的数据为贝克和福克纳提供了一种方法，用来评估那些学者们之前只能猜测价值的观点：

> 公司间秘密社团的结构与合法商业活动的组织结构遵循不同的基本效率逻辑。效率驱动合法网络的结构，而保密性驱动非法网络的结构。对于信息处理需求较低的非法网络来说，保密性导致去中心化的结构，尽管集中式结构任务效率更高。这种去中心化保护高层管理人员免受法律的伤害。但是，如果非法网络的信息处理需求较高，则要求高层管理人员更多地参与非法活动，从而创建集中式网络，尽管去中心化的网络任务效率更高。集中化是操作高信息需求密谋的唯一方法，

因为秘密地做出复杂的决定需要面对面的互动。但这种结构是有代价的，集中化增加了高层管理人员受到法律伤害的可能性。（1993，856）

除了网络理论的支持者之外，贝克和福克纳使用的数据也会让大型机构中的任何一位研究人员感到激动。他们的例子告诉这些寻求刺激的人们应该去哪里寻找质量相当的数据。

使用学校记录

简·默瑟（Jane Mercer）对 20 世纪 60 年代加利福尼亚州里弗赛德市学生心理标签的形成过程进行了具有里程碑意义的研究（Mercer，1973）。这项研究利用当地学校系统的记录——从老师的推荐语到心理学家对学生进行的智力测试的结果，以及对特殊班级学生的安排信息——来考察儿童如何变得"智能迟缓"。不是在心理意义上（以严重的身体和智力缺陷，以及被贴上这种标签的学生身上与之相关的一切为特征），而是在组织意义上：被学校诊断有此类问题，随后被区别对待。这本书包含很多表格和计算，但并未用来建立诊断结果和被贴标签的儿童的其他特征之间的关联；相反，它们被用来揭示导致儿童被贴上"弱智"标签的过程。（尽管这本书涉及的内容远不止这个问题，但我关注的是默瑟如何使用学校记录，并结合她与团队在研究中搜集的其他材料，以此揭示这个过程的决定性步骤。）

默瑟描述了最终被学校工作人员正式宣布为"弱智"的儿童在得出最终诊断结果的过程中要经历的 8 个步骤。没有经历这些步骤的儿童不会成为"弱智"。下面是这些步骤（Mercer，1973，96—123）：

1. 这名儿童必须在公立学校系统内就读，这是唯一有工作人员和例行程序对"智力发育迟缓"做出明确判断的组织。因此，在天主教或其他私立学校就读的儿童不会成为"弱智"，不管他们有什么症状。

2. 入学后，这名儿童首先被当作一名"正常学生"，于是他需要在学习成绩和人际交往上"不断被评分"。例如，根据表现出来的能力，他被分到某个阅读小组。在这个过程中，有些孩子给老师留下了足够深刻的印象，值得作为潜在的"天才"学生得到特别关注，而另一些儿童则被送去参加阅读辅导课和其他被污名化的活动（不过，这些活动只是间歇性的，尚未影响儿童的"正常"状态）。

3. 偶尔有学生的表现会导致"留级"，被要求重学一年，尽管教师会在这种需要和推动"社会进步"的总体政策之间保持平衡。

4. 在某些时候，教师可能会建议将学生安排到"特殊教育"班级中（就像那些显示出聪明才智的学生可能会被转到面向"天才"学生的强化班一样）。到此为止，教师做出了所有决定性的行动，包括改变学生的状态，撰写观察报告和推荐语，使得学生的声誉和组织安排发生改变。此后，由学校校长接管并决定是否要把这名儿童从一个班级转到另一个班级，更重要的是，是否把孩子送到"学校人事部的注册心理学家"处进行评估和诊断。

到目前为止，将儿童分为"天才""正常"和"弱智"三种类别的做法是相当不正式的。而且，默瑟有一个重要发现：被挑选出来给予这种关注的学生中，来自主要种族／民族群体的儿童的比例与他们在整个学生群体中的比例没有差异。来自相对富裕家庭的男生和女生，以及来自盎格鲁、拉丁裔和黑人家庭的男生和女生，在被测试学生中的比例与他们在学生总数中的比例相同。诊断过程还没有表现出种族差异的特征。

5. 当心理学家对儿童进行标准化的诊断测试时，种族和民族的比例开始出现差异。根据测试结果，学校的心理学家更经常把富裕的盎格鲁家庭的儿童（他们的智商分数并不高于所有儿童的平均分）定义为"正常"，并把他们送回普通班级，而与前者分数相近的少数民族和种族（拉丁裔和黑人）儿童则更经常被认定需要特殊对待。

6. 在这个过程中，下一个关键步骤就是学生被贴上"弱智"的标签。一些学生逃过了这个标签，因为父母把他们从公立学校转

到了私立学校，盎格鲁家庭的女生最有可能逃过这个诋毁性的
标签。这些学校没有配备心理学家，因此不会进行测试或做出
诊断。

7. 其他学生没能逃过这个标签，他们成了"弱智"。在这个节点，
种族群体之间出现了实质性差异。来自富裕家庭的盎格鲁人，
特别是男生，被送回他们的教室；而其他学生，现在被贴上
了弱智的标签，接受专门的隔离治疗。默瑟核查了其他年级
的学生群体的比例，发现在每一年的被试者队伍中都出现了
这种差异。

8. 这个过程的最后一步是学生通过毕业、退学、被开除或回到普
通班级的方式来摆脱弱智状态。有趣的是，以这种方式摆脱标
签不是社会特征的作用，而是临床和行为特征的作用。那些神
经系统问题较少、智商较高的学生更容易摆脱标签。

默瑟的结论是："通过社区正式组织使用的诊断程序实现盎
格鲁中心主义的制度化和合法化，似乎是在社区中给智力迟缓者
贴标签的最普遍模式。"（1973，120）

她的论证的每个步骤都依赖于学校自身创建和保存的记录。
她与学校的关系让她可以自由使用这些资料。这提醒每位研究人
员，要在自己研究的组织中寻找类似的相关资料。

还有一个启示。默瑟不仅知道这些记录的存在，她还能接触
到制作记录的人，并且她知道教师、心理学家和校长面临的各种

压力，尽管她没有详细报告这方面的信息。这些压力导致他们在面对不同儿童时采取不同的策略，在某种程度上使得学校的工作更加困难。

还有一件事情。当这些"弱智儿童"离开学校，离开给他们贴上这个标签的组织后，他们会遭遇什么？默瑟对学校活动的深入研究隶属于一项规模更大的、对里弗赛德市大范围社区中的智力迟缓现象的研究，因此她可以找到曾被学校贴上这种标签，在学生生涯结束后作为成年人生活在社区中的人。那些有各种神经疾病和身体缺陷的人（他们的智商分数通常偏低）依然有麻烦；但是，那些仅仅因为心理测验而被当作弱智的人，"正扮演着正常的成人角色，如父母、家庭主妇和工薪阶层。他们的生活以家庭、邻里、朋友，也许还有教堂为中心。由于有限的教育程度和美国社会经验，印刷文字对他们来说几乎不存在。尽管他们不知道标准临床测试问题的答案，但他们能够在社区的社会系统中不受歧视、无阻碍地过自己的生活。"（1973，217）

如果你明智而有见识地运用相关组织记录，这就是你可以从中学到的东西。

设法利用最少的数据

政府的一些信息来源覆盖了全部人口，这相对来说难度不大，但由于被记录的现象的性质，这些信息来源并没有给研究人员提供太多帮助。在面对诸如出生证明所包含的贫乏信息时，许多研究人员会选择放弃，但斯坦利·李伯森没有这样做。他是一位技术娴熟的人口学家，在面对此类贫乏的数据来源时，他知道如何让一点点数据发挥大用处。他想研究时尚，正如赫伯特·布鲁默（1951）和其他学者曾经定义的那样，这是基础集体行为理论的一个经典话题。

让他对这个话题感兴趣的原因不是理论分析（那是后话），而是个人经历：

> 我和妻子是一对普通夫妇。当我们的第一个孩子出生时，我们给她起了一个名字，当时我们并不知道其他父母也给他们的女儿选择了同样的名字。但我们很快就发现，从幼儿园开始，我们的丽贝卡几乎总是遇到同名的同龄人。让我好奇的是，我和妻子都不知道我们选择了这样一个流行的名字。我们没有和其他父母谈论过这件事，大家在同样的时间"独立地"做出了同样的决定。显然，这种选择不是独立的——它肯定反映了社会的影响，但似乎有种看不见的东西在引导不同的父母做出同样的选择。作为一位社会学家，这当然让我着迷。与其他许多社会品味不同，丽贝卡这个名字的流行并未反映商业或组织的利益：全国丽贝卡协会（National Rebecca Association，NRA）没有赞助任何广告活动，更不用说去贬低那些想要竞争对手的人了。丽贝卡的兴起和另一个名字的衰落也不同于百事可乐

和可口可乐之间的激烈竞争。沃尔玛和内曼·马库斯（Neiman Marcus，百货商店名）都没有把这个名字作为新生女婴时尚套装的一部分来推广。而且，给你的女儿起名丽贝卡也不会有工厂折扣。（Lieberson，2000，xi）

　　因此，在排除了许多可能解释这种奇怪经历的主要理论之后，李伯森接着摒弃了试图将儿童名字的选择与外部社会力量（大众传媒的影响、阶级利益的发展等）联系起来的其他理论。他决定换一个思路并寻找内部机制，即独立于此类外部因素的过程。

　　因此，名字的时尚就成了一个完美的研究主题。这些变化发生在非常短的时间内——年与年之间的变化通常是巨大的——因此不能反映通常用来解释品味和时尚变化的常规社会原因。他考察了"玛丽莲"这个名字的流行情况，这通常归因于女演员玛丽莲·梦露的名气，他还注意到一些明显的困难：例如，在诺玛·简·贝克（Norma Jean Baker，玛丽莲·梦露原名）采用玛丽莲这个名字之前，它就开始流行了；而在她成为明星之前，这个名字的流行度已经开始下降。

　　此外，"没有任何商业活动影响了我们的命名选择"（Lieberson，2000，xiii）。这使得名字成为研究纯粹形式的时尚机制的一个理想话题。李伯森选择研究这个纯粹的案例；在这个案例中，时尚现象的内部运作过程成为影响他想解释的东西的主要（实际上是唯一）因素。

　　但是，出生证明通常只包含非常有限的能让社会学家感兴趣的数据。不是没有，而是"相关变量"（与基于社会阶级、阶级文化或社会流动性的解释相关）的各种指标不够丰富。出生证明记录的内容取决于颁发证书的司法管辖区的要求。有些条目普遍出现：婴儿的名字、出生地点和日期、父母双方的名字（有时只有母亲的名字），以及（不能保证每个地方都有）像"种族、民族、母亲的婚姻状况、父母的教育程度（通常通过其他特征推断而出）和年龄"（Lieberson，2000，25）这种可能反映社会地位的信息。李伯森天生喜爱冒险，他选择这个话题可能不仅因为它作为时尚和品味历史转换的一个案例研究非常引人关注，还因为可用数据的匮乏给分析带来了真正的挑战。当然，从可公开获得的名单（从出生证明中搜集而来）的意义上讲，我们有大量的数据。它们包括特定年份在美国出生的所有儿童的名字，以及此类名单的完整时间序列（取决于各州），有的甚至可以追溯到 1880 年。其他一些特征也增加了名字数据的价值：比如，名字通常是永久性的，时尚不断变化，但名字保持不变（除去偶尔的特殊名字变更）。

　　而且，让这个案例如此有趣的地方还在于，搜集这些数据的人除了记录给婴儿取名的人提供的信息以外，没有理由做其他任何事情。这项工作的任何津贴，或在工作生活任何方面的可能优势都不取决于表格上的信息内容。记录员（护士或其他医护人员，或者城市生命记录办公室的工作人员）并不关心父母给婴儿起什么名字，操心的应该是婴儿的父亲或母亲。因此，李伯森最感兴趣的出生证明项目，即婴儿的名字，总是准确地报告实情，就像出纳员会在任何情况下对任何人讲实话一样。或者换句话说，一旦在表格的相应栏目输入内容，这个内容就是婴儿的名字。因此，李伯森或其他任何研究人员都可以用它作为证据，证明他认为它能证明的一切，而它的有效性和可靠性毋庸置疑。出生证明说我的名字是霍华德？是了！那我的名字就是霍华德。（虽然也并不总是这样。正如我告诉大家的，只有我母亲一直叫我"霍华德"。我坚持要求其他人叫我"豪伊"。）

简而言之，出生证明以一种毋庸置疑的方式向我们提供了关于一项特定社会事实——一个或两个人给他们的孩子起的名字——的完整领域的一点信息，这对社会研究人员来说是极为罕见的情况。但是，重复一遍，这种绝对可靠性的代价很高，因为包含这种有价值的证据的文件并没有告诉我们多少其他信息。它几乎没有社会学家创作理论故事时通常依赖的那种事实。李伯森的实验在于看看我们可以用这么少的数据走多远，我们可以用这么贫乏的事实证明什么，以及它可以作为什么样的想法的证据。

李伯森的主要结论为：内部时尚机制是名字分布变化的原因。在得出这一结论的过程中，他也考虑了一些外部原因并给予有限的重视。这些外部原因包括：从"约翰·史密斯夫人"（Mrs. John Smith）到"简·史密斯夫人"（Mrs. Jane Smith）的女性身份的转变，这无疑与 20 世纪女性社会地位的总体变化有关；伴随着 20 世纪 60 年代开始的种族关系变化，非裔美国儿童中非洲、伊斯兰和独特名字增多，尤其是该群体新发明的名字和独特名字的大量增多；政治家和商业领袖越来越多地使用昵称，而不是他们出生时的名字（例如，比尔·盖茨和比尔·克林顿；Lieberson，2000，73—81）

像这样的变化，表面上是由外部历史事件"引发"的，实际上却往往在可能引发它们的事件之前就开始了。相关证据来自对整个国家的新生儿名字的年度统计，它无可辩驳地支持了李伯森的建议，即在没有仔细评估（最好是以时间序列表示的数据）所谓因果关系的有效性的情况下，对于是否接受这种暂时性的解释要保持警惕。李伯森列举了关于二战后戴帽子的男人数量大幅减少的 11 个竞争性"解释"，结果发现这些解释都是"未经证实的"，很明显是错误的（Lieberson，2000，82—83）。总的来说，出生记录的证据表明"对于名字的集中度（以拥有当年最常见的 20 个男婴或女婴名字的新生儿比例来衡量）和某一年给孩子起的名字与五年前起的名字之间的延续性来说，外部社会发展的影响为零。"（84）例如，虽然黑人婴儿比白人婴儿得到了更多独特的名字（在特定年份的国家记录中只出现一次的名字），但大多数黑人婴儿的名字与非黑人婴儿的名字显示出相同的年度变化。独有的特征只属于非常少的一部分人。

同样，男孩的名字每年都有显著的变化，但女孩名字的年度变化更大［如李伯森的图表 3.9 所示（2000，89）］。对于这一重要差异，典型的临时历史解释没能提供任何启示。

　　李伯森提议，基于他称之为内部机制的解释更为稳定，并且能从出生记录的时间序列中得到更多证据的支持。这种内部机制通过独立于特定历史事件的过程引发变化："品味的内部机制是几乎所有品味变化的基础。"（2000，91）

　　内部机制是其他人（例如我）可能称之为"过程"的东西：事件的序列，过程中的每一步都接收各种输入，并从中产生某种输出。输出的性质取决于输入的内容，过程对此保持中立；它处理你（或历史）交给它的任何东西。因此，你无法很好地预测输出的细节；它取决于输入的内容，而这可能因过程的迭代而变化。［我在自己的书中（Becker，2014）详细阐述了对这个观点的看法。我使用了不同的语言，但我认为核心思想是相同的，尽管李伯森可能不同意这一点。］

　　李伯森发现了许多内部机制，如果你对这些机制感兴趣，就应该阅读他的书（即使没有兴趣也应该读一读，它有助于奠定社会学思维的基础）。我将集中关注其中一种机制，以便让你了解这种解释的大概情况，以及需要什么样的聪明才智才能处理类似出生证明所包含的这种贫乏而简单的数据。

　　李伯森认为首要的内部机制是时尚，而时尚的首要动力是"棘轮效应"（Ratchet Effect），它产生了人们观察到的名字变化的特征模式。不管这个过程如何开始，它现在以这种方式发挥作用。一部分人"想要新事物仅仅因为它是新的，或者因为旧的事物令人厌烦或太过常见"（2000，92）。然后，新的事物又渐渐变得令人厌烦或过于常见，人们希望找寻事物替代它，然后……变化持续不断地出现，因为每一次变化都会成为另一次变化的刺激因素。不需要任何历史性的外部事件来推动变化，变化本身会产生更多变化的需求。这就是时尚，"一种无需额外的外部改变就能推动进一步变化的机制"（93）。

它的运作原理是这样的。每年，你所调查的特定时尚领域的一些项目都会"过时"。人们看到或听到它们时会感到厌倦，并希望看到新的事物。一些时间序列——李伯森使用克罗伯关于女装腰围的长期变化的研究（Kroeber，1919）——清楚地表明，某些特征在长时间内向一个方向移动，然后往相反方向移动，然后再回来，如此反复。他将其称为"棘轮效应"，并用两个观点来解释它："新品味通常基于现有品味，最吸引人的是现有品味的适度变形……因此年度变化通常不大"，尽管它们在当时似乎值得注目。后来，较旧的时尚看起来越来越过时，因此变化继续往同一个方向发展，以便与当前的时尚保持距离。最终，运动必须改变方向：女性的腰部不可能无限压缩。但是，这些转变伴随着其他某些特征（例如裙子长度）的显著变化，因此方向的转变不会因为与之前相似而让顾客感到困惑，而旧的时尚也可以作为新的事物得以重新推出（Lieberson，2000，93—98）。章节的其余部分使用出生证明数据作为这一解释的证据，这个解释涉及名字的特征，诸如名字开头和结尾的发音种类（例如，1950年以后几乎没有男孩的名字以字母 H 开头），以及名字起源的语言（例如拉丁语、希腊语、希伯来语等）。

李伯森发现了特别令人信服的证据，表明外部历史变量对于男孩的圣经名字相对不那么重要（2000，107—111）。在伊利诺伊州 1918—1987 年间的数据（他经常使用的一个数据来源）中，如果上述百分比的上升是由宗教信仰所引发，那么它应该与其他衡量宗教信仰的指标（例如教堂出席率）相关联；但是这两组数字的图表没有显示出这种关系。在英格兰和威尔士，更长时期内（1800—1985 年）的名字数据和教堂出席情况之间的关系也是如此。综合社会调查（GSS）的数据显示，给婴儿起一个圣经名字与教堂出席情况或父母的宗教情感强度没有任何关系。

这本书接着还指出了其他很多内部机制和它们的结果，其中蕴含的乐趣和可能提供的有用价值，我就留给读者自己去寻找了。

在使用贫乏的数据为重要的社会学思想提供证据方面，李伯森给我们树立了一个典范。尽管数据贫乏，也能很好地为他所用，毕竟搜集数据的人除了记录父母告知的名字以外，没有理由做其他任何事情。

所以……

政府工作人员搜集的数据遍布我们周围，并吸引我们利用其无处不在的特性和相对低廉的成本（主要用于复制和分析准备）。但搜集数据的人出于自身原因而搜集数据，其中一些（并非全部）

反映了他们活动的官方原因，这些原因可能使其活动成为好的社会科学数据。其他原因还包括（但不限于）向上级或公众提供他们正在"做好本职工作"的证据，影响公众舆论，以及与其他工作人员保持良好关系（他们需要合作才能使工作顺利进行）。其中任何一种原因都会影响可用信息的有用性，细心的研究人员会仔细检查所有数据来源的操作过程。

与此同时请记住，数据形成的环境要素为我们了解具有重大社会学意义的事物提供了机会。警方宣称的犯罪统计数据可能提供了一些非常不可靠的信息，但它们仍是关于警察活动某些方面的绝佳信息。这也引发了在其他类型的工作环境中对其他类型的信息搜集情况的比较，以及……或许你能想象到会发生什么。

第 |6| 章

雇工和非科学家的数据搜集者

一个有益的事件

随着美国进入二十一世纪的第二个十年，社会学家开始担忧和争论在美国似乎越来越多的社会隔离现象。罗伯特·普特南（Robert Putnam）的著作《独自打保龄》（*Bowling Alone*，2000）更让这种现象成为一个全国性的讨论话题。麦克弗森、史密斯－洛温和布莱希尔斯（McPherson，Smith-Lovin & Brashears，2006）使用综合社会调查数据来研究这个问题。综合社会调查最初是一项年度调查，后来改为两年一次，由美国国家科学基金会资助，并由芝加哥大学校园里一个著名且备受尊重的调查研究机构——国家民意研究中心负责实施。他们的报告发现，受访者提及的与自己讨论重要事项的人数量大幅减少。以下是产生这些令人惊讶的数据的问题（"名字生成器"），我从第355页将其完整引用过来（相信我，措辞很重要）：

　　大多数人不时会与他人讨论重要事项。回顾过去的六个月——与你讨论你的重要事项的人都是谁？请告诉我他们的名字或缩写。如果提及的名字少于5个，请追问是否还有其他人。

　　请思考一下你刚才提及的这些人之间的关系。其中一些人可能彼此完全陌生，如果他们在街上相遇，他们并不会认出对方。另一些人可能关系特别密切，他们之间的关系就像他们和你的关系一样密切，或更密切。

　　他们的关系是否特别密切？继续问：他们之间的关系跟他们和你的关系一样密切，还是更密切？

然后，访谈员询问了受访者所说对象的人口学特征：他们是男性还是女性，他们的种族、教育程度和年龄，以及受访者与其关系的某些方面。然后，访谈员进一步询问了关于关系的特征：

　　以下列出了人们互相联系的一些方式。一个人可以通过多种方式与你建立联系。例如，他可能是你的兄弟，可能与你同属于一个教会，并且是你的律师。当我念出一个名字时，请告诉我这个人与你的所有联系方式。

　　（名字）是如何与你建立联系的？继续问：还有哪些方式？（选项呈现在卡片上：配偶、父母、兄弟姐妹、子女、其他家庭成员、同事、团体成员、邻居、朋友、顾问……）

1985 年和 2004 年的综合社会调查都问过这个问题。在此期间，答案发生了巨大的变化。我将再次详细地引用，这次是论文的摘要，它非常清晰地阐释了主要发现：

> 在过去的二十年里，美国人的核心讨论网络是否发生了变化？1985 年的综合社会调查首次搜集了关于美国人与之讨论重要事项的知己的全国性代表数据。2004 年的综合社会调查重复了这些问题，以评估核心网络结构的社会变化。2004 年的讨论网络比 1985 年的小，称没有人与自己讨论重要事项的人数量几乎是 1985 年的三倍。平均网络规模缩减了大约三分之一（即一个知己），从 1985 年的 2.94 下降到 2004 年的 2.08。典型的受访者现在报告自己没有知己，而 1985 年的典型受访者有三个知己。在过去的二十年里亲属和非亲属知己都减少了，并且非亲属关系减少得更多，导致知己网络更多地以配偶和父母为核心，通过志愿协会和邻里建立的联系减少。大多数人拥有与他们相似的联系紧密的知己。一些变化反映了美国人口统计特征的变化。社会关系的教育异质性减少了，而种族的异质性增加了。这些数据可能高估了社会隔离人士的数量，但不断收缩的网络反映了美国的一个重要社会变化。（McPherson，Smith-Lovin & Brashears，2006，353）

这些结果引发了大量讨论，以及人们关于手机和互联网会对美国社会结构带来什么影响的担忧。许多怀疑论者试图用其他方式解释这些惊人的结果，因为它们似乎太令人惊讶而显得不真实。怀疑论者查看调查数据，探寻产生这些结果的方式，而不仅仅将其作为一项重要历史变化的必然标志。例如，这些结果是否反映了某些受访者的一些特点，从而导致他们说出的自己觉得可以与之交谈的人的数量少得惊人？

事实证明，怀疑论者找错了地方。两位更具怀疑精神的研究人员，安东尼·派克和肯尼斯·桑夏格林（Anthony Paik & Kenneth Sanchagrin，2013）重新仔细分析了调查数据，寻找可能解释异常结果的**访谈员**（而非**受访者**）的特征。他们发现，这些令人惊讶的结果可以追溯到综合社会调查的一小部分访谈员。当受访者说出很多与他们讨论严肃事项的人的名字时，这些访谈员明显不想再花时间询问要求的补充问题。或者，也许他们认为重复询问很多人同样的问题会很无聊，甚至令人尴尬。没有人知道他们为什么这样做，因为没有人问过他们这个问题。因此，派克和桑夏格林猜测（就该情形的性质而言，他们没有可作为猜测根据的数据），当受访者回答了"筛选"问题并开始给出"太多"名字时，这些匆忙的访谈员很快就打断了他们。也许那些受访者确实处于社会隔离状态，但这只是猜测，而不是由美国国家科学基金会资助的严肃研究。

无论如何，虽然许多访谈员都能让他们的受访者说出很多可以与之讨论问题的人的名字，但这群访谈员却只记录了统计意义上异常少的名字数量。他们的受访者——其唯一的共同特征是都被访谈团队的这个小组采访过——说出的名字非常少，甚至在很多情况下一个都没有。从统计学上讲，访谈员可以进一步询问的人数异常少，这无疑缩短了访谈员完成访谈所需的时间。而经常这样做的访谈员足够多，以至于产生了使研究人员震惊的数字，他们没有预料到隔离现象会增加得如此严重——正如这些问题所测量的那样。

因此，归根结底，社会隔离的增加是一种人为产物，是访谈员出于某种原因没有问完他们应该问的所有问题的结果。当他们要求受访者说出可以与之讨论严肃事情的人的名字时，他们可能还记得，每新增一个名字都要求他们通过新一轮的询问来确定那个人与受访者的关系。开展很多轮这样的询问会花费很多时间。我手头没有一份文件明确指出访谈员是通过采访而获得报酬的，但在这种情况下，这似乎是可能的。

一些人（和事物，在后面要出现的另一个故事中）搜集社会科学家用作证据的数据，但他们对数据的准确性没有个人兴趣。他们出于自身原因参与数据搜集活动，但搜集数据的准确性可能不包含在其中，因为这并不影响他们认为重要的事物。但这给我们这些需要用数据来说服他人的人带来了问题，当我们把这些数据作为某些观点的证据时，由于其他兴趣转移了访谈员的注意力和精力，我们无法确保他们所提供信息的科学价值。他们不像我们那样关心访谈回答所提供的信息的准确性或有效性。

这些人（和事物——我们会遇到一些非人类的合作者）有几种类型。

志愿的数据搜集者：报告自身数据的人

我们通常没有意识到，或者说没有给予足够的重视，到底有多少数据（不管我们考虑何种形式的研究）归根结底是某个人（线人、被试者、受访者或正在"被观察"的人）告诉他人关于某人在某场合的所做所想。这也有一些例外。当研究人员出于研究兴趣出现在现场，并目睹他们想了解的事情时，他们就不会再接受别人的任何说法，而我们则不得不相信他们的所见所闻。（这是下一章的主题。）而当人们讨论的事件留下自己的痕迹时，比如第5章讨论过的出生证明，社会数据就类似于地质活动留下的痕迹。（尽管这个例子提醒我们，因为这些痕迹几乎不会说话，在这种情况下，我们多少还是会受到第三方的摆布。）

那些同意参与研究的人通常充当自己的访谈员。没有人拿着访谈表格走近他们并询问信息。他们只需阅读表格上的问题，勾选或写下符合要求的答案。"你最近一次过生日是多少岁？""你完成的最后一个年级是几年级？""你现在是已婚、单身、丧偶还是离异？"几乎所有调查工具都会问到这些标准的"背景变量"，而把这些问题放入表格的人希望填写者知道可能的答案，并填入正确的答案。类似的常见问题还包括关于社会阶级指标（父亲的职业通常是指标之一）的问题和对当前政治议题（"你是否赞成大麻使用合法化？"）或即将开展的活动的态度问题（"下届总统选举你会投票给谁？请从列表中选择一个"）。有些问题问的是受访者已经做过的事情，比如"在过去的一年里，你参观过多少次艺术博物馆？"，或者去看歌剧、交响乐演出的次数，又或者从当地图书馆借书的次数（这些问题通常用来测量社会群体对艺术的支持程度，这些群体根据教育程度或与社会阶级相关的其他测量标准而区分开来）。几乎任何内容都可以成为问卷调查的对象，这取决于研究人员的兴趣，而问题也会采用任何人都能回答且大部分人都愿意回答的形式（不过，总有一个类别会留给那些回答"不符合"的人）。

即便是由现实生活中的访谈员询问这些问题，说被访者在为研究做数据搜集工作仍然是有道理的。"在过去的一年里，你多久去看一次电影？"要求受访者回想他们的活动并计数他们看过的每部电影，或者更有可能的是，猜测一个大概正确的数字。与之相对的程序，比如可以要求受访者保留看过的每部电影的票根，并将它们提供出来，这样访谈员就可以清点票根并得到更准确的答案——嗯，至少是基于物理证据的答案。

回答这些问题的人是否搜集了（关于自身行为的）准确数据？在前面的章节中，我们已有一些关于人们提供有缺陷的数据的例子：洛伊丝·迪恩研究的工会成员谎报他们参加月度工会会议的情况；一些孩子无法（或至少没有）向沃林和沃尔多报告关于父亲工作的充分信息，因此两位研究者无法用工作头衔来评估其社会阶级地位。

在这两个案例中，我可以很容易地想象（任何人都可以，真的）如何获取比实际数据提供者所得到的数据更准确的数据。如果你研究的孩子不知道父亲靠什么谋生，或无法用你可以编码的方式描述父亲的工作——请记住会给这个问题带来麻烦的描述（本书第一部分对此有讨论）——你可以询问父亲本人；如果你不信任他，可以找出他的工作地点，然后去看看他实际在那里做些什么。如果你想把他的工作作为其社会阶级的指标，来推断与孩子的成长文化有关的东西，你可以跳过这个阶级指标，直接去他的家庭住所亲眼观察文化的运作，就像孩子们正在经历的那样——这正是安妮特·拉鲁（Annette Lareau，2003）在她对中产阶级和工人阶级儿童成长经历的比较研究中采取的做法（参见第8章的讨论）。当然，这使得获取大样本以供分析变得更加困难，而且这所需的资金和时间也是大部分学者无法负担的。但如果你真的想知道答案，想让你的数据成为你所说的可信证据，就必须考虑这样做。看看塞巴斯蒂安·巴里巴尔为使冷藏库降到几乎绝对零度而付出的努力吧（如第3章所述）！科学要求的准确性可能并不便宜。

洛伊丝·迪恩（1958）想知道，在回答调查问卷中关于上一年参加工会会议次数的问题时，哪些工会成员"有所隐瞒"（即给出了不正确的次数），她在一位同事的田野笔记中发现了更准确的记录。这位同事参加了每一次会议，从而亲眼看到并记录了参会人员。这样做的成本很高，而且需要不同的研究策略和组织形式。但是，请看看在巴西的法国土壤学家为得到正确数字而付出的努力吧（见第 3 章）。

布尔迪厄论文化资本中的阶级差异

大卫·哈雷（David Halle，1993）报告了一个更加详尽的测试，关于向受访者索取资料与亲自观察和计算之间的差异。他怀疑皮埃尔·布尔迪厄关于文化资本的观点的有效性，特别是布尔迪厄对于不同社会阶级的艺术品味存在实质性差异的断言。这种差异体现在人们对"容易招人喜欢的"印象派视觉艺术［布尔迪厄选择皮埃尔－奥古斯特·雷诺阿（Pierre-Auguste Renoir）作为这一类别的典型］的欣赏和对瓦西里·康定斯基（Wassily Kandinsky）"更难懂的"抽象绘画的欣赏上。布尔迪厄曾明确主张，假装有可以欣赏康定斯基画作的能力为上层社会阶级成员提供了一种展示和加强其社会和文化优势（"文化资本"）的手段。

斯坦利·李伯森（1992）曾提请注意在布尔迪厄用以支持观点的调查数据中的严重缺陷（这里引用 Bourdieu，1984）：

> 在整个讨论中，布尔迪厄指出了这样的阶级差异。他根据人们对当代画家和更早时代画家作品的偏好，比较了"知识分子"（或称"左岸"）的品味和"右岸"（资产阶级）的品味

（p. 292，又见 pp. 267，304，341）。布尔迪厄认为，人们对于雷诺阿或康定斯基的偏好反映了品味的阶级差异（p. 292）。他的证据是什么？难以理解的图表（Bourdieu，1984；Figures 11，12，13；pp. 262，266）显示了人们对雷诺阿的偏好，但是在这本复杂难懂的书中，并没有关于直接将这些品味与左岸、右岸人群进行交叉分析的简明信息。布尔迪厄附录 3 中的表 A.2 显示了这种品味，尽管这不在他所描述的子类细节中。请记住这一局限，书中表格显示，49% 的工人阶级选择雷诺阿作为他们最喜欢的三位画家之一；相比之下，51% 的中产阶级和 48% 的上层阶级选择了雷诺阿。我将忽略有关显著性检验的问题，但是工人阶级和上层阶级之间一个百分点的差异很难作为支持该理论的有力证据。等式的另一边同样没有说服力。工人阶级中无人选择康定斯基，但是 2% 的中产阶级和 4% 的上层阶级选择了他。每当有一位法国上层阶级成员选择康定斯基，就会有 12 位上层阶级成员选择雷诺阿。根本没有证据表明人们对这两位画家的偏好存在实质性的阶级差距：职业人士最有可能选择康定斯基（10%），但他们也是所有子类别中最有可能选择雷诺阿的人（61%）！（Lieberson，1992，7）

哈雷走得更远，他创建了一个更接近实际个人品味表现的新数据体系。他去人们的家中拜访，并请求查看他们拥有的艺术品，然后和他们一起从一个房间走到另一个房间，并对墙上、壁炉架上和书架上所有在视线之内的艺术品分类。他所看到的基本上再现了布尔迪厄归入附录表格中的调查结果，以及美国其他许多调查的结果。哈雷这样总结道：

> 高雅文化通常只对主导阶级中的少数人有吸引力。20 世纪 70 年代初，一项关于美国 12 个主要城市的居民艺术接触情况的调查显示，蓝领工人对高雅文化没什么兴趣（在过去的一年里，只有 4% 的蓝领工人看过交响音乐会，2% 看过芭蕾舞，1% 看过歌剧），并且受访的管理人员和专业人士也只是对高雅文化稍微更有兴趣而已。在管理人员中，过去一年里只有 14% 看过交响音乐会，4% 看过芭蕾舞，6% 看过歌剧；而在专业人士中，只有 18% 看过交响音乐会，4% 看过芭蕾舞，5% 看过歌剧。（1993，8）

在哈雷所到之处（曼哈顿和长岛两个上层阶级地区的家庭，以及布鲁克林和长岛两个工人阶级地区的家庭），当他观察人们家中展示的各类艺术作品时，他发现同样的相似性跨越了阶级界限——人们家中有相同种类的绘画，只是略微不同。例如（以下数字来自第 216 页的表格），在城市的上层阶级地区，他发现只有 12.1% 的家中有抽象艺术作品（据说受过高等教育的人会觉得有趣），并且这个数字还在下降；而在 30.4% 的上层阶级家庭中有风景画，这与其他样本中有风景画的家庭的比例基本相同。在这种情况下，他的详细检查（如果确实认真地检查了）对布尔迪厄的调查结果所揭示的内容进行了验证；它还给关于偏好的简单表述增添了实质内容，表明这些人至少是根据像他们一样的人向调查访谈员透露的偏好来行事的。

默克尔和奥克托布尔论时间序列

皮埃尔·默克尔和西尔维·奥克托布尔获取了从法国青少年大样本中搜集的数据（Pierre Mercklé & Sylvie Octobre，2015）。这些青少年共计四次（从平均 11 岁时开始）每隔两年（因此直到平均 17 岁）被问及（通过问卷调查）他们到那时为止是否曾经参加过以下几种休闲活动：去博物馆、马戏团、音乐会、体育赛事、迪斯科舞厅等。（在几次调查中，受访者人数在 4700 到 6700 人之间。）默克尔和奥克托布尔注意到回答中的"不一致"现象，即孩子们在回答最初表格中的问题时说他们去了某地或参加了某活动，但在后来的一次或多次调查中却否认他们曾这样做。这种不一致现象的发生规模通常很大，在某些情况下比例高达 70% 或更高，但有时又很小（令人惊讶的是，在去迪斯科舞厅这件事上比例还不到 10%，这是一个罕见的例外）。这些不一致极大地影响了性别或社会阶级等变量与人们参加此类活动的情况之间的关系。因此，这些差异的重要性或它们对于社会学家想回答的问题的影响是毋庸置疑的。

研究人员能够轻易地证明，这些差异的影响并不支持用来解释它们的最常见的方法，即断言它们是随机分布的——它们不是。研究人员随后考虑了五种"简化数据"的方法，但这些方法均未产生可作为关于青少年事项的证据。我不会详细讨论这些证明的细节——你可以在已发表的论文中很容易地查看相关表格。

最终，在排除了潜在的抱怨者后，研究人员打算将这些"不一致"用作检验"年轻人倾向于创作支持他们认为有吸引力的自我形象的叙事"这个命题的证据。因此，这些"不一致"就从因方法而受批评，被当作需要克服的对象或被解释为不重要的事情，变成一个研究主题，因为同样的"不一致"构成了可接受的支持性证据。但是，这一论证使调查研究中此类常规问题的标准理由变得混乱。而且，根据任何曾经发生过的事情都可能在类似情况下再次发生的原则，它也给维护现状的人带来了一个大问题。

默克尔和奥克托布尔阐明了一种研究模式，我们希望能看到更多模式。面对威胁常规分析的不一致之处，他们将其视为一个学习新事物的机会，从而证明了我们可以利用方法中的问题来发现和探索新的重要问题（就像我们在第 7 章会看到的实地研究人员一样）。他们的论文标题"受访者会撒谎吗？关于青少年休闲活动的纵向研究中的回答不一致和传记幻觉"介绍了他们是如何做到这一点的。"青少年休闲活动的纵向研究中的回答不一致和传记幻觉"听起来像是能让许多关于方法的会议活跃起来的那种话题。

雇工数据

朱利叶斯·罗斯（1965）所说的"雇工"作为纯粹的案例，展示了在科学家想要和需要的东西（用作证据）与实际搜集数据的人想要和需要的东西之间的差异的最简单版本，以及这些差异给科学带来的后果。雇工——这是调查访谈员最重要和最容易理解的例子，还有其他许多类型——接受的是这样一份有报酬的工作：带着打印好的调查问卷走近陌生人，阅读问卷上的问题（由某个人在家庭办公室中制定），并通常提供一份可能的答案列表（如收入或年龄类别）供受访者从中选择。访谈员在访谈表格的栏目里打钩，然后转到下一个问题，在填完表格后就将它寄到家庭办公室进行分析。办公室收到后，其他雇工就会在电脑屏幕上输入答案，将受访者所说或所做的一切分配给有限的类别之一。这些分类安排的累加产生了印在表格中的结果，然后科学家们将这些结果整理成证据，用以证明他们认为它能证明的任何观点。

在老板和雇工之间的协议中，没有任何内容能保证工人们会与科学家一样渴望准确性、清晰度和其他特征——如果有的话，它们将让这些数据成为可信的证据。科学家的愿望包括：受访者有充分的机会向访谈员清楚地阐述他们的答案；访谈员所做的任何事情都不会影响受访者给出的答案，因而这些答案包含的都是"准确的"、能够揭示科学家想要和需要的潜在真相的内容；最重要的是，访谈员确实采访了真实的人，而不是在胡编乱造。调查机构通常会安排处理这些事项的培训计划（如果他们确实提到这些事项），并偶尔表示他们会做一些"跟踪"访谈，以验证这些上报给他们的访谈确实发生了。

罗斯认为，访谈员经常（或至少有时）没有按照这些研究设计和计划要求的方式行事。关于如何支付访谈员的报酬，我还没有看到过调查机构的任何正式说明；我猜想是按访谈量支付的。如果是这样，那么尽快完成访谈的做法就符合访谈员的利益。他们还有一些其他利益需要得到满足。我认为以下猜测是有道理的：访谈员试图避免做任何激怒或疏远受访者的事情，所以宁愿不问很多无聊的问题，也不问可能令人尴尬的事情。如果我的猜测是正确的，那么可以想象一下，调查访谈员偶尔会参与社会学家唐纳德·罗伊（Donald Roy，1952）描述的那种"生产限制"活动（发生在按件计酬的车间机械工人当中）也是有道理的。罗斯这样描述罗伊的发现：

> 雇工生产的产品在任何意义上都不属于自己。雇工不负责设计产品，并且对于是否生产、在什么条件下生产和生产后怎么处理都没有决定权。工人感兴趣的是如何蒙混过关。他为什么要关心产品的性能如何，或者生产它要花费多少时间？那是公司该考虑的问题。公司是工人的对手，是他可以借助花招逃脱的游戏。工人的目标是在有限资源允许的情况下，让自己的工作尽可能轻松和愉快，并且在不对同事或自己的未来构成威

脐的情况下尽可能多地挣钱。相应地，公司必须建立一套检查系统，以防止太差的产品离开工厂（这种努力往往不成功，因为检查员也是雇工），并设计某种形式的监督机制以限制更极端形式的造假和粗心的工艺。（1965，692）

派克和桑夏格林（2013）从他们的发现中得出了一些不可避免的结论，不是关于社会隔离，而是关于一般调查研究中潜在错误的来源。国家民意研究中心是这样描述其人事程序的："综合社会调查和国家民意研究中心高度重视质量控制，并以多种方式致力于此。访谈员接受了广泛的培训，主题包括他们的角色和职责、保密和数据安全的重要性、列出家户清单和选择受访者的方法、获得受访者合作和提问并记录答案的方法，以及如何就答案展开中立追问。他们还接受了关于综合社会调查本身的特定项目的培训。督导也会定期密切监督访谈员的工作。在访谈员提交数据后，国家民意研究中心会对 20% 的受访者进行重访，以核实访谈是否真实发生。"（Marsden & Smith，2012，372）

调查研究人员，尤其是以实施大规模调查为主要业务的机构代表，通常对产生错误的现象不以为然，视其为偶然事件、随机错误或无法控制的"自然"现象——请参见国家民意研究中心工作人员（Smith & Carter，1989）对让·佩内夫关于一个法国调查机构访谈员的研究报告（Peneff，1988）的回应。

显然，国家民意研究中心对自身为保证数据质量所采取措施的解释，不适用于有关社会隔离的调查问题。派克和桑夏格林提出了调查研究人员可以采纳的一系列一般性建议：（1）警惕那些使用类似名字生成器这样的工具来筛选问题的调查项目，这显然会导致一些访谈员偷工减料；（2）从以这种方式生产的、可能有错误的数据中做出大的推断时，要小心谨慎；（3）国家民意研究中心最近的研究表明，研究者已开始寻找解决这些问题的方法——不要放弃希望，但要继续保持谨慎；（4）其他许多问题与在本研究中制造麻烦的问题相似，因此每当使用此类问题时，请留意相同类型的麻烦；（5）"对构建个人网络的访谈员进行额外培训的简单要求可能已经达到上限，并且……可能需要采取更严肃的方法"（2013，355）。

方法学家克里斯托弗·温希普（Christopher Winship）在对复制研究成果的问题做一般性评论时，提出了一种更激进的方法。当一名记者告诉他："许多研究人员认为，对**提供数据的人**绝对保密的不妥协要求对社会科学成果的质量产生了不利影响——部分原因是匿名化使人们不可能对工作进行事实核查。"温希普说："这真的很难核实——你甚至不知道这些人是否存在……有的学科认为这样没问题，但这可能是完全错误的。"（Neyfayk，2015）

这含蓄地表明，所有社会科学数据都应该去除通常向信息提供者承诺的匿名性，而应该附上受访者的姓名，以便持怀疑态度的同事能够更容易地检查数据的有效性。这无疑又太过分了。根据派克和桑夏格林提供的数据，更好的做法是要求访谈员将自己的姓名和地址附在搜集的数据上，从而更便于研究人员识别由作弊的访谈员捏造的虚假受访者。

但是，历史学家安东尼·格拉夫顿（Anthony Grafton）明确提出，这种观点——如果你有最初观察对象的真实姓名和可识别的数据，就可以重复同样的观察结果——最终会遭遇一个更加根本的困难。他谈到脚注，但这个问题更为普遍：

> 一些新的历史形式（也可以说是"社会科学"）建立在脚注无法容纳的证据之上——比如历史人口学家对统计数据的大量分析，只有当他们同意让同事使用他们的电脑文件时，这些分析才能得到验证。其他的分析则建立在脚注通常未包括的证据之上——比如人类学家的田野笔记，它们记录了从仪式到访谈等一系列短暂的事件，甚至在描述时仍在变化的习俗。这些原则上都无法得到验证。正如赫拉克利特所见，没有哪个人类学家可以在同一个村庄生活和工作两次。没有哪两个人类学家会以完全相同的措辞描述同一笔交易，或者以相同的类别对同一个交易描述进行分析和编码。最严重的是，即使是一套常规的田野笔记，其体积也大得无法以任何正常方式出版。（Grafton，1997，15）

罗斯在关于雇工（像那些引起"社会隔离"恐慌的人一样）的论文中直截了当地说明，请注意，如果你把访谈员当作雇工，

你就会期望他们像雇工一样行事：

工作社会学的学者不再将"生产限制"和偏离工作指令视为一个道德议题或一种社会犯罪形式。相反，它是生产组织过程中可预期的工人行为。对于工作实践中的研究人员来说，唯一的问题是发现偷工减料、伪造考勤表、界定工作配额、躲避监督以及无视具体工作环境中的指令等行为细节。

我们没有理由相信科学研究领域的雇工行为与其他生产活动领域的雇工行为有任何不同。假设他们的行为相似，这才更为合理。雇工们想尽可能多地赚钱，还有可能虚报他们的记录或考勤表（如果雇主以此为基础给予报酬），但就目前的讨论而言，这类行为是个小问题。雇工们还想避免困难、尴尬、不便、费时的情况，以及那些对他们没有意义的活动。（因此，他们并未实施某些指定的观察或询问某些访谈问题。）与此同时，他们希望给上司留下正确的印象——至少要足够正确，这样他们的材料才会被接受，他们的工作才能继续。（因此，他们修改或伪造部分报告内容，以便提供老板似乎想要的东西。）他们不想因为问了太多问题而"显得愚蠢"，所以可能会在他们认为老板想要的东西上做文章——例如，猜测一个编码类别，而不是通过程序解决这个问题。（1965，192）

罗斯不认为按照目前这种方式组织的大规模研究是开展这些

活动的唯一方式。因此，他进一步建议采用更具合作性的首席研究员－数据搜集者的关系模式。当然，我很难想象当今的大型调查机构会采取这种关系模式。（顺便说一句，罗斯很清楚，类似的责任和报酬的不平等划分也出现在规模较小、管理不太严格的研究形式中。在第 7 章，我描述了我和埃弗雷特·休斯合作研究中的关系，这并没有为所有此类更个性化的研究关系树立一个够得上的标准，远远不够。第 7 章介绍了以前的研究所采取的其他此类合作形式。）

罗斯很关注的另一类雇工是编码员：他们从事的是吃力不讨好、枯燥乏味和重复性的工作；他们把自由形式的答案分配给一组已经创建好的类别，或者有时只是把纸上的内容转录到电脑屏幕上的同一类别里（过去，转录信息的方式是在卡片上打孔）。人们既可以专心而熟练地完成其中任何一项操作，也可以心不在焉且毫无兴趣地完成这份工作。一项经典的研究"印第安人和青少年鳏夫的案例"说明了这个问题（Coale & Stephan，1962，esp. 339—344）。

科尔和斯蒂芬有一个侦探故事要讲。"我们的第一个线索（指有些事情出错了）是在 1950 年美国人口普查数据中发现的关于青少年婚姻状况的惊人数字。我们在数据中发现了数量惊人的 14 岁丧偶男孩，同样惊人的是，年龄较大的丧偶男青年的数量减少了。"怎么解释这种现象？

在追寻线索的过程中，他们关注到卡片的设计问题。相关信息以打孔的方式转录到卡片上，从而为机器分类和当时广泛使用的制表做准备（这种做法很久以前就因更多电子方法的出现而被摒弃了）。他们认为，也许编码员偶尔会错误地无意跳过一列，因此本应转录至第 24 列（与户主关系）的数字实际上被转录至第 25 列（种族）。如果是这样，本来表示"户主"的标记就会被录入为"白人"，并且如果第 25 列被误录为第 26 列（性别）的相应数字，"白人"就将变成"男性"，以此类推（只要这种混淆还在持续）。在他们对所有这些错误的分配进行重新归类后，之前奇怪的结果就变得完全正常且在预料之中了。

你可能会问，那又怎样？科尔和斯蒂芬也这样问自己：

这些错误如此罕见，以至于它们对被抽取群组的卡片数量的影响完全可以忽略不计。但是有三种情况，如果错误卡片被分到的群组规模非常小，其影响绝不能忽略不计。例如，在 1950 年人口普查关于美国印第安人的年龄分布中，有太多 10～14 岁和 20～24 岁的男性（超过 15%）；而婚姻状况非"单身"的 17 岁以下白人男性的数量更多取决于错误转录的卡片，而非实际的结婚、离婚和丧偶人数。（1962，346，高亮部分是我的标注。）

我们不要忘了印刷工人，他们一方面是数据搜集人员和编码员的中介，另一方面又是表格的最终读者和用户。奥斯卡·摩根斯坦在他经典的错误汇编《论经济观察的准确性》[*On the Accuracy of Economic Observations*, Oskar Morganstern, （1950）1963] 中指出："印刷材料中的印刷错误……原则上不可能完全消除。"

比如说，一本包含文字、表格和公式的 500 页图书，可能很容易就包含总共 150 万或 200 万个字符（还要注意它们的位置）。自然的统计学定律使得首版印刷品几乎不可能没有印刷错误，它的制作手稿也不可能没有错误。据说天文表要到第四版或第五版修订印刷时才会没有印刷错误，但即使这样也无法保证。要想避免所有错误，就需要与一个没有错误的主文档对比，但这种东西不可能存在。经济学原始资料（我们当然也可以加上社会学原始资料）几乎都没有经过几次修正。鉴于涉及文件众多，这显然是不可能的。（40）

我认为下列要求是恰当的：在讨论数据时，我们要牢记这些错误的来源；当我们把数据作为证据来使用时，我们要认识到它们的缺陷；并且，在从数据中得出结论时要适度谨慎。我不是说我们不能使用包含这些错误的数据，但我们应该更实际地评估结果，而不是简单地应用常规的显著性统计检验（参见 Ziliak & McCloskey，2008 的大量评论）。"可能"这个词可能就是我们安全处理数据的极限，因为这些数据是如此依赖于人，而很多人并不追求"把一切都做好"。

科学的准确性所需的成本更高，但如果你想获得科学方法的好处，就必须付出代价（就像我在第 3 章描述的自然科学家通常做的那样）。无偿的合作者必须获得一些东西，这些东西能够激励他们开展获取准确的信息所需的必要工作——否则他们为什么要花费时间和精力呢？

数据搜集工具

第 3 章中提到的自然科学家使用了很多工具。他们还能做什么？他们的"对象"不能说话，不能说出自己的感受或自己做过什么，或其他人和其他事物对它们做过什么。社会科学家没有可以从研究对象那里自动搜集数据的复杂工具，因而他们不得不依赖全面的人际互动（并面对由此而来的所有困难），或者依赖更简单的工具来"测量"研究对象的思想、愿望和行为。

稍微打个比方，这类"帮手"包括纸质表格（或电脑里的表格）。研究人员把表格交给研究对象，以传达他们想获取答案的问题，表格上（通常）会列出研究对象必须从中选择的具体答案（这一限制使对答案的编码更加容易）。就像迄今为止讨论过的其他辅助工具一样，这些工具也包含影响研究对象如何理解和回答特定项目的暗示和影响，而这些暗示和影响通常并非制作者的本意。心理学家和方法学家已经发现与这些工具有关的各种麻烦，以及它们影响研究对象填写项目、回答问题的方式——如果他们以自己的方式记录数据，可能就不会采用这种方式了。将"动机"赋予问卷，可能是对"数据搜集者"这一概念的扩展。我的意思是，这些工具可以（而且经常被证明确实）具有内在的特性，推动受访者朝某个方向填写（正如其他类型的数据搜集工作人员的动机，也会推动受访者做出某种影响数据的行为一样）。该领域的专家通常将这类工具得到的答案称作"人为产物"，而非"事实"。

很多人写过关于调查问卷人为产物的论文，我不打算列出所有可能性，而只想介绍那种会干扰用调查问卷开展测量的事物。为有关这个问题的学术会议而准备的论文（Schwarz & Sudman，1992）对其中一些问题进行了出色而详细的分析。

"反应定势"（Response Sets）体现了对这里的论点而言所有重要的特征。网络版《大英百科全书》（*Encyclopedia Britannica*）在"个性评估"条目下这样描述这一现象：

> 关于反应定势和应试态度如何影响明尼苏达多相人格测量（MMPI）和其他人格测量里的行为，人们已经开展了大量研究。例如，所谓"默认"的反应定势是指，不管问卷内容是什么，一个人在回答问卷时倾向于给出"真"或"是"的答案。可以想象，两个人可能在其他方面都非常相似，除了他们的默认倾向。这种反应定势的差异会导致人格测试出现误导性的不同分数。一个人可能是"赞成者"（倾向于对测试项目回答"是"的人），另一个人可能是"反对者"，第三个人可能对哪一边

都没有明显的默认倾向。用更通俗的语言来讲，问卷作者使用的词语及其安排会影响填写表格的人选择的答案。"反应定势"是指人们对问题的实际内容以外的方面做出回答的倾向。例如，同意任何措辞强硬的表述的倾向，即所谓的"默认"反应定势（或相反的情况，即不同意），就是这个问题的典型。三位心理学家杰克逊、梅西克和索利（Jackson, Messick & Solley, 1957）认为使用 F 量表——一种现在几乎被遗忘，但当时非常流行的态度测量工具——很可能会出现这个问题。F 量表由西奥多·阿多诺（Theodor Adorno）设计，用来测量"法西斯主义"（fascist）人格类型，它表现为措辞强硬的关于同意或不同意的表述——这会被视为"法西斯主义"（因此被称作"F 量表"）。以下是该量表中的一些"法西斯主义"表述：

服从和尊重权威是儿童应该学习的最重要的美德。

同性恋并不比罪犯好多少，应该受到严惩。

人可以分为两个不同的类别：弱者和强者。

（出自"F 量表"：www.anesi.com/fscale.htm）

杰克逊、梅西克和索利认识到 F 量表中的所有表述都表达了强烈的威权主义倾向，他们认为回答问题的人可能是在对表述的强硬威权形式做出反应，而不是在回应内容。因此，他们构建了一个"反向"F 量表，在尽可能保留原有风格的同时改变了项目内容方向，并将它们分散到原有项目中。他们的实验对象在表格所有项目（既有"法西斯主义"立场的肯定论断，也有非法西斯主义的肯定论断）的适当方框处进行勾选；正如研究人员所预料的："同意原始 F 量表项目与同意反向 F 量表项目的相关系数为+0.35，而不像对内容的一致反应所要求的那样呈显著负相关。"（1957，139）也就是说，一些人表现出"默认的反应定势"，他们对表述的独断性做出反应，对法西斯主义表述和与之相反的反法西斯主义表述都表示同意，而不是对主张的观点做出更敏感、更有区别的回应。还有人表现出一种"非默认的反应定势"，他们不同意措辞强硬的表述，不管其意识形态内容是什么。还有一些人给出了意识形态一致的答案，即同意反法西斯主义的表述而不同意其对立面，或同意法西斯主义的表述而不同意其对立面。

这意味着将问题的答案汇集起来后就成了一种混合物：一些人确实同意（或不同意）表述的观点，但另外一些人并不关心观点是什么，他们只是因为措辞的强硬程度而同意或不同意。当你得到调查结果时，你没办法理清这两种情况，因此无法使用 F 量表的答案来确定任何人表现出"独裁"的特征：他们中的一些人真的相信这些事物，而另外一些人只是同意（或不同意）那些说话强硬的人。

你可以通过用两种不同的形式呈现相同的内容来思考这种人为现象，就像这些实验者所做的那样——最初关于某个议题的立场的强硬表述，以及（在其他地方）同样强硬、呈现相反立场的第二种表述——并将二者合并到同一份问卷中，让它们相距足够远，使得填写表格的人不会注意到你的伎俩。正如三位作者所说："当威权量表的每一个观点都同时被肯定表述和否定表述的项目定义时，重要的关系仍然会出现。在这种情况下，我们有可能将信念和反应定势区分开来。"（Jackson，Messick & Solley，1957，137）

这样是解决了这个问题，但也产生了另一个问题：每增加一个额外项目都会增加工具中的项目数量，进而增加了让人们认真填写问卷的难度（问卷太长总会产生问题）。因此，研究人员不能用这种方法解决所有此类问题。

再举另一个被广泛研究的例子，"顺序效应"（Order Effects）是指对旨在发现关于某事物的态度梯度的项目的反应差异。因此，一组据称能测量看法或信念程度的项目可以产生类似于温度计（记录不同程度的热量）的效果，你可以在你的任何研究（例如，对种族的态度）中的此类量表上为受访者找到准确位置。但是，问卷设计者发现了一个严重的问题：如果强硬的态度表述在工具中出现的时间早于较弱的表述，那么你在这个态度温度计上得到的读数就与颠倒它们的顺序或随机安排得到的读数不同。你不能像解决反应定势问题那样轻易地解决这个问题，因为你不能把问题以不同的顺序放在同一个工具中。相反，你不得不创建该工具的两个版本，随机选择一半受访者使用一个版本，另一半受访者使用另一个版本。

这很快就会导致大量的后勤保障问题，在几年前我与加拿大一个调查研究中心主任的对话中最能体现出这个问题。他一直取笑我的田野调查不够科学，因此本着友好互让的精神，我问他，当他为一项研究设计问卷时是否包含态度问题，从而让他能够测试默认的反应定势。他说不，他的机构没有这样做。然后，我问他是否通过制作两个不同版本的问卷来防范顺序效应，或至少以两种不同的顺序呈现关于态度的表述。不，他也没做。我就其他众所周知的人为现象提出了类似问题，这些人为现象都要求研究人员构建和管理两个不同版本的工具。他说没有，他们不这么做，所有都没做。最后，他说了这样的话："饶了我吧！你知道每一次修正都需要两个不同版本的表格，而每一次新修正都会使你需要的不同版本的表格数量翻倍。所以，如果你有三个这样的问题需要防范，你就必须要有 2×2×2，也就是 8 个不同的表格。如果有四个这样的问题，那就需要 16 个表格。"然后他补充道："别忘了，这里是加拿大，所以一切都必须同时用英语和法语，这意味着 32 个不同的版本。理智点！"好的，当然，作为一个非常通情达理的人，我只要求，作为回报，他对我的田野调查研究的所有批评也要同样通情达理。

即使你能实现所有修正，一些人为的影响仍会继续存在，因为它们来自词语和概念含义的历史变化。舒曼（1982）证明，特定的项目在产生这类影响的方式上发生了变化。比如，十年或二十年后，这类项目的含义已经不同于更早时期它们的含义，而你无法做任何事情来预见或克服这些问题。（种族名称和家庭居住安排的社会意义的历史变化给人口普查造成的困难是这些问题的一般表现。）

在我看来，与典型调查所提供的资源相比，这些问题需要采取更严厉的措施。特别是要记得，正如派克和桑夏格林所展示的，访谈员和受访者都会对各种问题做出反应，这两种反应还可能相互影响。调查研究人员必须设法考虑所有这些问题，同时以高效务实的方式继续运作一个需要支付工资的大型机构。跟这些问题比起来，巴里巴尔为防止随机辐射源干扰冷藏库达到绝对零度而面临的困难看起来很容易。

作为见证者的实物和档案

韦伯等人（Webb et al., 1966）在一本书（不幸的是，它在关于如何做研究的文献中没有得到应有的重要位置）里提议对社会现象、事物和人进行"不引人注目的测量"，即在记录数据时不涉及任何个人利益。因为个人利益一旦卷入其中，可能会妨碍后来的研究人员使用这些资料作为某些想法的证据。这些对象有两个截然不同的版本：物理对象，其可观察的状态证明了一些让人感兴趣的事物；文件档案，通常出于非科学目的记录某个类型的事件。

物理对象

想知道博物馆里哪些藏品最能吸引参观者的兴趣吗？韦伯和他的同事认为这件事指向了一个广泛可用的数据源："为了在芝加

哥科学和工业博物馆举办一个心理学展览，特地成立了一个委员会。委员会了解到，包含活的、孵化中的小鸡的展品周围的乙烯瓷砖必须每六周左右更换一次，而博物馆其他区域的瓷砖则多年没有更换过。对博物馆各种展品周围的瓷砖更换率进行比较研究，可以大致确定展品的受欢迎程度。"（1966，36—37）他们提醒道："关于侵蚀率的信息来自对博物馆维修部门的记录的检查核对。"

他们还提出了社会科学家无需太多麻烦或费用就可用的其他实物资源："图书馆书籍的磨损程度，特别是翻页书角处的磨损程度，提供了一种可能的方法例子。"（Webb et al.，1966，37—38）他们还指出，尽管图书馆的借阅记录包含特定图书受欢迎程度的相关信息，但只有上面的方法才能让研究人员将"把书带回家"和"实际阅读"区分开来。

读着他们的书，我觉得作者有时让可爱的冲动占了上风，但这可爱也带来了一些奇怪而有趣的事实。其中一位作者李·西克莱斯特（Lee Sechrest）发现，女性比男性更经常在晚上锁车。他是怎么发现的？他走访了他任教的西北大学的男女生宿舍停车场，并尝试打开停车场里所有汽车的门。这比查实锁车"真实比率"的问卷项目更有效，也可能更准确，如果这是你想知道的信息的话。

这个例子清楚地表明了使"不引人注目的测量"如此有价值的特征：它是"在生产者不知道调查人员会使用它的情况下所产生的资料"（Webb et al.，1966，50）。因此，这种资料不会受到任何个人知识的影响，即关于调查人员将如何使用它来影响被记录行为的人的命运。对于那些担心警察操纵记录以实现私人目的的社会科学家来说，这是一个重要优势。

韦伯等人发现了关于积淀方法的更重要的应用，并将它们粗略地分为**侵蚀性**测量（如博物馆地砖的磨损）和**增生性**测量（如测量人们丢弃在垃圾桶或垃圾场里的东西）。值得一提的是，考古学家从垃圾堆中了解到大量关于史前社会（没有留下书面记录）的知识，这是该群体技术成就的一个可靠信息来源［拉特耶对人类学家如何使用这些资料来研究很久以前的传统小型社会和当代社会生活做了很好的说明（Rathje，1992）］。

作者对试图以模仿可控实验的方式操控这些测量的做法给予了更多关注（甚至超过了应有的关注），他们显然认为可控实验是最好的方法；但社会科学家无法使用这种方法，因为他们不能按照该方法的要求控制研究环境。

档案：还是李伯森

韦伯等人将档案定义为"出于非学术目的定期产生的数据，但可以为社会科学家所用。这些档案是对社会的持续记录，也是各种科学数据的潜在来源，对纵向研究特别有用"（1966，53）。

斯坦利·李伯森对名字的分析（见第 5 章的讨论）表明，与很多档案显示的数据相比，出生证明所显示的数据已经很贫乏了，但你仍然可用利用它们来做些什么。你可以识别大规模的模式，绘制它们的变化图表，观察社会各个维度的变化。这是个不小的成就。李伯森为我们所知的事情添加了一个实质性的研究工具。最重要的是，我们在他的数据中找不到其他档案来源中普遍存在的各种人为产物的缺陷。

但是，如果你按照李伯森的方式工作，你就不能问人们在做出选择时是怎么想的，无法了解名字如何在社区中传播。你不会试图找出这些人在命名过程中进行了什么样的讨论，以及其他许多重要而有趣的事情——所有这些都因李伯森的极简主义程序而无从获知。

李伯森的资料让他可以谈论时尚周期，种族在名字时尚中的角色，以及其他各种相当有趣的话题。同时，他规避了许多研究人员——也许特别是，但绝不仅仅是那些依赖雇工的研究人员——落入的陷阱。李伯森的程序非常严格，他不会谈论没把握的事情。当你对于自身研究主题的全部知识都来自第三方——他们做了与搜集研究资料有关的面对面工作（比如调查访谈员和用以替代他们的调查问卷）——你就无法获知很多你想知道的事情，而你想用这些事情评估搜集到的资料，作为你希望数据能证明的很多话题的证据。在关于观看歌剧的问题旁边的那些数字能告诉你填写数字的人"文化水平"如何吗？真的吗？你是怎么知道的？如果人们填写的数字提供了关于其音乐水平的唯一证据，那么你的主张是站不住脚的。实地研究人员仅凭四处看看就能更好地了解这类事情——正如我们将在第 7 章看到的，这就是布兰奇·吉尔（Blanche Geer）和我了解医学院学生的共享认识（这些认识使他们的一些行为可被理解）的方式——但就像邓尼尔（Duneier，2011）所指出的，即使是采取了这些额外步骤的人，也能在他们的数据中读出不存在的含义。

李伯森从来不犯那种错误。他依靠自己知道的信息，那些包含在经过验证的、原则上可验证的记录中的数字；在没有提醒你他所做的只是推测的情况下，他不会去猜测人们的动机或想法。正如我们将在第 7 章看到的，研究人员可以获得有关此类事物的更详细且可验证的信息，但李伯森并不使用那些方法，尽管他不介意其他人沉迷于此。

而且，李伯森以最低限度的资金需求完成所有工作，其资金主要用于计算成本和聘请研究助理。这些研究助理很可能会根据具体研究的结果完成学位论文。与研究本身无关的需求不会影响李伯森和同事们的工作。

因此，这与我将在第 7 章讨论的一种情形很接近，即"首席研究员"和他的合作伙伴一起从事数据搜集工作。

档案：处方药记录

科尔曼、卡茨和门泽尔（Coleman，Katz & Menzel，1966）表明，依靠出生证明，你偶尔也可以获得李伯森无法接触到的一些过程细节。他们想了解医生如何接受一项医药创新，即接受可以用来治疗一些常见疾病的新引进药物。他们找到了一个完美的档案来源：几个相邻社区的药房记录。这些社区彼此足够近，使得医生们可以相互交流，来回传递新闻和信息，从而大体上构成我们想象中的"职业共同体"。

科尔曼和他的同事们对这种特定药物创新的接受程度的测量方法是完美的，因为接受意味着医生会开这种药，开药只能通过写处方来完成，而处方正是他们获取并统计的文件。没有模棱两可，没有被隐藏的部分过程——没有通常困扰自我行为报告的那些麻烦。

制药公司花费了大量金钱，试图让医生对他们的最新产品感兴趣。但是医生对于改变开药习惯这件事很谨慎，并不是所有医生都会立即尝试新的可能性。研究人员采访了大量医生作为样本，但如果这是他们关于开药行为的唯一知识来源，他们就永远无法对谁首先开这种药、谁追随开药，以及准确的开药日期和顺序做出详细分析。因此，他们规避了我们见过的那种猜测工作，这种猜测涉及使用基于人们对何时做了什么（比如去看歌剧）的回忆的相关数据。研究人员可以看到影响的模式：他们可以识别出创新者和追随者，后者只有在听说创新者的经历之后才会在患者身上试用新产品。

药房必然会保存的详细档案让研究人员有机会对医生关于自身经历细节的说法和实际采取的行动进行比较分析，这样他们就可以研究真实的集体事件序列。

另见罗伯特·福克纳（Robert Faulkner，1983）使用电影片头片尾字幕这一公开信息作为故事片制作参与指标的研究。

我不知道你去哪里可以找到其他此类关于何人何时做了何事的详细数据，但它们肯定存在。当代管理实践为人们做的每件事提供了越来越多的详细记录，我们应该能够找到越来越多现成的"完美"数据源，在文件纸张上发掘出我们感兴趣的行为。

第 |7| 章

首席研究员和他们的助手

搜集自己的数据：多种可能性

"首席研究员"是我给最后一类数据搜集者起的名字，意指那些提出研究想法，并和他们招募来的人一起工作开展研究的人。这些招募来的人包括：学生助理或该研究员的同事，或同时拥有这两种身份的人；在该研究员打算研究的社会环境中生活或工作的人；以及所有以某种方式参与这项工作的人，不过他们与研究发现或成果没有组织上的利害关系。首席研究员显然希望他们用作证据的数据尽可能好，毕竟他们做这项工作的主要原因是想得出一份经得起同事们严格审视的研究报告。我也可以说他们属于剩余类别的一部分，不属于前几章所涵盖的任一类别。也就是说，他们创建的数据并不作为他们所做的某些工作的报告或副产品；他们不是雇工，也不为人口普查工作，更不会以不考虑潜在科学用途的方式生产档案资料。

在纯粹的情况下，首席研究员的动机很简单。他们做研究是因为想解决一个自己感兴趣的科学难题——以一种该学科同事会认可他们的方式，就像我们在第3章看到的物理学家和土壤学家所做的那样。他们希望通过高水平的研究获得业界给予的奖励：良好的工作和职业生涯、卓越的声誉、学术奖项，以及来自他们重视其评价的人的尊重。

为自己搜集数据的人出现在组织化研究工作的各个层面。为完成学位论文而被要求做原创性研究的研究生，有时可以获准使用只有在大规模调查中才能搜集到的那种数据。更多的时候，他们为自己搜集数据：向小规模的人群或样本发放他们制作的问卷，以比较轻松和不太正式的方式采访这些人，获得一些适合某个研究问题的记录，开展认真的、或多或少长期的实地观察（参与或其他方式）。我将努力涵盖由此引发的各种情况。

作为首席研究员——其实就是做自己的老板——如果你愿意，你就有机会在开展研究的过程中塑造研究。你可以利用你在调查早期阶段学到的东西来设计和重新设计数据搜集和分析的方法，这些方法将你在开始计划研究时不了解的事情纳入考虑，从而使你搜集和分析数据的方法有可能包括意料之外的发现。你会了解一些你不知道的事情——你遇到的人是谁，他们在看起来像你想研究的活动中扮演什么角色，你觉得哪些事件有趣，这些事件的参与者如何卷入和解决冲突，在你所了解的人当中什么事情被看作一个错误。一开始，关于你一无所知的事件的清单很长，现在它变成一个可回答的问题清单，你从中选择要探究的问题和探究问题的方法。

本章还有第二个目的：展示被广泛讨论的定性－定量区分是怎样在实践中瓦解的，并展示研究人员如何使用任何能产生有用结果的方法，统计可以计数的事物，查找是什么干扰了他们在设计数据搜集工具和程序时自认为已经理解的过程，努力找出预期结果没有出现的原因。实地研究在某种程度上是定性研究的典型模式，它能够（而且确实经常）将数字用作证据；也许不是常规的统计形式，但肯定会统计需要计数的事物，并对得到的数字进行运算，最终将观察数据转化为某个观点的可靠且可接受的证据。定量研究人员经常使用他们在与更系统的数字搜集对象的非正式互动中获得的知识。第 5 章描述的洛伊丝·德芙勒关于毒品逮捕的创新性统计研究，建立在她与实施逮捕的缉毒队非正式交往时了解到的信息之上。社交活动向她展示了她正在转化为精细三维地图的逮捕统计数据到底可以用来证明什么。统计分析表明，这样产生的想法比她近距离观察到的更适合较大规模的群体。

实地研究是一个宽松而包容的术语，包括各种数据搜集策略——从作为当前研究对象的正式成员长期参与某种有组织的集体行动，到不那么正式的互动（例如，德芙勒晚上与下班后的警察喝酒），再到与一些社区成员进行详细且没有固定问题计划表的访谈，特别包括对社会活动的系统观察（这些观察可以转化为数字并插入表格）。这些数据搜集形式的共同点是研究人员可以迅速改变方向，处理出现的新问题和新的数据来源，这在很多方面就像巴里巴尔在追求最低温度时寻找错误来源的操作一样。

利用个人关系开展独立研究

很多学生在他们已经非常了解的某些团体活动中，在他们可能曾是其中一员的某个组织中，在他们（或他们很熟悉的朋友和亲属）曾经或依然属于的某个社区中需寻找学位论文主题，这并非偶然。我写过一篇关于"普通音乐家"的硕士论文，这些音乐家在酒吧里为舞会等各种聚会演奏。这也不足为奇。在读研究生以前，我曾以弹钢琴为生，并在整个学生生涯和之后很长一段时间内继续从事专业演奏。[六十年后，马克·佩勒努（Marc Perrenoud，2007）在图卢兹也做了同样的事情。这种策略永远不会过时。]

我的许多同学也写了与他们熟悉的各种工作有关的论文，有时是基于对那种工作所处的社会环境的参与和观察，更多的时候则是通过对其从业者的长期访谈。雷·戈尔德（Ray Gold，1952）的父亲拥有一家五金店，许多为附近建筑物提供服务的保洁员都会来店里购买工作所需的物品，因此雷能够毫不费力地在商店顾客和他们的朋友中找到关于保洁员研究的受访者。路易斯·克里斯伯格（Louis Kriesberg，1952）的父亲是一位零售皮货商，因此克里斯伯格充分了解这个行业，从而可以实施详细的访谈计划，而他的访谈对象也乐意帮助这名年轻的学生。其他学生则利用了其他类型的家庭关系（例如，他们足够了解医学专业出身的父母或岳父母，因此能够计划一项研究）。罗伯特·福克纳当时是加州大学洛杉矶分校的一名学生，也是一位职业小号手，他把必须完成的学位论文当作访谈他一直想了解的好莱坞工作室音乐家的机会，于是他写了关于音乐家的学位论文，最后还出了书（Faulkner，1971）。社会学里有许多这样的故事。研究人员在了解这些事情时并不知道他们正在为开展研究做准备，但他们了解到的事情在设计研究项目时会变得很有用，有助于快速启动观察和数据搜集工作。

这些故事并不完全来自结构较简单的研究项目。李普塞特、科尔曼和特罗让国际印刷工人联盟成员填写的问卷中包含很多富有想象力的项目，这反映了李普塞特作为联盟会员之子的个人经历。[他间接提到与联盟的关系和联系，它们推动形成了这项研究（Lipset，Coleman & Trow，1977，xx）。]

个人生活与研究主题之间的联系类型各不相同。有工作的学生（比如我在音乐行业工作）利用工作来观察他们的工作环境，就像唐纳德·罗伊（1952）和梅尔维尔·道尔顿（Melville Dalton，1959）所做的那样——他们两个都在产业界工作，罗伊是一名机械师，道尔顿是一名经理。来自小型宗教团体的学生利用埃弗雷特·休斯对宗教宗派主义的兴趣，和他一起完成关于他们成长于其中的团体的学位论文。这些与论文主题之间的联系使他们更容易进入研究场所，但也可能引起潜在的忠诚分裂问题（尽管我认识的人似乎都没有这样的麻烦）。罗伯特·福克纳后来利用他在研究好莱坞工作室音乐家时建立的联系，对好莱坞作曲家展开了一项规模和目标更大的研究（Faulkner，1983）。

在所有这些案例中，主题和方法选择由个人兴趣决定；相比于前面几章讨论过的数据搜集者的情形，这种方式更容易为"自己"工作的研究人员所用。已有的知识储备为以这种方式开始工作的研究人员提供了一个宝贵开端，使他们能发现要研究的问题，并解释那些看似不重要的数据（除非你了解数据的社会背景）。因此李普塞特了解到，印刷工人社交生活的一个重要部分发生在其职业群体内部，因为他们经常上夜班，所以很少有机会与白天正常上班的人交朋友。李普塞特对此有足够的了解，因而可以将利用联盟会员的社会融入指数来测量一个关键变量的项目纳入问卷。他和他的研究伙伴在工作开始时就拥有知识和渠道的优势。除了搜集个人知识告诉他们要在那里获取的数据以外，他们没有别的动机。

首席研究员的助手和伙伴

通常情况下，研究人员无法独自完成全部工作。他们可能没有研究问题所需的知识，或不具备时间和地点上的灵活性，又或者雇不起工作人员。许多研究人员找到了解决这个问题的显而易见的简单方法，那就是招募没有经济动机的人做这项工作，然后在某种程度上（不是一个简单的问题）把他们当作合作伙伴，不管研究工作有什么结果。那些认为自己在为这项工作（他们将一生从事的工作）而学习有用技能的研究生助理，在现金上的回报少于参与一项认真成熟的研究所得到的回报——在那里他们将像"真正的研究人员"一样获得声誉和专业认可。即使是从未打算使用此类特定技能的学生，也开始了解他们的一些同学正在做的工作，至少了解那种数据搜集形式的优点和缺陷。那些打算继续在临时职位上从事研究工作的学生会发现这些经验非常有价值，并且有时可能会将他们产生的数据用于完成学位论文项目。

我为埃弗雷特·休斯工作并和他一起进行研究（相关研究最终催生了我的学位论文）的经历表明，始于数据搜集工作的学位论文撰写经历比一般的写论文经历稍微好一些——当然这是我后来才意识到的。

埃弗雷特·休斯和路易斯·沃思（Louis Wirth）都是我获得博士学位的社会学系的教授。他们获得了一笔资助，用于研究芝加哥公立学校的种族问题。我不知道沃思担任了什么角色，也不了解他的工作内容；但我知道休斯对于公立学校教师的职业如何影响他们对不同学生群体的看法和行为有一些想法，并设计了一个双管齐下的方法来检验这些想法。一方面，他打算使用分类记录（ledgers）——教师们在其中输入离开目前任教学校到其他学校的意愿——作为数据。这部分工作需要将数百页的信息复制到用于日后分析的标准表格中。我们可以用这些信息检查在由不同种族和班级构成的学校系统内的教师流动模式。我复制了很多这样的记录，这个工作和你想象中一样无聊。该项目的这部分工作由我的研究生同学约翰·温格特（John Winget）领导，他运用统计分析完成了他的学位论文，所以我真的是一名"雇工"。

另一方面，研究需要有人就学校教师的职业对他们进行访谈。我的硕士论文主题是"音乐家的职业"，所以我认为自己可以处理好这件事，我想我一定比我的同学温格特更适合这部分研究。最终，休斯给了我这份工作，薪水是每小时一美元。我想我也许可以将这些访谈当作一篇专题论文的基础，它最终可能会有点像我用作硕士论文范本的那篇论文［奥斯瓦尔德·霍尔对美国一个小城市的医疗实践组织的研究（Oswald Hall，1948，1949）］。

写一篇关于学校教师的论文的想法并没有让我感到兴奋，我有另一个更喜欢的想法。我想写一篇关于芝加哥近北区拉什街（Rush Street）夜生活区的论文，这个主题所涉及的正好是我喜欢做的事情：和像我一样的人混在一起，并写一篇关于这一切的论文。但是……我可以用访谈得来的钱，而且管他呢，这确实算是个有趣的问题。从第一天开始，埃弗雷特就把我当成研究人员，根本没把我当成雇工。他问我对这个有什么看法，对那个有什么看法，好像我不是一个有硕士学位的厚脸皮年轻人，而是真的知道他在做什么的人。可以肯定的是，在我访谈了一些老师之后，我比埃弗雷特更了解他们；不过他知道的也很多，因为在我做访谈时他阅读并评论了这些访谈记录（我给了他文字版），还与我讨论其中的含义。换句话说，他把我当作研究伙伴，甚至可能是更高级的伙伴，因为我在一线工作。所以我拼命工作，涵盖了芝加哥的所有地区，认真记录每一次访谈。有一天，他以一种奇怪而突然的方式问我，为什么我每次都要把访谈给他看。我说我以为这是我应该做的，然后他说很明显我已经知道该怎么做了，并且做得很好，所以不要再把访谈给他看了。大约在同一时间，他提议将这些访谈整理成一篇学位论文，后来他们也确实这么做了。自始至终，我都负责这项研究，包括计划、执行和写作。基于由此完成的学位论文，我又写了三篇文章（Becker，1952a，1952b，1952c）。

我和参与项目的研究生一起工作时总是遵循这种模式。他们从来不是在"为我工作"；他们在做自己的研究，而我在旁出点主意，仅此而已。

但是，前来帮助研究人员的应募者也不必一定是做项目的学生，他们可以是任何人。多克是波士顿意大利社区的一位居民，他在催生了经典著作《街角社会》（*Street Corner Society*，1943）的研究中与威廉·富特·怀特（William Foote Whyte）紧密合作。他不是研究生，也从未想过成为一名研究生；但是怀特让他充分参与了这个项目，与他探讨了他所使用的方法和他所做工作背后的想法，本质上把他当作一名工作伙伴。虽然多年以后，多克对此也许会有不同的想法，但在研究过程中，他是一名事实上的研究伙伴，也是被研究的小社会的一部分。

被研究的人不必那么充分或深入地参与研究。当我在堪萨斯大学医学院开始我的田野调查时，我让学生——他们是我的田野调查对象——参与了数据搜索工作。我在其他地方详细讲过这个故事（Becker，1998，151—159），不过简单地说，我听到其中一个学生把患者叫作"瓦罐"（crock），他无法向我解释这个词的含义——他知道，但就是无法解释——所以我让在这个小组工作的其他学生帮助我弄清楚它的意思，包括举一些例子、讨论细节要点并最终得出一个可靠的定义，这个定义后来成了研究其中一个关键概念的基础。我没有雇用他们做这件事，他们只是觉得这很有趣，足以在我需要他们帮助的短时间里吸引他们的注意力。许多实地研究人员都做过类似的事情。这也是我在其他场合经常使用的一种策略：让我正在研究的组织中的人帮我解决一些研究问题。

（在这里，必须认真对待上一章介绍过的朱利叶斯·罗斯关于雇工的观点。即使是小规模的研究活动也会产生类似的问题。并不是每位教授都像休斯那样愿意将一项研究的主要功劳交给一个学生，使学生能以他自己的名义发表作品。有时候，一位教授可能得到了一些小额资助，并雇用学生来开展工作；但最终还是由教授本人撰写文章发表所有成果，并获得所有功劳和荣誉。学生助理经常会出现与其他类型研究中的雇工相似的问题。）

在我获得博士学位后，休斯雇用我和布兰奇·吉尔做关于医科学生的研究，后来再加上马什·雷（Marsh Ray）一起研究大学生。在这两项研究中，他让我们完全独立地组织研究，开展工作，提出、检验想法，并撰写研究成果。他不时来堪萨斯城（医学院所在地）与我们一起坐下来喝酒和讨论工作，看看我们发现了什么，还有什么值得研究的。他阅读了我们写的书稿，并为之编写了一章导言（它推进了我们提出的一些想法）。

这个项目是真正的劳动分工。休斯做了我们做不了的工作，那就是担任开展田野调查和撰写研究报告的人（在医学院研究中，是我和吉尔）与医学院管理人员之间的中间人（我想现在我们可以称之为"接口"）——既在最初我被介绍给这些人的时候，也在后来他们因为我们在书中说了不妥当的事情而大发雷霆的时候。吉尔和我都担当不了这个角色，我们没有这方面的实际经验，也没有休斯教授那种能够引起别人关注的学术地位。

在这些案例中，没有什么能和研究人员搜集与他们研究的社会机构有关的数据以用作证据的兴趣相提并论。我们对此负有责任，并且有充分的理由希望尽可能做好它。

来自其他群体的志愿者

库尔特和格拉迪丝·朗（Kurt & Gladys Lang，1953）招募了31名就读于芝加哥大学社会学专业的研究生，为关于电视新闻（包括广播）与其报道的现实之间的关系的经典研究搜集观察数据。这些参与者从各种有利位置观察道格拉斯·麦克阿瑟将军在芝加哥大街和军人球场受到的所谓胜利欢迎——群众因其挑战哈里·杜鲁门总统的外交政策而欢呼。朗夫妇怀疑电视和报刊对麦克阿瑟在其他城市公开露面的报道不准确，他们认为系统的观察可能会显示一个不那么支持麦克阿瑟的故事，并提供有关新型电视媒体实际运作方式的见解。以下是朗夫妇对 31 名参与观察者的描述：

> 他们参与了这项研究。他们的空间分布是为了能最大限度地覆盖当天活动的重要阶段，即不忽略任何一个重要的有利观察位置。由于这些事件是按时间安排的，许多观察者出现在不止一个站点，因而覆盖面实际上超过了 31 个观察视角。因此，个体参与式观察或无计划的大规模观察中的内在抽样误差大大减少了。观察者可以目睹中途机场的到达情况，并且远早于游行预定时间到达大环地区。我们的报告来自 43 个观察点。志愿者收到了指导手册，手册会提醒他们注意观察的原则和需要仔细记录的细节。其中一项指示要求他们仔细记录下表明电视转播可能对观众行为产生影响的活动。例如，专门针对摄像机的动作，表明事件的发生着眼于电视转播的迹象，等等。(4)

虽然电视台播放的是聚集在芝加哥军人球场的大批群众欢迎麦克阿瑟将军的画面（为之后的内容分析而录制）——在将军对哈里·杜鲁门总统的历史性挑战之后——但在场的学生们看到，

尽管摄像师将焦点集中在有人的地方，这个巨大场馆中大部分座位都是空的。（最近，法国电视台报道了一个法国政党使用的类似手段：在会议厅后方安插一些人对候选人发出嘘声和吹口哨，使得候选人看起来好像不如实际中受欢迎。）

这一重要发现早于几乎所有对这种政治戏剧的怀疑论（参见 Katz & Dayan，1992），支持这个发现的数据由一大群研究生搜集，但他们除了因参与一种被证明是看待政治新闻采集和政治戏剧的历史性新方式（但当时谁知道呢？），以及因揭露商业电视台在虚假宣传方面的合谋行为而兴奋之外，什么也没有得到。

首席研究员和实地研究

首席研究员或单独工作，或与少数研究生和同事一起工作，他们通常表现出一种对松散的田野调查方法的选择性亲和力：他们长期待在研究的目标组织或社区中，在此期间直接观察与研究主题相关的一手事件；对那些事件涉及的人进行长期、详细、非结构化的访谈；或二者兼而有之。

在这些方法中，或在更为结构化的数据搜集形式（如调查）中，又或者在基于数字系统搜集数据的其他方法中，不一定会出现这种片面性，但我们很容易看出这种片面性是如何发生的。

请记住，旨在检验关于特定变量对其他变量的影响的研究，必须在每个案例中以相同的方式测量这些变量，否则这些案例就没有可比性。如果你使用结构化访谈的形式从大样本中获得可比较的数据，你就不能在保留研究设计必需的可比性的情况下，不时改变问题的措辞。由于这些问题将由大量访谈员提问，项目的后勤工作要求尽早确定研究设计，以便研究人员打印问卷并培训访谈员。回收填好的问卷后，研究人员必须建立编码指南，并培训编码员学会使用它们，从而确保资料由原始记录格式转化为机器执行分析可用的格式。

因此，不管数据搜集者通过问卷调查注意到什么不寻常的信息，他们都无法将其纳入当前项目的设计。如果研究人员发现研究所依据的一项前提并不准确，那么这两种研究状况就完全不同了。如果你使用问卷来搜集数据，这个新事实就是无用的。在数据搜集阶段，你完全无法利用它。而在结构化程度较低的田野调查中，它很可能是将调查引向新方向的线索。

一个思想实验可以检验这个悲观的结论。还记得派克和桑夏格林报告的关于社会隔离的人为结果吗？看似受访者自认为可以与之讨论严肃问题的人数量大幅下降的现象，不是因为国家持续存在的社会隔离进程，而是因为一些访谈员少问了问题，并阻止受访者报告更多可以与之交谈的人——因为每个新增名字都要求访谈员再进行一次相同的子问卷调查。但现在综合社会调查的管理人员知道了这一人为结果，他们会如何改变对访谈员的指示呢？他们会以一种雇工非常可能（当然，我们无法确定）觉察到的方式监控这个特定问题的结果吗？这会导致访谈员比以往更努力地询问更多名字（从而以另一种方式干扰了可比性）吗？

坎贝尔定律（第 5 章曾介绍）明确提出，用任何测量事物的方法来分配奖惩都将不可避免地损坏该测量方法，使你无法再将其用于这个目的。这些人的行为被当作问卷项目的指标，他们会意识到指标正被用于评判他们，而这会改变他们的行为——尽管不一定朝着想要的方向——以使指标显示出对他们最有利的内容。

而在设计较为松散的实地研究中，如果研究人员发现他们一直在一个错误的前提下工作，他们反而会很高兴。因为这意味着他们学到了一些新的、有用的事情。至少，他们可以向未来的受访者询问这件事（在此之前他们根本没有意识到它的存在），还可以探索它在其他环境中的运作情况和影响。

实地研究人员几乎同时参与研究的每个阶段：搜集数据，解释数据，制定新的研究策略，搜集新的数据。他们在生产数据的过程中扮演着更重要的角色，所以有更多理由想"把事情做好"。事实上，大多数实地研究人员经常报告发现了可以探究的新事物，了解旧事物的新方法，以及测量和统计他们感兴趣的事物的新方法。从某种意义上说，他们以必须将新信息纳入自身思维的频率来衡量自己的进步。因此，这里有一则众所周知的民间建议：当你暂时没有任何要了解的新东西时，你的研究就完成了。

请回忆一下前面的内容，实地研究中的首席研究员通常会完成大部分或全部的数据搜集工作，因此他们可以决定诸如什么时候开始探索新事物，什么时候不再了解新事物之类的事情。他们不一定每次都对——事实上，从非常现实的意义上讲，总会有新事物可以了解——但是组织权力的分配方式使得搜集数据的人更有可能对这些意外发现保持警觉，并为加以利用而做好准备。

实地研究中的数字数据：一些例子

最后一点，要想令人信服，还需要具体、详细的例子来提供实质内容。这里有一个要点，也是我想强调的另一点：实地研究绝不是反定量的，它经常使用大量的数字，尽管它不是目前主导大规模研究的少数标准形式。使用和显示数字的方式不止一种［如果社会学家研究约翰·杜奇（Tukey，1979）关于这方面的建议，他们会学到很多有用的东西］。除了"社会"变量和关于各种态度的标准列表，还有更多的事情需要搜集数字。

正如让·佩内夫所说，很多人都会在工作之前、期间和之后反复地、系统地使用数字。尤其是在工作期间，就像他在几项关于紧急医疗技术人员和其他医务人员的研究中观察到的那样。谈到正在学着开展田野调查的研究生时，他提供了这样的建议：

与进行参与式观察的学生相比，进行非参与式观察的学生不太可能意识到定量测量的必要性并将其纳入报告。这就是为什么我对他们说："如果你没有计算，你就等于没在工作！"事实上，日常工作生活的一个重要方面就是计算。在工厂工作就是不断思考："我得制造多少个零件，我得执行多少次操作，我有多少时间来完成这些事情？"办公室工作包括分类、归档、计数、盘点等事项。在医院病房中，测量和计算无处不在：有多少张可用床位？要等多久才能拍X光？拍X光需要多长时间？我们要治疗多少名患者？完成工作还需要几个小时？时间是一种困扰，我们想知道有多少时间已经流逝，做一个决定应该花多长时间（以及，当然，我们还有多久可以回家）。矛盾的是，研究人员并没有利用这种对时间的持续计量（操作、事件、检查和日程的时间选择）；而对工人来说，这似乎是他们谈论的主要话题。

田野中的社会学家是一名外部观察者，不受正在进行的行动的直接影响，因而不会像参与式观察者那样体验到时间的紧迫。强调测量时间的作用及其与工作的深度关联，也就是要认识到各种形式的计算都是日常生活的重要组成部分。计算一个人的时间（即一个人的花费）就是做计划，进行粗略的估算以便组织和评估发展情况。非参与式观察者就像一个消磨闲暇时间的人，他有时间可以浪费，不需要如此小心翼翼地控制自己的时间使用。当然，每个人的计算程度不尽相同，有些人对时间价值的计算不那么精确。涉及计数的活动并不会让人们编制统计数据：一定时期内的总数和增长情况，以及均值或比率；尽管没有什么能阻止任何人对自己的时间管理产生好奇心——我有多少可用时间？我在各种活动中花了多少时间（从最容易算的开始）？对事件和时间的连续记录将社会学家与普通工人区别开来，后者一旦下班就急于忘掉他在工厂或办公室的一天。另一方面，计算均值和为自身活动及其结果制作资产负债表，会让任何想了解自身长期资源使用情况和支出结果的工人或雇主感兴趣。基于观察的社会学报告中包含大量测量和计算的例子。（Peneff，1995，122；由我翻译为英文）

一个例子：非工业工作中的种族分工（休斯在坎顿维尔）

埃弗雷特·休斯（1943）对加拿大一个法裔聚居的小城镇的研究聚焦于那里近期开设的两个纺织厂以及随之而来的人口快速增长，因为原本居住在周边乡村、以务农为生的人现在来到纺织厂工作［他这本书最初叫作《让·巴蒂斯特进城》（*Jean Baptiste Comes to Town*）］。休斯对工厂劳动力记录的分析表明了被他称为工厂"种族分工"的现象。这毫不奇怪，管理层都是受教育程度较高的英国种族群体成员，其中许多人来自大不列颠，而工厂中的工人都有明显的魁北克法文姓氏。

不过，休斯也想知道劳动力市场其他组成部分的种族分工情况，关于这方面还没有已经搜集好的可用数据来源。所以，他和海伦·麦吉尔·休斯（Helen McGill Hughes，休斯的妻子，也是一位社会学家）做了首席研究员会做的事，他们发明了一种创建统计数据的方法：记录下哪些非工厂工作是由英国人做的，哪些是由法国人做的。以下是他们做的事情："这些'拥有和经营非工业企业及服务企业者的种族'表格基于挨家挨户询问搜集而来的资料。我们走遍了城镇和边远地区的街道小巷的每一个角落，格外注意每栋建筑或每个地段所提供的商业和服务。只要有一点点理由认为某项商业或服务不是由法国人提供的，我们就进行调查。"（1943，69）他们将招牌上使用的语言视为种族的证据，使用某种语言表明经营者期望他们的顾客来自某个种族群体。大部分招牌采用单语，事实上大部分是法语，尽管也有少数地方同时招揽两个种族群体的顾客。休斯夫妇利用他们从挨家挨户的调查中获得的数据来计算由木头、砖块或其他材料建造的房屋的数量。这值得让我们学习的是，如果没有人搜集过你需要的数字，你可以自己去搜集。这样的工作不会有损首席研究员的尊严。

个人统计：唐纳德·罗伊关于生产限制的统计

我们已经知道与彼得·莫斯科斯合作的警察如何计算出他们要实施的逮捕数量，然后采取行动以得到那个数字。唐纳德·罗伊对一个机械车间生产活动的研究描述了关于这种自制数据的更复杂的运用，而且说明了研究人员如何在开展研究的同时设计自己的研究，如何利用早期学到的东西创建系统的数据集——它可以支持关于有趣现象的复杂分析解释。

罗伊关于一个工业机械车间的工人生产限制的研究，建立在长期参与式观察和对仔细搜集且富有想象力的数据进行严格分析的巧妙结合之上。他找了这份工作（那是"二战"时期，他想找一份能让他延期入伍的工作），因为他需要工作并且具备必要的技能，但他很快意识到这也为他提供了一个理想的研究环境——毕竟他还有一篇论文要写。他开始仔细记录他所看到的一切，以及他参与的所有谈话和活动。他还详细记录了自己的生产活动，后来将其用作许多结论的数字证据。

他在一个机械车间（隶属于一家更大的工业综合体）工作，跟那里的其他工人一样，制造用来装配大型组件的各种小零件。车间工人会接到制造大量各种手工加工零件的任务，他们的工作日充满了无休止的、变化多端的此类任务组合。他们按件计酬——每生产一个零件就能赚几美分——所以原则上讲，他们越努力工作，赚的钱就越多，这些钱是他们努力和持续工作的动力。工时测定员设定了每个零件的工钱：他们测定经验丰富的机器操作员在监督下制造一个零件的用时，以此来确定它"应该花费"多长时间，然后计算出每个零件的价格，以便诱使工人在这个时间内生产它。如果一个工人制造零件的速度不够快，他还是可以拿到每小时 0.85 美元的基本工资（即"日薪"）；而如果他制造零件的速度很快，就能得到他应得的、超过日薪的工资。

罗伊很快了解到，他的同事们认为工时测定员为计件工作指定的价格很难反映出制造零件的实际难度；并且在工人们看来，这个价格往往不够高。因此，当工时测定员手里拿着秒表观察工人并设定价格时，工人们小心翼翼地使自己不要工作得"太快"。罗伊认为工人们的怀疑是正确的。为了弄清楚这些怀疑，他做了一些调查，其中既包括对可计数的项目进行计数，也包括观察大家的互动、与同事交谈等其他常规类型的实地调查。他差不多同时开展了这两种调查，这两种方法的发现可以相互补充。

罗伊对机械车间生产活动模式证据的系统研究，其创新性体现在"将自己作为研究对象"上。他认为自己和其他人一样面临相同的问题，并掌握大致相同的技能；因此，他的结果和他为此所做的努力与其他人所做的事情不会有太大差别。所以罗伊系统地记录了自己 10 个月的每日生产情况：每一种零件的制造数量，每完成一项工作的报酬，拿到每小时 0.85 美元的基本工资（"赶工"）和额外收入的频率，以及制造的零件数量少于标准但还是拿日薪的频率。他的实际产量——假如只按件计酬而没有得到最低的基本工资，以每小时多少美分来表示——在每小时 0.09 美元至 1.66 美元之间。一半时间他的产量低于标准，一半时间则超过了它。

在我的计件"收入"中，大约有一半落在每小时 85 美分的"日薪"和"赶工"点的一边，这表明 85 美分是一个大致的中间值。然而，这种分布并没有形成以 85 美分为众数点的钟形曲线。"赶工"和"非赶工"计件工作的时间形成了两个几乎独立的分布曲线，669.4 个"赶工"小时中有 74.1% 集中在 1.25~1.34 美元区间，而 681.5 个"非赶工"小时中有 43.2% 集中在 0.35~0.54 美元的两个相邻区间内。"赶工"时间的集中程度更加明显。因为 82.8% 落在三个 5 美分区间里（1.20~1.34 美元），64.1% 落在一个 5 美分区间里（1.25~1.29 美元）。（Roy，1952，428）

罗伊的数字分析结果，即他本人收入的双峰分布，给他提出了新的研究问题。他如何解释这个奇怪的分布曲线？他能否将自己的发现"推广"到其他工人身上？他没有切实可行的办法能系统地从车间其他工人那里获得类似的数据，尽管他听过并参与了有关这个主题的无休止的谈话，而且这些谈话清楚地表明他的结果没有任何异常。他无法用彼得·莫斯科斯观察同事的逮捕记录的方式观察工人的生产活动，但他确实记录了他的"工友"（在同一台机器上工作但班次不同）的收入，其分布情况与他自己的情况相似。这为他对自身工作活动结果的观察提供了现实的检验（我们应注意到，生产中使用的机器保持不变，以防有人怀疑机器本身可能是一个变量）。他还分别计算了两个时间段内自己的产量数据——他学习这份工作的最初几个月，以及他有了足够的技能从而可以跟同事一样高效工作的最后几个月——结果发现它们的分布基本相同。

罗伊搜集到的数字排除了关于这类工人行为的已有解释，即他们的行为是对不同计件工作难度的真实差异的简单反应，因为没有理由认为这些工作在难度上呈双峰分布。有其他因素可以解释这种分布的特殊性，实地调查证据表明，一种完全不同的解释变量导致了这种异常：工人们对从事的每一项计件工作的相关方面的共同定义。

罗伊通过观察工人们的所作所为和参与他们的闲谈了解到，工人们认为有些工作是"肉汁"，你可以轻松赚取每小时 1 美元的酬劳，还可以通过一些"额外的努力和聪明才智"挣到每小时 1.25 美元；而另外一些工作则是"臭鼬"，就算你再努力工作，生产的零件也不足以挣到每小时 0.95 美元，比日薪多不了多少。

罗伊将其收入双峰分布中的第一个高峰解释为"配额限制"的工作行为模式的结果。"工时高度集中于 1.25~1.34 美元的水平之间，并且没有溢出到下一个区间，这使得'配额限制'看起来像是对'肉汁'工作的一种劳动限制，以防超过设定的最高限额。"（1952，429）被指派为罗伊进行一些初步培训的高级机器操作员在一次谈话中解释了设定最高限额的理由，罗伊记录了这次谈话：

> "每小时 1.25 美元是我们能挣到的最多的钱，即使我们能挣得更多！而大多数时候我们甚至都挣不到每小时 1.25 美元！你以前做过计件工作吗？"
>
> "没有。"
>
> "我看得出来！好吧，如果我在这些泵体上工作并上交每小时 1.25 美元的零件，你认为会发生什么？"
>
> "上交？你的意思是说如果你真的做了这项工作？"

"我的意思是，如果我确实做了这项工作并上交了零件！"

"他们必须付钱给你，不是吗？不是有协议吗？"

"是的！他们会付钱给我——但只有一次！难道你不知道，如果我今晚在这些泵体上工作并上交了每小时 1.5 美元的零件，整个该死的制程处明天就会来这里吗？他们会迅速重新设定这项工作所需的时间，好让你晕头转向！而如果他们重新设定了时间，就会砍掉一半价格！我的工作将变成每小时 85 美分，而不是 1.25 美元！"（1952，430）

在接下来的几周里，其他工人经常重复这个警告。罗伊有确凿的证据表明他的同事们竭尽所能地执行这一"规则"。这条规则的存在解释了他的收入双峰分布的第一个高峰：关于超过标准水平将会发生什么，他在效仿同事们的例子和论断。

第二个高峰源自不同的认识和行为模式：偷懒。正如罗伊解释的那样："对于'臭鼬'，工人们只付出最小的努力；他们要么没有努力达到相当于基本工资的上交额，要么故意放慢速度。工作被定义为'好的'和'坏的'工作，不是根据满足基本工资所需的努力或技能，而是根据感觉可达到的溢价水平，即每小时 15 美分或更多。相对于每小时 1.25 美元的配额和每小时 0.85 美元的基本工资，工人们认为每小时 1 美元的收入值得付出努力，而每小时 0.95 美元的收入则不值得为之努力。"罗伊对作为证据的谈话、劝告和对工友行为的观察进行了总结："关于偷懒型限制

的基本态度可以简洁地表达为——就凭这点工资，别指望我干太多活儿！"（1952，436）

他以一场持续九个月的斗争来支持这个结论。斗争一方是工时测定员和工头，另一方是使用同一台机器制造同样的"臭鼬"的四名工人。工人们反复拆卸机器，几乎什么都不生产，并以各种可以想象的方式消磨时间，即使工头密切地注视着他们。

罗伊精心搜集的关于生产模式的定量数据表明，工人们实际上牺牲了大量的潜在收入，因为他们将产量控制在最低水平，以迫使工程师提高他们认为时间安排不合理的零件价格。罗伊的同事们通常不会进行这种计算，但他决定这样做。他在一个"臭鼬"上竭尽全力地工作了一个小时，并记录下他在这一个小时内赚的钱数。然后他回到工作小组商定好的"配额"上，并确认了这个收入数字。通过比较这两个数字，他可以计算出——就经常被分配给他的几种零件而言——如果他在全部时间内都以最快的速度工作可以赚多少钱，以及他为了遵守小组规则而放弃了多少额外收入。他对"肉汁"工作也做了同样的计算，发现他和其他工人经常放弃可观的收入，以保持他们在坚持商定的配额方面的好处。

罗伊对自己和工友的各种工作收入所做的数字分析，让他获得了一套系统搜集的数字数据，这些数据显示了他后来想解释的收入双峰分布。他的观察资料告诉他（和我们）这种模式如何产生于工人们的怀疑：他们怀疑管理层使用计件工资制度将工人的工资控制在管理人员认为"正常"和"合理"的范围内（即工人应该赚取的收入范围）。这个证据是有说服力的：推理中的每一步都基于对相关数据的仔细观察和记录。

显然，如果没有对正在研究的行为和事件的现场观察，罗伊不可能搜集到这么有说服力的证据。我们无法想象一名来自外部研究机构的访谈员会询问这些事项，并期望得到真实、详细的答案。

传染病管理中的仪式和魔法

当朱利叶斯·罗斯还是一名社会学研究生的时候，他因为感染了肺结核而在一所肺结核病疗养院接受治疗。他充分利用了这次经历，将其转化为一个严肃的研究项目并最终出版为《时间表》（*Timetables*，1963）一书。这本书描述了患者和医生之间的争吵，关于如何界定患者必须在医院待多久才被认为足以"安全"地回归普通人群。部分研究是他在病床上进行的，主要记录他在这个有利位置的所见所闻。他的论文《传染病控制中的仪式和魔法》（1957）使用了其中一些数据来研究相关问题：

> 肺结核是一种传染性疾病。但是它的传染性如何？它以什么方式、在什么情况下从一个人传播到另一个人？阻止其传播的最有效方法是什么？这些问题的答案尚不确定，肺结核病专家在处理这些问题的方式细节上也表现出相当大的分歧。这些不确定性为仪式化的程序开辟了道路——它们往往更多取决于实施管理的便利程度，而非合理推断的可能性。它们也为非

理性的做法敞开了大门，这些做法可以被恰当地称作"魔法"。
（310）

　　他将在病床上观察到的现象作为这些结论的证据。其中一组观察结果显示，医院的规定未能识别可能的（甚至非常有可能的）传染源。例如，医院工作人员和探望者会与患者交换纸币，而患者拿过的纸币可能沾有细菌——但医院没有规定禁止这样做。

　　但他最重要的观察证据，来自只有完全负责问题设计和数据搜集的人才能以这种形式获得的经验。作为一名患者，在医院待了一段时间后，他学会了用社会学的方式思考和观察；在被各种他认为不合逻辑的规定和流程惹恼了之后，他有了一个想法：很多（也许是所有，谁知道呢？）规定和流程并没有合理的依据，而只是不切实际的魔幻举动，旨在处理可能感染的想法而非事实。

　　有了这样一个可研究的想法，首席研究员就可以制定一个检验它的计划。怎么做呢？罗斯从已经注意到的一些事情——医院里不同级别的人对于避免感染的规定的反应差异——出发，开发了一个可用于检验想法的简单程序，该程序产生的数据作为证据的相关性是毋庸置疑的。连续几天，他手边都放着一个笔记本，每当有医护人员进入他的房间，他就会记下他们是否穿着任何旨在保护自身免受感染的衣物，比如帽子、罩衣和口罩。医院规定所有医护人员在进入患者房间时必须穿戴这些衣物。表1记录了罗斯的发现。

表 1 州立医院医护人员穿戴防护衣物情况

	进入房间次数	穿戴比例（%）		
		帽子	罩衣	口罩
医生	47	3	0	5
职业护士	100	24	18	14
实习护士	121	86	45	46
助手	142	94	80	72
学生	97	100	100	100

来源：Roth，1957，312

这些数字是其研究数据的重要组成部分，并且为他的理论提供了确凿的证据，他以此解释医护人员对这些规定的不同反应。那些应该最了解情况的人认为穿戴防护衣物没有任何效果，因此他们认为遵守规定毫无价值；而且，作为医院的高层，他们没有受到训斥或惩罚的风险。

更详细的分析表明，当罗斯按特定任务——其中一些任务被认为更"危险"（可能导致感染）——分解数据时，该模式继续出现。不管是测体温，与患者谈话，还是分发信件——无论什么活动，职业护士穿戴的防护衣物通常比实习护士少，而实习护士穿戴的防护衣物通常比助手少，助手又通常比学生少，医生几乎不穿戴防护衣物。这个检验排除了因任务分配不同而导致该模式的可能性。总之，这是一个简明而有效的设计，令人信服地排除了可能的替代解释。

有人可能会批评罗斯选取的两个病房样本（一个在退伍军人医院，一个在州立医院）太小，但我认为大多数理性的观察者会认为这个要求太苛刻，并愿意（至少暂时）接受这个结论："在结核病医院内围绕传染病控制开展的实践，代表了一种让人类法则接近自然法则的努力；当自然法则未能被很好地理解时，人类法则可能或多或少是不合理的，人们对于遵守法则这件事就会感到摇摆不定或例行公事。"（Roth，1957，314）罗斯作为首席研究员的身份——也就是说，除了他的主要专业同行，他无须就观点和证据向任何人做出交代——不仅允许他，而且激励他为证明这些想法寻找最佳解决方案。他找到的解决方案规避了要求人们记住在各种场合做过什么事情的相关问题，尤其是当人们所做的事情违反了他们应该遵守的规则时。

"证明"学生文化的存在

布兰奇·吉尔和我在 20 世纪 50 年代中期开始研究医科学生［最终成果出版为《白衣男孩》（*Boys in White*；Becker et al.，1961）一书］，当时我们没有任何研究假设可供检验，只有一个简单的想法：学生们进入学院，度过四年时间，然后毕业——这期间肯定发生了什么。都发生了什么事？这项研究不同于《实习医生》（*The Student Physician*；Merton，Reader & Kendall，1957），后者经过精心设计，以便检验关于医学生社会化的性质和过程的具体观点。

我们没有初始假设，也没有打算对即将搜集的数据进行"测试"。埃弗雷特·休斯构思了这个项目，并将其推销给资金支持来源和医学院管理部门；他确实有一些模糊的想法，但我和他一起工作过，知道他会让我和吉尔（做田野调查的人）去弄清楚发生了什么，并提出一些观点来描述和解释我们看到的现象。

我们对田野调查任务进行了分工。在吉尔加入项目之前，我已经开始了研究。我花了一年时间追踪大三和大四的学生，当时他们在位于堪萨斯城的医院工作，距离一年级学生开始接受解剖学、病理学和其他实验室科学课程培训的实验室约 30 英里（约 48 千米）。

这一年，我跟随学生前往病房和门诊，看他们检查患者并努力回答教员向他们提出的问题。这让我对于我开始称之为"学生文化"的现象有了一些不太成熟的想法：它是学生们用来组织回应医学院创造的问题的共享认识和活动的集合。这反映了我在研究生院学到的对文化的一种经典理解，即威廉·格雷厄姆·萨姆纳（William Graham Sumner，1906）将社会习俗描述为对一个群体所面临的持续问题集体达成的解决方案。

简而言之，我认为学生关于自身处境和如何应对这一处境的共享认识围绕两个主要概念（和与之相关的策略）展开：**医疗责任**，即医生对患者的健康的责任；**临床经验**，即你从经验中获得的用以履行医疗责任的知识，这是你在直接面向患者的工作中学到的东西，是胜过书本或期刊论文的实用知识。我认为将此称为共享认识文化是合理的，因为我看到学生们在最真实的意义上共享了认识。在几个月的时间里，他们在医院的共同日常活动中讨论这些想法和与之相关的行为。我看到他们从指导工作的医生、住院医师和实习医生的日常活动和言论中获得了这些想法，但我并不清楚他们如何按照这些想法的思路发展出共同行动的能力。

吉尔在第二年加入了这个研究项目，她一直待在距离医院不到一小时车程的劳伦斯，因为一年级学生在那里上实验课。在第一年的田野调查结束时，吉尔发现了合作模式的起源，这为我在实践中观察到的文化奠定了基础。事情是这样的。

大一学生学习刻苦。在解剖学实验室，他们四人一组合作解剖分配给他们的尸体，寻找并学会辨别器官、肌肉、组织、神经等。这并不容易做到，而且你很可能会无意中切断什么，从而使它们更加难以辨别；因为辨别这些结构的方法之一就是观察它们起始和结束的位置，而如果你切断了它们，你就失去了这些关键的标记。

几周之后，教员宣布要举行一场考试。他们在学生解剖的尸体的各种结构（神经、肌肉、肌腱等）上做了标记。考试内容是让学生说出被标记的结构名称。

吉尔在教员授课期间（包括生理学、药理学等其他课程）一直忙于学习，以便一眼就能认出学生，记住他们的名字并大体上了解他们。到关键的第一次考试时，她还了解到全体学生（100多名学生）由几个亚群体组成，而这些亚群体在一定程度上反映了社会阶级和稍前在堪萨斯大学兄弟会建立的联系，以及城乡分割（一方是来自堪萨斯城和威奇托的学生，另一方是来自该州更小或更偏远乡村地区的学生）。这些亚群体之间没有任何联系，他们出了实验室和教室后没有多少互动，吉尔也没有观察到太多群体间的交谈。这些亚群体包括三个医学院的兄弟会、独立派和少数女学生。

因为第一次考试比学生们想象中更难，所以大家都考得不好，学生们的普遍失败引发了一场严重的士气危机。于是在这一年里，他们开始运用能动用的所有技巧来通过本科课程，每个亚群体都在讨论和决定如何应对学习问题；但这些技巧并没有奏效。他们所有人，所有的亚群体都做错了，而且没人知道错在哪。

吉尔解释道，在这场危机中，各群体之间的障碍被完全打破了，学生们跨越将他们分隔的界限开始合作，努力寻找一种所有人都可以使用的方法。学生们认为，这至少会给他们一个统一的策略，如果所有人都没有通过下一次考试，那么教师将不得不为考试失败承担一些责任。这项一致意见跨越了之前的界限，为学生们顺利度过第一年的剩余时间，也为他们在培训后期做好涉及医患关系的更全面的规划奠定了基础。

两个表格（Becker et al.，1961；table18，p.149 & table 20，p.153）记录显示，在关键的考试之后，三个兄弟会、独立派和六名女生之间（而非内部）的互动增加。在吉尔能一眼认出学生后，她开始记录谁和谁在互动（上课时坐在一起，休息时互相交谈，上下课一起走，一起吃饭），并把她的观察结果分为考试前和考试后的。再将学生的互动分为群体间的和群体内的，她就可以证明群体间的联系在关键的考试之后有了明显增加。关于这些变化的数字提供了令人信服的证据，表明为了与教员打交道，几个独立的群体在考试后成了一个不可分割的集体。

这就是这项证据与我们更大的主题——学生文化——的相关性。在深入研究并发展了这些想法之后，我们开始在研究大学和职业学院学生行为的研究人员会议上提出初步的想法。当时很多人都在做这种研究，他们大多数是心理学家，致力于形式更加系统化的定量研究。他们饶有兴趣地听我们讲解，因为他们也一直关注着我们关注的这些事情，知道我们所做的事情是"重要的"，也非常确定我们的描述是正确的。但是，正如一位资深研究人员告诉我们的那样，我们没有提供他们期望看到的作为证据的数字数据。难道我们不能帮助他们解决这个问题吗？

在书中，我们通过以下方式回答了心理学家同行提出的问题。我们创建了一种语言和行为的词典，我们认为该词典代表了我们称之为"责任"和"经验"的两种观点。然后我们对搜集来的几千页田野笔记进行了汇总，并给其中的每个事件分了类，首先是它们作为证据与这两种观点的相关性，即支持或反对该观点的存在。对于可以合理地将多少言论或行为作为该观点存在的证据，我们没有标准原则，但我们确定了一个相对较大的数字。当关于该观点的特定指标的实例数量表明"肯定的"项目占优势时，我们就接受这个指标作为观点存在的证据。

我们走得更远。为了证明把我们听到和看到的事情描述为同事们寻求的"文化"的证据是合理的,我们认为还有两个证据可以向潜在的批评者证明我们观点的有效性:(a)所涉事项不仅发生在调查员在场的情况下,也发生在其他学生在场的情况下,而这些学生(如果他们不同意或认为这很愚蠢)可能会争论它、反驳它,或者表现得好像这是对正被讨论的事项的合理解释,又或者在这种情况下可以接受的事情;(b)在没有我们的指导或建议的情况下,所涉事项已经发生或已经被说起。这些要求确定了一些要素,它们可以用来合理地"证明",包含这些要素的表格确实代表了我们所提出观点的共享本质。我们对田野笔记中的项目——我们认为与正在调查的观点相关的每一个项目,即言语或行动中的每一种态度表达——进行了编码,以使其证据价值明确且可计算。当我们没有向表达想法或措辞的学生提供建议时,我们将明确的口头陈述算作"自愿的";如果我们对学生表达观点的方式做出了建议,并询问他们是否同意,我们就将明确的口头陈述算作"被指导的"。由于181个项目中除了4个项目之外的所有项目都由"自愿的"陈述构成,我们计算了与这些观察数值相关的百分比,同时忽略了4个"被指导的"项目。大部分项目都支持我们的解释,并且其中很多项目发生在群体环境中,没有一个实地研究人员会对此感到惊讶。这就是为什么像我们这样的调查人员把它们作为"文化"的指标。表2是支持我们讨论这些观点的表格示例(Becker et al., 1961, 252)。

表 2 临床经验观点存在的证据

		自愿的	被指导的	合计
陈述	对观察者说	83（47%）	4	87
	日常谈话中对其他人说	52（29%）	－	52
行为	个人	13（7%）	－	13
	群体	29（16%）	－	29
合计		177（99%）	4	181

来源：Becker et al.，1961，252

更详细的表格显示，被我们用作证据的这些事件发生在医院培训项目的每个科室（如儿科、外科等）和学生经历的每个领域（如讲座、参与诊断或治疗流程等）。这些数据排除了一些可能的反对意见，即认为我们的发现是学生经历中某些方面特有的，而非存在于所有方面。当我们在第二次关于高等教育学生的会议上展示我们的表格时，我们的同事说："好了，现在他们可以看到我们的证据了，他们满意了。"研究人员感到满意，还可能是因为这些表格中的项目并不取决于任何人对某人所做事情的回忆，而仅仅取决于吉尔对人们的观察和记录的准确性。

不幸的是，我们关于文化数据的创新表格展示形式并没有给其他研究人员展示类似数据的方式带来任何改变。每个从事实地研究的人都会说类似"是的，没错，这就是我们所做的，也是为什么读者应该并且通常会接受我们的分析"这样的话。但是其他实地研究人员并没有像我们这样竭尽全力，也没有清点证据项目并以表格的形式呈现出来。很遗憾，我们的发明自然死亡了。我们在后来的一本书中使用了类似的方法（Becker，Geer & Hughes，1968），但没有其他人再这样做过。让－米歇尔·沙普利（Jean-Michel Chapoulie）曾经对我说，无论如何，他还是很高兴我们做到了，因为现在没有人需要再这样做了。恐怕他是对的。

为了使实地研究更加可信，我们制作了一个数字版本的证据。我们就一种集体行为形式——人们在共享认识的基础上共同行动——提出了一套具体的、原则上可检查的数据集。所有数据都以定量研究人员熟悉的表格和数字形式呈现，统计了大量观察到的行为而非事后问题的答案。每个读过此类报告的人都知道，数据（支持此类描述和更一般的结论的证据）也可以按照这种方式描述：如此总结的资料用作报告所提出观点的证据，用来解释被观察者在集体活动中发生了什么。

第 | 8 | 章

定性研究中的错误

一种布丰式方法

实地研究人员（请记住，这是一个笼统的术语，涵盖了从长时间的非结构化访谈到深入观察"现实生活"状况等各种技术）以不同于典型定量研究人员的方式开展研究。他们几乎总是运用德斯罗西耶斯描述的布丰主义逻辑（第 1 章讨论过），这种逻辑让他们能够利用研究中发现的各种意外现象。实地研究人员不是事先仔细计划好数据搜集技术并严格遵循它们，而是利用在研究过程中从所研究的活动和对象那里了解到的东西来发展想法、理论、假设和猜测。最终，作为研究依据的概念框架似乎是研究的主要成果，而非研究的基础和初始点。这两种方法——定量与定性，田野调查与问卷调查——是长期困扰社会学研究的方法争论的核心。我将宽泛地使用"田野调查"这一通用术语来涵盖任何未经预先计划的方法，无论是参与式还是其他类型的观察，或是内容随着调查进行而发展的长期访谈，又或是对与调查相关的地点和文件的检查，或者所有这些。但我们绝不应该把访谈与"在现场"混为一谈，"在现场"是指亲眼看到发生了什么，并且在事后很快将其记录下来。而访谈是……好吧，是访谈，并且会受到很多更加结构化的、关于要求人们告诉你发生了什么的问题的影响。

这种研究通常从模糊的计划和目标开始。第 7 章包含一个关于如何完成此类研究的典型故事，也就是催生我们关于医学生文化的那本书，《白衣男孩》（Becker et al., 1961）的研究故事。

在开始研究时，我们并没有将学生文化的概念作为工作指导；相反，我们逐渐学着将它视为思考的核心。我们没有把学生文化作为解释医学院所发生事情的主要变量的假设作为研究起点，而是把这个观点作为工作的最终成果：不是我们的研究已经证实的一个假设，而是最终使我们观察到的现象有意义的观点，并且它可能有助于研究者理解其他地方的类似情况。数年的田野调查和写作贯穿了整个研究，我们经常返回田野——和学生们在一起——尝试向他们提出新问题，并在周围发生的事件中寻找新事物。可以说，我们从来没有以相同的方式开展过两次数据搜集工作。

你会从这种工作方式中学到很多。我们有意采取的宽松方法让我们能够通过思考早期结果，并利用已观察到的、以前不了解的事物来发展想法。这种灵活的方法鼓励我们发现自身尚不了解的事物。

你也会因这种工作方式而损失很多。你无法轻易对比各群体，虽然你也能做到（稍后我将谈到我们为使这些比较成为可能而做的各种事情）。但是你不能进行那样的比较，即在不同地方对不同的人进行同样的问卷调查从而做出比较。

你不能轻易地将你的发现导出到新环境中，部分原因是你非常确定那些新地方不会有完全相同的事物用以观察和解释，部分原因是你无法控制存在于"现实世界"不同环境之间的所有情况的差异。在我们的研究中，我们发现的学生文化源于多种事物的结合，而这些事物在其他环境中可能具有不同的形式和价值。学生面临的压力可能会有所不同，但我们相当确定（也不完全确定），在其他地方也会有足够的困难促使学生们以一种有凝聚力、有组织的方式行事。

定性研究人员很容易犯另一种错误，并且其他方法的实践者同样容易犯这种错误：对根本没有研究过的问题下结论，无论它是定性还是定量的，这既不在初始设计中，也不是田野工作中发现的结果。

定性研究中的错误

典型的定性错误是由于将一个或多个想法（无论它们是什么）视为理所当然，把它们当作显而易见的，而没有质疑它们；一个更具怀疑性的审视就会表明它是错误的。最突出的是，实地研究人员经常忽视他们所关注的社区、组织和群体中的持续变化。

当意外事件和观察结果与他们自认为已经学到、已经"知道"的事物相冲突时，当他们一直确信准确的描述突然不再准确时，他们就会思考这些问题。当研究人员的观察结果与他们认为"应该"发生的事情相冲突时，当他们看到和听到的事情与他们认为自己了解的事情矛盾时，他们可以（在他们的研究框架内）花时间去探索这种"反面案例"［杰出的调查研究员保罗·拉扎斯菲尔德建议每一类研究都采取这种操作（请见 Kendall & Wolf，1949）］。如果你抓住了这个机会，它对于调查研究或不太灵活的实地研究来说可能是一件尴尬的事，但它也成了根据新获得的数据来修正长期存在的观点的机会。事实上，一些实地研究人员已经以这种方式报告了他们的工作，因为在实地研究中出现的意外数据迫使他们对自己的想法进行了一系列修正（Lindesmith，1947）。

如果你没有利用这些可能性，如果在你的研究过程中没有出现这些可能性，或者它们发生了但你没有意识到其重要性，那么你可能就犯了一个或多个典型的实地研究错误。以下是其中的一些可能性。

一个基本错误发生在研究人员认为历史不重要的时候。他们在关于当下的永恒民族志中书写一切，我们现在所"知道"的是对正在研究的事物的准确描述，这不仅因为它目前存在，而且因为它一直都是对过往知识的一种改进。由于它不太可能需要进一步修改，也就准确地描述了同样的人和活动在未来会是什么样及如何行事。犯这种错误的实地研究人员认为，在"事情过去怎样，现在仍然怎样"这个模式中出现的任何变化，都是对事情过去和现在的一般状况的微不足道且偶然的偏离，因此并不重要（这是"随机误差相互抵消"的定性类比）。在这种模式中，定性科学如同其他类型的科学一样是一面科学之墙，每位科学家都在为之贡献自己的新知识小砖块。

还有一个相关的基本错误与定量研究人员会犯的错误类似：忽略那些影响你感兴趣事物的变量和条件，并且不展示它们的痕迹，除非你有比时间相对较短（通常最多两三年）的严肃实地研究更长的时间视角。田野中有很多重要的发现都发生在这些情况下：研究人员看到一些出乎意料的事物，在试图找出"那"是如何发生的时候，注意到他们在以往工作中从未注意到的事物，并看到他们认为社会格局中不变的部分（因此没有必要考虑）正以一种会影响研究重点的方式不时发生变化。由于社会生活一直在变化，这会带来很多麻烦。

研究人员或多或少会意外发现这种迄今为止未曾预料的情况，当他们对于其他不同的事物产生兴趣时，可能会偶然发现与他们一直关注的研究问题相关的信息。发现此类被忽视的情况，然后引发一些其他领域的调查，研究人员就能够明白这些新发现在其中发挥的重要作用。

这是我做过的研究类型，所以我可以举几个我个人参与的案例，从而更详细地说明研究人员如何犯下这种错误，以及如何从错误中恢复过来。首先，在这个例子中，我犯了刚刚所说的错误，并因此提出了一个很多人认为有用的概念。即使引发我提出新概念的这个"事实"后来被证明完全错误，这个概念仍然保持着效用。这个概念可能仍旧有用，但正如我多年后发现的那样，引发它的经验"发现"却并非如此（在此后许多应用了它的案例中可能也并非如此）。

道德企业家

当我在《局外人》（*Outsiders*）里写到有关大麻使用的内容时（1963，142—144，147—163），我认为这是显而易见的（就像对这个话题感兴趣的大多数人的态度一样）：哈里·安斯林格（Harry Anslinge），作为美国联邦缉毒局的长期负责人和20世纪30年代毒品战争的明显煽动者，也是清教徒的狂热分子；他强烈反对任何人享受他个人不赞同的乐趣，因而把他的个人偏见变成国家政策的一项基本原则，反对出于享乐或其他任何目的而使用大麻。因此，对我而言，他的执法活动没有"理性"基础，我从未想过或试图寻找他在麻醉品政策立场方面的其他原因（这些原因可能已经在他的传记、职业关系或我不知道的活动中有所透露）。这足以让我相信，我对其动机的解释大体上是准确的。

我不是唯一持有这种观点的人。大多数关注麻醉药品使用的研究人员都同意这个观点。例如，他们将恐怖电影《大麻烟疯潮》（*Reefer Madness*）用作证据。这是一部精彩的时代电影，大学生们吸食大麻，然后放纵地跳舞，做出怪异的表情，看上去像疯了一样。"每个人"，至少是我认识或读到的每个人，都认为安斯林格应该为这部电影以及 20 世纪 30 年代出现的大量谴责大麻的杂志和报纸文章负责。我将所有这些引用为证据，以证明有个人激发了这所有文章的灵感（还能是谁呢？）；事实上，安斯林格可能就是那个人。至少，没有人对我将安斯林格解释为"道德企业家"提出质疑。另一方面，我们这些相信这个主张的人又没有任何证据表明自己正确解释了运动的起源。这只是……太显而易见了。

但是我错了，那些相信我的话的人也错了。哈里·安斯林格绝不是一个任意妄为的疯狂清教徒，他似乎一直是一位完全理性的行动者，是国际和政府间组织的重要参与者。这些组织主要通过建立一个只有本国可以进入的受控市场——一个独立企业家（其活动可能会导致麻醉品价格下降）必须被排除在外的市场——将合法麻醉品的价格维持在较高水平上。

许多年后，直到 F. X. 杜杜埃特（Dudouet，2003，2009）巨细无遗地研究了起草控制全球毒品交易协议的组织的构成和运作情况，我才了解所有这一切。这些委员会在国际联盟和后来的联合国领导下制定了法律，然后由国家立法机构正式批准并颁布为国家法律和国际协议（因为签署的相关条约要求他们这样做）。杜杜埃特对组织档案的深入探索表明，这些人和组织对"控制"非法毒品市场或干涉他人追求享乐没有任何兴趣。对他们来说，这些最多只是一个小问题，他们的兴趣在于控制这些毒品的合法市场。为什么？因为钱在那里。

麻醉药品的收入一直来自出售给医院、医生、牙医和药房的大量、无休止且总是有利可图的合法药物：用于控制疼痛的可待因，用于控制更强烈疼痛的吗啡，医疗和牙科专业人员用作麻醉剂的可卡因，以及在日常医疗实践中经常使用的基本药物的各种衍生物。制药业的总部一直位于西方国家的工业化金融中心，它们主导着原材料（罂粟和古柯叶）贸易，以及成品药生产设备的制造和销售。美国、英国和法国（有时是德国和其他一些国家）从这些行业及其对麻醉品业务的准垄断中获利颇丰，它们在国际机构中的代表的首要任务是保证其垄断地位和源源不断的巨额利润。

社会学家们（我也是其中的突出代表）不了解这些组织和它们的活动，甚至不知道它们的存在。我们错误地把政府的禁酒行动归因于，正如我所说的，阻止他人享乐的清教徒式愿望。对美国人来说这种观点似乎是合理的，也很容易让人相信，因为美国人的法律历史充满了类似的尝试。20 世纪 20 年代的"伟大实验"禁酒令是清教徒活动的高潮，但不是此类努力的终点。

曾经有一些理由认为，至少美国在管制麻醉药品生产的国际机构中的代表持有这种观点；但杜杜埃特现在向我们表明，当安斯林格与麻醉药品控制领域其他国家的同事会面时，他的观点并非如此。相反，他们有共同的目标——保障本国制药企业的利润。

这相应地要求我重新思考我在《局外人》中使用的"道德企业家"概念。在这本书中，我含蓄地（不能说明确地）将反对吸毒运动以及由此引发的法律和（国内和国际的）警察活动的原因

解释为基于托马斯·德昆西（Thomas DeQuincey）、菲茨休·勒德
洛（Fitzhugh Ludlow）和其他 19 世纪作家宣扬的东方主义幻想，
反对"非法享乐"行为的宗教和其他类型的偏见。我想我一直都
知道可能还有其他更实际的原因（比如利润丰厚的垄断行为的长
期存在），但由于我的偏见，我没有考察那些路线，在这个领域
工作的其他人也没有那样做。

如果我研究了安斯林格的其他活动，并了解到（正如杜杜埃
特所了解的那样）他是这些国际组织的积极参与者，他协调各国
的禁毒政策，以使我们现在称之为大型制药（Big Pharma）的公司
利润最大化（如今它们和当时一样渴求利润），那么我就可以知
道这一切，并避免误判反毒力量的动机；但我没有那样做。我不
得不等待许多年，直到一位政治科学家在其博士论文中纠正了我
这个严重的误导性错误。

对音乐行业的误解

罗伯特·福克纳和我曾写过，那些为派对、舞会、酒吧和餐
馆演奏的音乐家们如何设法合奏，尽管他们通常没有排练过（事
实上，他们可能从未见过面），并且他们面前也没有任何曲谱
（Faulkner & Becker，2009）。当时我们俩已是音乐行业的两位老前
辈了，罗布比我小 10 岁，他和我的经历有些不一样，但也不是很
不一样。我们有很多共同经历：与大型乐队合作，在酒吧、舞会
和派对里演奏。不过我很久以前就不再积极地参与演出了，所以

没能和他一起经历近期的冒险。我们理所当然地把 20 世纪 40 年代和 50 年代这个我们成长的时期，以及我们因此而熟悉的音乐世界当成制作流行音乐唯一适当的"正确方式"，其他任何方式都是这种模式的偏差。

尽管我们每个人都曾围绕音乐行业的各个方面写过很多分析性的文字，但我们仍然（从现在开始我只说自己，因为我不知道福克纳应该为接下来的多少内容承担责任）是我们成长时代的产物，特别是在音乐方面。我们在职业道路上发展成熟的时候，一些大牌乐队［贝西伯爵（Count Basie）、艾灵顿公爵（Duke Ellington）、伍迪·赫尔曼（Woody Herman）、班尼·古德曼（Benny Goodman），以及其他数百个你可以在深夜的地方电台听到他们现场演奏的乐队］还在全国巡回演出，如果你住在合适的地方（我们住的地方都很合适，罗布在洛杉矶，我在芝加哥），你也可以亲自观看他们的演出。爵士乐俱乐部为小型乐团提供了场地，这些乐团由像迪齐·吉莱斯皮（Dizzy Gillespie）、查理·帕克（Charlie Parker）等受人尊敬的演奏家领导。还有很多地方为本地乐团——罗布和我都参加的那种——提供了表演场所。

我们演奏我们那个时代的音乐，主要是 20 世纪 30 年代及以后的流行音乐，其中很多由克恩（Kern）、格什温（Gershwin）和波特（Porter）等流派巨擘创作。这些歌曲现在被尊称为"伟大的美国歌曲集"，精心收录于亚历克·怀尔德（Alec Wilder）的《美国流行歌曲：1900—1950》（1972）；这些歌曲也为吉莱斯皮和其他许多音乐家演奏的创新比博普音乐（bebop）提供了和声基础。临时拼凑的乐队因为共享了这一文化宝库，所以可以在未经事先排练或没有乐谱的情况下很好地合奏。某种程度上，过去围绕它组织起来的职业世界依然存在于现在很多地方。福克纳依然是这个世界的一员。

"我们的音乐"曾经主宰着流行音乐的世界。那是伴随人们跳舞、喝酒、狂欢的流行音乐。人们用这种音乐追求未来的家庭伴侣，并在婚礼上随之起舞。

从 20 世纪 60 年代开始，这种状况迅速变化，取而代之的是另外一种截然不同的流行音乐。在这种音乐中，每个乐队演奏自己的曲目，演唱自己创作的歌曲；而其他乐队不知道这些曲子，因而无法演奏。像福克纳和我这样的人根本不知道这种音乐，如果我们面前有这种音乐的曲谱，我们可以演奏它（虽然可能听起来不太"对劲"）。但是，通常没有任何乐谱可以参考，你只是知道它，而我们甚至不知道。H. 斯蒂斯·贝内特（H. Stith Bennet, 1980）从音乐方面对这一发展做出了早期的清晰描述，而本·西德兰（Ben Sidran, 2012）也对其发展为一种世界范围现象的原因提出了看法。罗布在某种程度上适应了这些变化，我却没有。我不得不承认，我肯定已经成了一个不了解也不想了解新音乐的无可争议的老顽固；罗布也有许多同样的感受。在做田野调查和写书的过程中，我们往来的电子邮件证明了我们对这种新音乐形式的厌恶，以及我们对制作这种音乐的人的能力的低评。在开展"共同思想"（Thinking Together）这个项目期间（Becker & Faulkner，2013），我们在公开出版的电子邮件往来记录中记下了我们的亲身体会。

你可以说我们有权发表自己的音乐观点；但作为社会学家，我们没有这个权利。我们谴责一些我们观察、合作或访谈过的年轻音乐家是"根本不懂曲子的小屁孩"，因为他们不能演奏我们认为"标准"的歌曲（合格的专业人士应该能在没有曲谱的情况下演奏它们）。我们还显示出其他基于年龄的偏见迹象，这可能是我们作为专业群体中的年长成员的权利，但对于我们努力成为的社会学家来说，这无疑是种错误。这反映了我们的抱怨：我们过去进行专业演奏的场所正在消失，现在是各种新兴流行音乐的地盘。

我们终于意识到了自己正在犯的错误。我们对这些变化的反应当然可以作为用于分析的数据，但它们不是可以用于研究任何流行音乐工作模式的"事实"。实际上，它们远非客观事实，引发我们不愉快反应的音乐家知识和合作方式的变化才是研究必须考虑的一些事实。我们将自己的偏见误认为一种社会学分析。因此，我们必须重新考虑自己的前提和描述，并在演奏者群体间共享的公认曲目中寻找这些变化的组织对应物，同时将"曲目"视为一种社会事实，其风格、内容以及在不同的有组织的音乐创作世界中的共享程度可能有所不同。从社会学的角度来看，这完全是一个更好的结果——尽管这是以我们的自尊心和敏感性为部分代价换来的。

这里还要提到另外一点。我的硕士论文关注的是我研究生时期的那些音乐家（包括我），我们的演奏场地，我们找工作的方式，以及我们和我们为之工作的人（俱乐部老板和我们服务的观众）的关系。当时，我认为所有配置——黑手党经营的俱乐部，提供和填补工作的非正式网络——都或多或少是永恒的。那时候，我从未想过这会发生任何改变。当然，它确实变了，而且在我发表基于这项研究工作的第一篇论文不久后就变了。电视越来越普及，酒吧老板渐渐发现一次性投资一台电视机才是经济上明智的做法，它可以被放置在酒吧后面的壁架上，而完全不需要任何音乐人现场出演。我视为永恒的人类学现状仅仅维持了很短的时间，还没等我出版论文就已经成为历史。

事实上，我应该早就知道这一切，因为几十年前我已经历过这种变化的另一面。当时我还在旧金山演出，是个自命不凡的年轻人，我根本不知道著名的老前辈认为我应该知道的东西。我在一封电子邮件中向福克纳描述了这段经历，当时我们正试图消化这种思维冲击：

> 当我还是个孩子的时候，迪克西兰（Dixieland）爵士乐依然很活跃，因而你必须知道其中的一些乐曲 [就像福克纳和我现在期望年轻演奏家知道《你是我的一切》（*All the things You Are*）一样]。所以我演奏了《麝鼠漫步》（*Muskrat Ramble*）、《贝森街蓝

调》(*Basin Street Blues*)、《虎啸》(*Tiger Rag*) 等乐曲。但我不了解那些更深奥的曲子，如《米伦堡欢乐》(*Milenburg Joys*)、《内河船摇曳舞》(*Riverboat Shuffle*)；不过，后来我了解到后者是与毕克斯·拜德贝克 (Bix Beiderbecke) 有关的一首很酷的曲子。在极少数情况下，当我遇到这样的人时，我会假装自己是个不懂任何乐曲的人。这种情况不常发生，但我不会忘记去旧金山唐人街美国退伍军人大会堂 (American Legion Hall) 参加演奏的那个晚上：乐队指挥是一个可怕的鼓手，因为只有担任指挥他才能得到这份工作。他让谁吹小号？只有马格西·斯巴涅尔 (Muggsy Spanier)，这是一位受人尊敬的迪克西兰演奏老前辈 (他那时病得很重，事实上，几周后就去世了)。嗯，所有迪克西兰曲目都由马格西演奏，尽管他当然也可以做其他事情。但是我就无法演奏他想演奏的很多曲子，就像现在的孩子不知道"伟大的美国歌曲集"一样。(Becker & Faulkner，2013，217)

在给福克纳讲了这个故事后，我继续讲其中的教训："所以要记住的主要事情是，相关曲目与演奏环境有关，无论是工作、会议还是其他什么。'必须为这个场合的观众演奏什么曲目'是一个重要的考虑因素。其他演奏者是谁，他们都知道些什么是另一回事。"(217)这是很难的一课，但我们攻克了它，并及时学会了运用它的方法，避免了一个严重的错误。我把它写在这里，希望帮助其他人避免这个特别的错误。

在你并未充分了解时预测未来:
父亲的职业(即使能被准确识别)能预测未来吗?

就像福克纳和我一样,定性研究人员经常忽视其研究的明显的时效性特征。我没预料到我弹奏钢琴的世界会发生这样的变化,甚至忽略了围绕我所描述的一切的变化迹象。

为了避免我在本书前面所描述的问卷调查研究中普遍存在的各种错误,安妮特·拉鲁(2003)对三个不同社会阶级背景下的儿童社会化的研究,依赖于一种罕见的认真、勤奋和值得称赞的投入。她没有要求人们估计自己花多少时间与孩子一起做这做那,她(或项目中的其他观察员)与父母和孩子共度了大量时间——每天连续数小时,持续数周。当拉鲁说中产阶级的儿童每时每刻都忙于预定的活动时,她或其他观察员每天都在他们所观察的家庭中记录这些时间。他们还与父母、孩子、孩子的兄弟姐妹,以及视线内的其他任何人交谈。"我在那里,我亲自记录他们做的事情。"没有比这更好的数字了。

因此,当拉鲁告诉我们,中上阶层家庭生活的特点是一种"协同培养"孩子的能力和潜力的模式,并且它不同于工人阶级和贫困家庭的"维持孩子的自然成长"模式,你会相信你读到的内容(Lareau,2003,5)。她有数字为证,并且你可以肯定这些数字和社会科学中的其他任何数字一样"好",一样准确。

例如,拉鲁展示了一张图表,该表涵盖了中产阶级 10 岁男孩加勒特·托林格 34 天的每日生活。他的父母都从事需要经常出差的高薪工作。图表显示，在这 34 天中，只有 5 天未列出加勒特参与的至少一项有组织的活动。图表一共列出了 45 项有组织的活动：棒球、篮球、足球和游泳练习，音乐课和表演，以及棒球队拍照、募捐会等相关活动。

但是……当然会有一个"但是"。事实上，有两个。一个明显的"但是"与样本规模有关。研究人员只掌握了 12 名孩子的这类信息。不过，拉鲁在书的开头做出了无保留的声明："中产阶级父母遵守当前职业标准，并致力于协同培养模式，有意尝试刺激孩子的发展，培养他们的认知和社交能力。"她说，工人阶级和贫困家庭觉得光是"提供安定、食物、住所和其他基本支持"就足以成为一种挑战了。对他们而言，"维持孩子的自然成长被视为一项成就"。接着她以同样概括性的方式说，这些模式会**将不同的优势传递给儿童**（2003，5）。这就更具猜测性了，因为什么是优势将由孩子们以后生活中的人类行为来定义（在不同时间和不同条件下），我们无法确切地知道在这些孩子成年后什么会对他们有利。史蒂夫·沃兹尼亚克（Steve Wozniak）和史蒂夫·乔布斯（Steve Jobs）的父母一定好奇这些小屁孩都在车库里摆弄些什么。（任何一位善于观察的社会学家肯定也会这样好奇。）

只有一种确定的方法可以找出最终会成为优势的东西：追踪儿童直至成年，看看会发生什么。事实上，一些纵向研究已经这样做了（例如 Furstenberg，2007）。但是，当然，拉鲁不能这样对待这些孩子，因为那个未来还没有到来。不过，拉鲁和她的同事可以记录儿童行为上的差异，例如不同阶级的孩子与成年人在相处方式上的显著差异：中产阶级儿童"学会了与成年人握手并正视他们的眼睛"，而在较贫困的家庭中，"家庭成员通常不会正视对方的眼睛"（Lareau，2003，5）。研究人员发现，这些差异甚至在学校较低年级里也有体现：中产阶级儿童经常不同意老师和其他成年人的观点，并坚持自己的立场，而工人阶级儿童则会"接受权威人士的行为"（6）。

这个"但是"（即只有 12 位孩子的行为给这些一般性陈述提供了经验基础）到底有多重要？这取决于你想如何使用这个结果。如果你要完成一份关于某个人口类别收入的人口普查报告，想以这个结果作为报告的基础，你可能不会、也不应该对这 12 个个案感到满意。但这不是拉鲁的目标，她做的不是人口普查，她想发现并描述关于儿童养育的阶级风格的机制。而且我个人认为，相比采用活动的自我报告（不太深入的研究可能会将其视为他们看到的模式以及计数单位的指标），采用她和同事观察到的数据让人感觉更加安全。请记住第 6 章引用的默克尔和奥克托布尔（2015）关于此类报告的模式化的不可靠性的发现，我担心与更多间接自我报告数据相伴而来的人为现象，但这是每项研究都必须做出的权衡取舍。拉鲁牺牲了广泛的覆盖范围，追求深入和准确的观察；现在其他研究人员可以牺牲深度而追求覆盖范围，并依靠拉鲁的结果为自己的项目提供支持和必要的解释性帮助。所以，样本量确实是一个问题，但对于这种深入而有启发性的研究来说并非关键因素。

　　我更重视第二个"但是"。拉鲁当然知道，她细致描述的每个社会阶级群体的儿童养育模式在不久前已经发生了根本性的变化。她观察到的工人阶级家庭的特点，不久前在中产阶级家庭中也很常见。她提到一项相关研究，她的团队采访了 88 个孩子的父母，这些出生于 20 世纪 50 年代和 60 年代的父母都像她这项深入研究中的工人阶级孩子一样长大。例如，他们都没有非常忙碌的有组织活动的日程表。我想跟进这条线索，以此表明之前发生的变化可能会再次变化，并且在维持阶级特权方面似乎卓有成效的模式——我完全同意她的结论——很可能不是那些特权得以维持的唯一方式，或可能不是下一代维持这些特权的模式。换句话说，即使父母以完全不同的方式养育孩子，这些基于阶级的特权模式也很可能会延续下去。

　　我的证据甚至比拉鲁的还少。这只是我对自己的成长环境，20 世纪 30 年代芝加哥一个白人中产阶级家庭的回忆（我出生于1928 年）。我写这个片段还有另外一个目的［它首次出现在让·佩内夫的《观察的能力》（ Le goût de l'observation ，2009 ）中，这是一本关于社会科学观察者如何学习并学会运用观察技巧的书］，佩内夫在书中特别讲述了小时候在法国西南部一个村庄学习观察的经历。他描述了自己和朋友们观察工匠在街上干活儿的情形，因为大多数作坊都不够大，无法容纳工匠们干所有活儿。所以，比如说，当铁匠给马钉马掌时，他就在街上做这件事，大家都可以看到他。佩内夫描述了工匠们让孩子们帮忙（"拿着这个，孩子！"）或差遣孩子（"拿这个工具给我"或"去小酒馆给我买瓶啤酒"）的方式。他讲述了孩子们如何观察农民买卖牛马时（诚实和不太诚实）的交易，以及看到一些农民把出售得来的钱放入钱包然后回家，而另一些农民则去酒馆喝酒把钱花光了。他还谈到孩子们是如何对镇里常见的通奸行为了如指掌（孩子们手里有情人为安排约会而相互传递的纸条）。佩内夫说，这样的经历让他和朋友们尝到了观察的甜头，并对这项技术有了一些真正的体验和技巧。他利用这些观察结果来支持他关于"人们如何学会观察技巧"的观点，它们和对特定阶级、地区儿童社会化的观察结果一样有用。

以下是我在芝加哥的成长经历，算是给佩内夫提供了学习观察的另一个版本（这次是在大城市）。不过，它也可以作为一名中产阶级儿童在那个时间、地点会经历什么的证据，并且可以为拉鲁的认识——社会阶级地位和文化远比人们认为的情形更多变——增加一些佐证。

高架铁路（The El）。大概 10 岁的时候，我和我的男生朋友们会利用芝加哥高架铁路系统（每个人都叫它 El）的网络结构，支付一次车费然后坐一整天。我们的妈妈会给我们打包一个三明治，然后我们步行几个街区到湖街站（Lake Street）。湖街高架铁路线从我们位于城市最西边的社区出发，到市中心的大环

（之所以这么称呼，是因为它被高架铁路线环绕；来自城市每个角落的高架铁路线在这个中心汇合，围绕它转一圈，然后回到它们出发的地方）。一旦坐上火车，你就可以找到线路交叉的地方（特别是在大环），然后换乘前往城市另一个地区的火车。六七条主线贯穿城市的三个主要部分，而芝加哥是一个非常大的城市，因此这些线路很长。

所以，比如说，我们可以乘坐湖街线从我们的社区（几乎在这条线路的终点）出发到市区，换乘前往城市南部的杰克逊公园线（Jackson Park line），搭乘六七英里（约9—11千米）到达那条线的终点站石岛大道站（Stony Island Avenue）；然后我们穿过站台，乘坐同一辆火车返回市中心，在那里我们可以换乘开往北部罗杰斯公园（Rogers Park）的火车，并乘坐那趟车到霍华德街（Howard Street）。我们一整天都在坐火车，范围覆盖了整座城市，最后疲惫而快乐地回家。

我们看到了什么？我们看到很多建筑物，以及它们在不同地点的不同状况：城市较贫困社区里破旧的木制公寓楼，条件较好的社区里的多层砖房，一些种族社区里的独户住宅，等等。通过观察我们经过的商业机构的标志，我们了解了这个城市特有的民族模式，知道了波兰人住在密尔沃基大道（Milwaukee Avenue），意大利人住在近西区，瑞典人住在更北的地方，黑人住在南区，等等。不同民族和种族的人上下车时，我们观察他们，并判断他们住的地方（我们非常擅长从细微的线索中辨别其种族，比如听他们说的语言，观察他们的衣着风格，甚至闻他们携带的食物的气味）。

我们还看到了城市的各种产业：工厂和容纳它们的建筑物，为工厂服务的卡车线路。我们看到了为城市服务的铁路站场，芝加哥是这个国家的主要铁路枢纽。我们看到了繁华的社区购物中心和里面的各种商店。

我们既从近处、也从远处看事物。当人们在我们乘坐的火车上下车时，我们知道我们与他们中的很多人不同——种族不同，阶级不同，民族不同。我们知道自己是犹太人，而他们中的很多人不是。我们并不总能确定这是怎么回事，但我们认为如果其他人不知道这一点，可能也无妨。

在火车经过的许多地方，建筑物离铁轨很近，可能不超过5 英尺（约 1.5 米），而且建筑物的窗户直接面向铁轨。所以我们可以看到人们的公寓内部，看他们为普通的日常公寓生活而忙碌：做饭、吃饭、打扫卫生、洗衣服，围坐在一起听收音机和喝咖啡，女人们互相梳头，孩子们在玩耍。我们很少看到私密的场景（比如正在做爱的人们），但我们有时会看到还没穿好衣服的女人，这让我们很兴奋，像我们这样的 10 岁或 11 岁男孩几乎从来没见过这样的场景。这给了我们很多可供思考的关于不同生活方式的资料。

在乘火车时，我们仔细观察从小车窗望过去的一切城市事物，互相评论我们看到的东西，留意其中的差别并带着它们回家继续思考。到 12 岁时，至少从地理的角度来看，我对这个城市的物质和社会结构已经有了很好的了解。

市中心。在我年纪还不太大的时候，我就开始独自去市中心了，大部分是在周六。我的父母一直想知道我去市中心做什么，但我从来无法真正告诉他们，因为我自己都不确定我在那里做什么。通常我只是四处闲逛，看看商店的橱窗。这是我观察这座城市的机会，没有隔着高架火车车窗，而是近距离观察。

"市中心"是个很大的地方，大概六个街区乘七个街区，四十到五十英亩之间，这取决于你将多少边缘面积包括在内。来自城市各个地方的人们汇聚于此，他们有的到大型百货公司和小型商店购物，有的在市政厅或县政府大楼或拉萨勒街（LaSalle Street）某一家大银行办理业务，有的进入众多建筑物中的某个（谁知道它的许多楼层里都能办理什么业务）。那里有一些"医疗"大楼，大部分是医生和牙医的诊室。大多数建筑物都是多种商业的混合体：买不起临街店面的手表修理小店，珠宝批发商店，保险办公室，戏剧演员的预约代理，私家侦探社……你可以在那里找到电话簿黄页上的任何东西，你可以走进一栋大楼，进入电梯，然后在任何楼层走出电梯，在大厅里走来走去，看看半透明玻璃门上的文字。当然，如果没有正当理由你也进不去。毕竟我们没有要维修的手表，也没有需要请私家侦探调查的人，也没钱买任何东西。

我走进市政厅或县政府大楼，看着衣着考究的人来来往往，不知道他们都是谁；不过我知道这里有一位市长和一个市议会，以及从事保存记录、收税之类工作的各种办公机构。我可以在大厅里走来走去，看看所有挂牌的办公室，看看它们的内部，看看面向公众开放的典型城市办公机构是什么样子——一个公众可以走近的柜台，（当准备就绪）柜台后面的办公室雇员会为人们服务。（我有那种城市孩子容易产生的、对官僚机构和政府持怀疑的态度，我在学校里就知道了！）大楼里也有审判室，但我没有进去过；也没人告诉我，我不能去那里。我看到很多警察，就像任何一个社会化程度高的城市孩子所知道的那样，你最好不要被他们看见。

我们走过市中心的许多剧院。一些剧院交替放映电影和上演舞台剧。舞台剧主演通常是那个时代的某个大乐队或某个受欢迎的艺人。几年后，当我成为一名崭露头角的爵士乐手时，我经常在这样的地方待上一整天，好几次耐着性子看完电影，只为聆听这些乐队的现场演出。其他剧院也有演出，但只在晚上开放，不过我可以走过去看看帐幕、明星海报和墙上剧院评论家的语录。

我看到了很多餐馆：为速记员、销售人员和在类似办公机构工作的人员提供实惠饭菜的廉价餐馆，那种你能从街上看到一点内部装潢的更昂贵的餐馆（我只看了我能看到的），还有一些你根本看不到的高级餐馆（可能它本身就在一层楼梯之上）。我还看到酒吧和在里面闲荡的人（几年后，当我开始在类似的地方弹钢琴时，我和这些人变得非常熟悉）。

我走进商店，尽管我在大型百货公司里隐约会感到不自在。我认为大人们会怀疑独自一个孩子没有钱买任何东西，因此很可能要在商店里偷东西，所以他们一直盯着你。但我只是在里面走来走去，看看衣服和玩具。不过这种情形不多，因为我不认识里面的路，也害怕发现自己来到女士内衣区或其他完全不合适我的地方。

我也去了书店，在像布伦塔诺书店那样的大型书店里，你可以花上几个小时沉迷于书海。正是在布伦塔诺书店，我犯下了唯一的一次偷窃。但那是很久以后的事了，当时我是一名研究生，我偷了米尔斯·格特（Mills Gerth）翻译的一本马克斯·韦伯的书。这把我吓坏了，我再也没干过这种事。

你会在街上看到很多事物。人。各种各样的人。不同年龄段，不同体型，不同种族群体；乞丐，商人，衣着时髦外出购物的女人，漂亮的女孩，不那么漂亮的女孩，硬汉……你可以观察他们，观察他们着装和行为的细节，他们如何出行，他们这样的人从哪里来、到哪里去。你可能会对他们感到好奇——他们住在城市的什么地方，来这里做什么，和他们交谈可能是什么样子。当然，我从来没跟任何人说过话，只是看和听。

我很快学会了把视线放在属于它们的地方：遵守欧文·戈夫曼（Erving Goffman）多年后为所有人制定的礼貌性疏忽（civil inattention）原则。我学会了如何与数百人一起穿过一个主要的交叉路口——市中心都是主要交叉路口——而不撞到任何人。

换句话说，我成了一个社会化程度高的城市孩子。

这不需要太多解释。不过，有几个要点表明我们应该考虑一些事情，因为它们已经变了。

比如交通。芝加哥的高架铁路系统非常复杂，我和朋友们以前利用它出去游玩（我记得当时的票价是 7 美分，即使一个 10 岁孩子也能拿出这笔钱）。对于 10 岁的孩子来说，像这样乘火车游玩是非常安全的。我们的母亲并不担心我们的安全，她们只想确保我们能及时回家吃晚饭。我的父母可能并不认为这是度过一天的最佳方式，但还是让我走出了家门（否则我会躺在家里看一整天书，看我父亲在报纸促销时买的马克·吐温和查尔斯·狄更斯24 卷套装中的某一卷）。

对于拉鲁研究中的儿童来说，这相当于什么呢？我想，是去购物中心。但是，我也认为必须有人开车送他们到那里。人口的这种历史性变化将使与我成长的家庭相似的家庭生活在一个需要开车来回（这正是拉鲁的研究对象，中产阶级父母所做的事情）的地方，这是关于成长过程中可用资源的重大转变。

安全将成为父母关心的另一个问题，它也随历史而改变。现在的城市社区大概（尽管不一定）没有我小时候那么安全。美国社会各阶层枪支供应的增加，可能会使父母再三考虑是否要让一个 10 岁的孩子到处乱跑。更不用说抢劫或其他形式的伤害的隐约可能性了。

简而言之，基于深入观察的研究可能出错（并不是说拉鲁的研究有什么问题）的一种方式是，在谈到你的发现时，并没有充分注意数据的历史特殊性。你要避免无根据的概括，同时你还会遇到一些有影响力的变量，而你可能在多年后才知道这些变量。

"雄心勃勃"的概括

实地研究人员犯的最大的一个错误，是将他们基于特定地点、特定人员的深入调查得到的观点类推至更大规模的实体集合。很多人都这么做过。威廉·富特·怀特在出版《街角社会》（他对波士顿一个贫民窟的传奇性研究）的同时，写了一篇题为《贫民窟中的社会组织》的论文，将他在波士顿的发现"贫民窟"概括为一种普遍的社会组织形式。在写这篇论文时，他对研究地点进行了更抽象的特征描述，并做出了与将"贫民窟"称为一种普遍社会形式的风格相一致的大胆概括："我的数据来自对意大利贫民区'科纳维尔'三年半的研究，我在《街角社会》一书中对此做了详细介绍。与参与芝加哥地区项目的人员的讨论表明，我的结论普遍适用于其他移民家庭定居点。"（Whyte，1943，37）也就是说，他在书中介绍了一个小社区，就好像所有贫民窟都与之一样，因而通过研究一个贫民窟，他可以谈论所有贫民窟。在当时，他这样做是正确的，因为所有社会学家都这样做。现在我们知道得更多了；我们知道，尽管某些情况在贫困社区可能相对普遍，但每个贫民窟都有其特征。如果你假装不知道这一点，你就会冒很大的风险。当然，这并不能阻止社会学家在他们认为适宜的时候做出同样的概括。

还有其他解决问题的方法，但你可能不得不放弃沉溺于"泛泛而谈"的诱惑。20 世纪 50 年代，我和同事研究了堪萨斯城的一所医学院。难道全国所有的医学院都和我们研究的这所学校一样吗？我们很想这样说，仿佛堪萨斯城的具体情况跟美国任何一所医学院发生的情况都相似，从而使得这样做是正当的——毕竟，谁会真的关心堪萨斯城的一所医学院呢？如果你转而讨论"美国的医学教育"，你可能会觉得现在正在讨论一件重要的事情。但你也可能会犯一个严重的错误，因为这些情况几乎肯定不会完全相同。

你可以在案例研究的基础上谈论很多事情，但你应该永远记住，任何谈论都假定：影响你的研究地点的所有条件，在其他看似相似的地方可能具有相当不同的形式或价值。事实上，几乎可以肯定这是真的。因此，我们要寻找这些表面上相似的组织可能随其变化的潜在维度。这是一种更安全、更有成效的谈论方式，尽管它听起来不像更概括性的描述——把你知道的东西应用于你尚未研究过的一无所知的地方——那样诱人。

如何寻找潜在的维度？在最近出版的一本书中，我用一章的篇幅讨论了这个问题（Becker，2014，5—39）。我的讨论集中在埃弗雷特·C.休斯（1943）对世界各地种族分工的精辟剖析上，他研究了发生在魁北克一个小城镇里的上述过程。这个小城镇最近引进了两家新纺织厂，随之而来的是经济和社会结构的重新规划，以及新的劳动分工制度的建立。当时，工业化进程在全世界范围内如火如荼，迫切需要理论和归纳来解释社会科学家积累的许多案例。休斯没有假装"坎顿维尔"准确地模拟了"工业化"的一般过程，以至于你要想理解各地发生的事情，只需要假定这些地方都像他在魁北克看到的那样。

　　与之相反，他对涉及的潜在过程进行了详细分析，并确定了"变量"，这些变量可能在任何地方发挥作用，但在各地都会有不同的形式和价值。所以你无法概括这个过程的具体细节，因为它们会因当地情况而有所不同。你有可能加以概括的是各个过程和子过程——随着研究人员对更多案例的了解，他们将不得不调整一些表述。这是一个聪明的布丰式解决方案。

后记：最后的思考

在任何出现错误的研究中，重要的一步是纠正错误。但是什么样的研究不会出错呢？我们在前面的一章又一章中看到了持各种方法论的研究人员犯下的各种错误，我们也思考了避免这些错误的方法（包括在做计划阶段，在执行计划阶段，在完成计划后）。我不打算在总结中重复那些内容。

但是，这里有两条避免错误的建议，这也是社会科学工作者应该牢记的简单事项。

同样的错误不要犯两次

记住所有可能导致你犯错的事物。想办法对它们做些什么，以免你一遍又一遍地犯同样的错误。

正如我们所看到的，如果我们以结构化的方式搜集数据，可能就不会发现自己犯了错误，也不会发现还有更好的方法来搜寻我们想要的数据，最后再在这项研究中做任何事都为时已晚。然而，有了上述发现，我们就应该知道要想办法在下一次避免那个特定的错误。

当你知道你使用的方法有一个错误正等着抓住你时，请回想巴里巴尔和穿过窗户的无线电波。要从人们的各种错误中吸取教训，比如抽样错误、界定类别时的错误、结构化问题的措辞错误，还有将结构化问题放入问卷和访谈指南时的错误，以及关于管理数据搜集者团队的困难。

例如，我们讨论过基于明显的访谈员作弊行为而得出的关于社会隔离的错误结论（见第 6 章），以及朱利叶斯·罗斯关于导致这种现象的可能原因的建议。我们可以从中吸取教训，寻找一种更好的方法，将调查访谈员整合进研究团队，使他们的动机与筹划研究的科学家的动机更充分地保持一致。正如派克和桑夏格林所指出的，虽然他们在重新分析社会隔离数据时发现了这个问题，但可能也无法在更多、更好的访谈员培训中找到解决方案，因为这些方案不会改变基于组织性的动机。

如果这是由一个管理和财务问题缠身的大型机构展开搜集的全国性样本问题，那么这样的改变必然是长期的。但最好尽快开始研究它们，并把人口普查追踪已知程序缺陷的方式作为我们的范例。

许多稍微更容易处理的问题——比如关于种族、民族、家庭结构和其他我们想研究的事物（它们作为社会现象，一直在变化）的问题措辞变化——可能需要计划人员和操作人员，即科学家和实施其研究设计的人更紧密地联合起来。这样的组织变革并不容易，成本也很高，肯定会受到抵制。但是，通过沃恩（1996）描述的火箭科学家之间的那种"组织偏差"来避免这种程度的变化，也可能会产生像社会隔离恐慌这样的周期性麻烦，虽然不是像"挑战者号"失事那样的大灾难，但也不好。这对在此类机构中工作的人来说可能有点"不切实际"，但我希望他们认真对待这个建议。

有这样一些研究人员，他们的研究设计要求他们以同样的方式从每个参与者（即数据获取对象）那里搜集证据，他们不需要创建一个全新的研究来修复不像想象中那样有效的方法，也不需要探索更好的数据搜集方法——但实地研究人员与他们不同。实地研究人员常常会发现新问题或可观察的新行为，他们也观察人们的日常行为，以及人们如何向自己和他人解释他们的行为。这些发现相辅相成，构成了密切观察的数据和结果。

实地研究人员在开始搜集信息时通常没有任何计划，只是将观察研究对象在社区、工作场所或其他任何地方工作生活期间所做的事情作为研究起点。研究人员看到的任何情况都会给他们带来问题。那是谁？她在那里做什么？接下来会发生什么？他为什么那样说？研究人员开始构建关于人们的行为、想法和联系模式的临时描述。当他们观察、倾听并与研究对象交谈时，他们有了一些想法，并开始怀疑这些想法是否能恰当地代表他们所看到的情况。还有什么要看、要了解的事物吗？他们能要求某个人解释他们不明白的事情吗？被观察的人知道自己所做的事情有一种模式吗？研究人员可以看到它，但是他们自己看到了吗？如果他们看得到，研究人员关于他们在做什么的想法是对的吗？他们的意图是什么？他们希望什么事情发生，而当事情没有按照他们预期的方式发生时，他们会做什么？实地研究人员就这些问题给出的每一个临时答案，都提出了要进一步观察、询问和与研究对象谈论的事物。研究人员的想法变得更加复杂，他们从早期观察中得出的某些推断经不起进一步观察的检验，新的观察结果表明存在其他可能性。最初的想法并没有"错"，但还有更多问题。所以，研究人员在想法和新的观察结果之间来回工作，而新的观察结果也会成为进一步的想法的证据。

只要观察者还在田野中，这种观察、解释，更多观察和重新解释的螺旋就会持续下去。唐纳德·坎贝尔（Donald Campbell）是实验和准实验设计专家，我们在西北大学曾是同事，偶尔一起教授研讨课。多年来他一直拿实地研究的不足之处取笑我，因为他认为实地研究就是各种一次性实验，在他看来这是最薄弱的研究设计。直到有一天他突然意识到，对实地研究人员而言，在田野中的每一天都是数据搜集的一个新篇章。在此过程中，昨天的想法和发现可能被推翻；但另一方面，这又给了你新的假设，而这些假设可以在第二天被证实或被拒绝。

因此，与其说实地研究人员在修正错误，不如说他们在精心搜集数据以思考和检验更多想法（那些他们在开始研究时还不够了解的想法）。当某个想法行不通时，当进一步的观察不能证实实地研究人员最初的解释时，他们可以期待明天，因为那时他们也许能以一种可以扩展新知的方式再仔细推敲自己的想法。并非所有的数据搜集方法都如此包容。

这种通过创建关于基础过程的模型来解释具体结果的过程可以持续数年，有时它会与更多研究同步进行（但有时不会），最终可以产生非常详尽的想法来指导对整个现象家族的研究（参见Becker，2014，61—93）。这正是我最终对关于大麻使用的具体研究进行概括的方式（Becker，1953）。

实地研究人员总是不得不避免一些特殊诱惑，即对于他们实际上一无所知、没有相关数据的事物，去"发现"结论或得出显而易见的结论。哈利·安斯林格可能是我想象中的清教徒十字军战士，但我对此并不了解——我只是在想象。因此，重要的是要认识到这些轻率而没有书面证据的断言需要经过检验。

这种错误的另一个版本是将你对研究目标的理解延伸到你不了解的事物上。重大的主题会诱使我们将真正了解的知识扩展到我们尚未真正了解的事物上，因为我们没有研究过它们。被人们（无论是组织内部人员还是外部观察者）以相同名字称呼的组织（举个常见例子：学校），几乎在大多数方面都不相同。你可以在自身案例的基础上谈论其他具有相同通用名称（如"医学院"）的组织可能存在的情况，但要这样做，你必须假定影响你的研究地点的所有条件在其他地点也存在，而几乎可以肯定的是，它们并不存在。不过，你可以寻找这些看起来相似的组织可能存在差异的潜在维度。这是一种更安全、更有效的讨论方式，尽管它听起来不像将你所知的东西应用到尚未研究的领域这种更一般化的描述那么诱人而宏大。如果你说你已经了解所有的医学院，然而其实最多只是发现了一些在其他地方以不同形式出现的现象，那这就更"重要"了，因为这仅仅是一个线索而不是结果。

将"技术问题"转化为可研究的问题

我的第二个建议同样重要：请把我们不可避免的错误变成要研究的问题，变成需要分析和理解的新型社会现象，将其本身作为研究主题。社会现实给我们带来了一些技术上的研究问题。城市人口构成和种族群体间关系的变化，给人口普查中有关种族传承的问题带来了技术上的麻烦。玛丽·沃特斯通过将其重新定义为一个研究问题——当人们说自己是意大利人或爱尔兰人时，调查他们真实的意思——而解决了这个技术问题。和关于美国种族关系的研究一样，研究者在解释有关种族群体归属的简单问题时遇到了困难，于是他们将其转变为一个不同的问题，一个能够更好地捕捉种族社会现实的问题——肤色差异如何体现在日常生活中？从而摆脱了这种困境。

同样，斯特凡·蒂默曼斯将关于死亡原因的官方数据中的问题转变为可研究的问题，即在工作产品是我们用于社会学研究的报告或原始数据的特殊情况下，工作机构如何影响工作产品。

这就是电脑操作人员很久以前就谈到的将漏洞转化为性能的那种操作，我在本书前面的章节也描述了很多类似的例子。我们要认识到，困难的出现也带来了机会。

这里的寓意是，请当心陷阱，并把它们转变为研究课题。这并不像听起来那么难。

参考文献

Alicea, Marisa. 1989. "The Dual Home Base Phenomenon: A Reconceptualization of Puerto Rican Migration." PhD diss., Northwestern University.

Baker, Wayne E., and Robert R. Faulkner. 1993. "The Social Organization of Conspiracy: Illegal Networks in the Heavy Electrical Equipment Industry." *American Sociological Review* 58:837–60.

Balibar, Sébastien. 2014. *Chercheur au quotidien*. Paris: Seuil.

Becker, Howard. 1952a. "The Career of the Chicago Public School Teacher." *American Journal of Sociology* 57 (March): 470–77.

——. 1952b. "Social Class Variations in the Teacher-Pupil Relationship." *Journal of Educational Sociology* 25 (April): 451–65.

——. 1952c. "The Teacher in the Authority System of the Public School." *Journal of Educational Sociology* 27 (November): 128–41.

——. 1963. *Outsiders*. Free Press: Glencoe.

——. 1998. *Tricks of the Trade: How to Think about Your Research While You're Doing It*. Chicago: University of Chicago Press.

——. 2014. *What about Mozart? What about Murder? Reasoning from Cases*. Chicago: University of Chicgo Press.

Becker, Howard S., and Robert R. Faulkner. 2013. *Thinking Together: An E-Mail Exchange and All That Jazz*. Paris: Questions Théorique.

Becker, Howard S., Blanche Geer, and Everett Cherrington Hughes. 1968.

Making the Grade: The Academic Side of College Life. New York: Wiley.

Becker, Howard S., Blanche Geer, Everett C. Hughes, and Anselm L, Strauss. 1961. *Boys in White: Student Culture in Medical School.* Chicago: University of Chicago Press.

Bennet, H. Stith. 1980. *On Becoming a Rock Musician.* Amherst: University of Massachusetts Press.

Blumer, Herbert. 1951. "Collective Behavior." *In New Outline of the Principles of Sociology*, edited by A. M. Lee. New York: Barnes and Noble.

——. 1969. *Symbolic Interactionism.* Englewood Cliffs, NJ: Prentice-Hall.

Bossard, James H. S. 1943. "Family Table Talk: An Area for Sociological Study." *American Sociological Review* 8:295–301.

——.1944. "Family Modes of Expression." *American Sociological Review* 10: 226–37.

Bourdieu, Pierre. 1984. *Distinction.* Cambridge, MA: Harvard University Press.

Bourgois, Philippe. 1995. *In Search of Respect: Selling Crack in the Barrio.* Cambridge: Cambridge University Press.

Camic, Charles. 2007. "On Edge: Sociology during the Great Depression and the New Deal." *Sociology in America: A History*, edited by C. Calhoun, 225–80. Chicago: University of Chicago Press.

Campbell, Donald T. 1976. *Assessing the Impact of Planned Social Change.* Hanover, NH: Public Affairs Center, Dartmouth College.

"The Celtic Connection: What Is Wicca?" 2014. Vol. 2014. http://wicca.com/celtic/wicca/wicca.htm, accessed August 23, 2016.

Choldin, Harvey M. 1986. "Statistics and Politics: The 'Hispanic Issue' in the 1980 Census." *Demography* 23:403–18.

Coale, A. J., and F. F. Stephan. 1962. "The Case of the Indians and the Teen-Age Widows." *Journal of the American Statistical Association* 57:338–47.

Coates, Daniel, and Michael Munger. 1991. "Guessing and Choosing: A Multi-criterion Decision on Disposal Technology for Low-Level Radioactive Waste." *Journal of Public Policy* 11 (3): 275–90.

Cohen, Albert, Alfred Lindesmith, and Karl Schuessler, eds. 1956. *The Sutherland Papers*. Bloomington: Indiana University Press.

Coleman, James, Elihu Katz, and Herbert Menzel. 1966. *Medical Innovation: A Diffusion Study*. Indianapolis: Bobbs-Merrill.

Cressey, Donald R. 1951. "Criminological Research and the Definition of Crimes." *American Journal of Sociology* 56:546–51.

——. 1953. *Other People's Money*. New York: Free Press.

Dalton, Melville. 1959. *Men Who Manage*. New York: Wiley.

Davis, Allison, Burleigh B. Gardner, and Mary R. Gardner. 1941. *Deep South: A Social Anthropological Study of Caste and Class*. Chicago: University of Chicago Press.

Dean, Lois R. 1958. "Interaction, Reported and Observed: The Case of One Local Union." *Human Organization* 17:36–44.

DeFleur, Lois B. 1975. "Biasing Influences on Drug Arrest Records: Implications for Deviance Research." *American Sociological Review* 40:88–103.

Desrosières, Alain. 2002. *The Politics of Large Numbers: A History of Statistical Reasoning*. Cambridge, MA: Harvard University Press.

Deutscher, Irwin. 1973. *What We Say/What We Do: Sentiments and Acts*. Glenview, IL: Scott Foresman.

Douglas, Jack D. 1967. *The Social Meaning of Suicide*. Princeton, NJ: Princeton University Press.

Drake, St. Clair, and Horace Cayton. 1945. *Black Metropolis*. New York: Harcourt, Brace.

Dudouet, François-Xavier. 2003. "De la régulation à la répression des drogues:

Une politique publique internationale." *Les cahiers de la sécurité intérieure* 52:89–112.

——. 2009. *Le grand deal de l'opium: Histoire du marché légal des drogues.* Paris: Editions Syllepse.

Duneier, Mitchell. 2011. "How Not to Lie with Ethnography." *Sociological Methodology* 41:1–11.

Durkheim, Emile. (1897) 2006. *On Suicide.* London: Penguin Books.

Faludi, Susan. 1991. *Backlash: The Undeclared War against American Women.* New York: Anchor.

Faulkner, Robert. 1971. *Hollywood Studio Musicians: Their Work and Careers in the Recording Industry.* Chicago: Aldine.

——. 1983. *Music on Demand: Composers and Careers in the Hollywood Film Industry.* New Brunswick, NJ: Transaction.

Faulkner, Robert R., and Howard S. Becker. 2009. *Do You Know . . . ? The Jazz Repertoire in Action.* Chicago: University of Chicago Press.

Fichter, Joseph H., S.J. 1951. *Dynamics of a City Church (Southern Parish).* Chicago: University of Chicago Press.

Finnegan, Ruth. 1989. *The Hidden Musicians: Music-Making in an English Town.* New York: Cambridge University Press.

Furstenberg, Frank. 2007. *Destinies of the Disadvantaged: The Politics of Teenage Childbearing.* New York: Russell Sage Foundation.

Garrigou, Alain. 2006. *L'ivresse des sondages.* Paris: La Découverte.

Goffman, Alice. 2014. *On the Run.* Chicago: University of Chicago Press.

Gold, Ray. 1952. "Janitors versus Tenants: A Status-Income Dilemma." *American Journal of Sociology* 57:486–93.

Grafton, Anthony. 1997. *The Footnote: A Curious History.* Cambridge, MA: Harvard University Press.

Hall, Oswald. 1948. "The Stages of the Medical Career." *American Journal of Sociology* 53: 243–53.

——. 1949. "Types of Medical Careers." *American Journal of Sociology* 55:404–13.

Halle, David. 1993. *Inside Culture: Art and Class in the American Home.* Chicago: University of Chicago Press.

Hirschman, Charles. 1987. "The Meaning and Measurement of Ethnicity in Malaysia: An Analysis of Census Classifications." *Journal of Asian Studies* 46 (3): 555–82.

Hughes, Everett C. 1943. *French Canada in Transition.* Chicago: University of Chicago Press.

——. (1955) 1984. *The Sociological Eye.* New Brunswick, NJ: Transaction. Page references are to the 1984 edition.

——. (1962) 1984. "Good People and Dirty Work." In *The Sociological Eye*, edited by E. C. Hughes, 87–97. New Brunswick, NJ: Transaction.

Jackson, Douglas, Samuel J. Messick, and Charles M. Solley. 1957. "How 'Rigid' Is the 'Authoritarian'?" *Journal of Abnormal Psychology* 54:137–40.

Katz, E., and D. Dayan. 1992. *Media Events: The Live Broadcasting of History.* Cambridge, MA: Harvard University Press.

Kendall, Patricia L., and Katherine Wolf. 1949. "The Analysis of Deviant Cases in Communications Research." In *Communications Research, 1948–49*, edited by Paul. F. Lazarsfeld and Frank. N. Stanton. New York: Harper.

Kriesberg, Louis. 1952. "The Retail Furrier: Concepts of Security and Success." *American Journal of Sociology* 57 (5): 478–85.

Kroeber, A. L. 1919. "On the Principle of Order in Civilization as Exemplified by Changes of Fashion." *American Anthropologist*, n.s., 21:235–63.

Kuhn, Thomas. (1962) 2012. *The Structure of Scientific Revolutions.* Chicago:

University of Chicago Press.

Lang, Kurt, and Gladys Engel Lang. 1953. "The Unique Perspective of Television and Its Effect: A Pilot Study." *American Sociological Review* 18:3–12.

Lareau, Annette. 2003. *Unequal Childhoods: Class, Race, and Family Life.* Berkeley: University of California Press.

Laslett, Barbara. 1990. "Unfeeling Knowledge: Emotion and Objectivity in the History of Sociology." *Sociological Forum* 5:413–33.

———. 1991. "Biography as Historical Sociology: The Case of William Fielding Ogburn. *Theory and Society* 20:511–38.

Latour, Bruno. 1988. *The Pasteurization of France.* Translated by A. Sheridan and J. Law. Cambridge, MA: Harvard University Press.

———. 1995. "The 'Pédofil' of Boa Vista: A Photo-Philosophical Montage." *Common Knowledge* 4 (1): 144–87.

———. 1999. *Pandora's Hope.* Cambridge, MA: Harvard University Press.

Lenski, Gerhard. 1963. *The Religious Factor.* Garden City, NY: Anchor Books.

Lieberson, Stanley. 1958. "Ethnic Groups and the Practice of Medicine." *American Sociological Review* 23:542–49.

———. 1992. "Einstein, Renoir, and Greeley: Some Thoughts about Evidence in Sociology." *American Sociological Review* 57:1–15.

———. 2000. *A Matter of Taste: How Names, Fashions and Culture Change.* New Haven, CT: Yale University Press.

Lieberson, Stanley, and Joel Horwich. 2008. "Implication Analysis: A Pragmatic Proposal for Linking Theory and Data in the Social Sciences." *Sociological Methodology* 38:1–50.

Lieberson, Stanley, and Mary C. Waters. 1988. *From Many Strands: Ethnic and Racial Groups in Contemporary America.* New York: Russell Sage Foundation.

Lindesmith, Alfred. 1947. *Opiate Addiction.* Bloomington, IN: Principia Press.

Lipset, Seymour Martin, James Coleman, and Martin Trow. 1977. *Union Democracy: The Internal Politics of the International Typographical Union.* Glencoe, IL: Free Press.

Lynd, Robert S. 1929. *Middletown: A Study in Contemporary American Culture.* New York: Harcourt Brace.

——. 1937. *Middletown in Transition: A Study in Cultural Conflicts.* New York: Harcourt, Brace.

Marsden, Peter V., and Tom W. Smith. 2012. "The General Social Survey Project." In *Social Trends in American Life: Findings from the General Social Survey since 1972,* edited by Peter. V. Marsden. Princeton, NJ: Princeton University Press.

McPherson, Miller, Lynn Smith-Lovin, and Matthew E. Brashears. 2006. "Social Isolation in America: Changes in Core Discussion Networks over Two Decades." *American Sociological Review* 71:353–75.

Mercer, Jane. 1973. *Labeling the Mentally Retarded.* Berkeley: University of California Press.

Mercklé, P., and S. Octobre. 2015. "Les enquêtés mentent-ils? Incohérences de réponse et illusion biographique dans une enquête longitudinale sur les loisirs des adolescents." *Revue française de sociologie* 56 (3): 561–91.

Merton, Robert K., George Reader, and Patricia L. Kendall. 1957. *The Student Physician: Introductory Studies in the Sociology of Medical Education.* Cambridge, MA: Harvard University Press.

Monk, Ellis P., Jr. 2014. "Skin Tone Stratification among Black Americans, 2001–2003." *Social Forces* 92 (4): 1313–37.

——. 2015. "The Cost of Color: Skin Color, Discrimination, and Health among African-Americans." *American Journal of Sociology* 121:396–444.

Morganstern, Oskar. (1950) 1963. *On the Accuracy of Economic Observations.*

Princeton, NJ: Princeton University Press. Page references are to the 1963 edition.

Moskos, Peter. 2008. *Cop in the Hood: My Year Policing Baltimore's Eastern District*. Princeton, NJ: Princeton University Press.

Nagel, Joane. 1995. "American Indian Ethnic Renewal: Politics and the Resurgence of Identity." *American Sociological Review* 60 (6): 947–65.

Neyfakh, Leon. 2015. "The Ethics of Ethnography." *Slate*, June 18.

Padilla, Felix M. 1985. *Latino Ethnic Consciousness: The Case of Mexican Americans and Puerto Ricans in Chicago*. Notre Dame, In: University of Notre Dame Press.

Paik, Anthony, and Kenneth Sanchagrin. 2013. "Social Isolation in America: An Artifact." *American Sociological Review* 78:339–60.

Parsons, Carole W. 1972. "America's Uncounted People: A Report of the National Research Council Advisory Committee on Problems of Census Enumeration." Washington, DC: National Academy of Sciences.

Peneff, Jean. 1988. "The Observers Observed: French Survey Researchers at Work." *Social Problems* 35:520–35.

——. 1995. "Mesure et contrôle des observations dans le travail de terrain: L'exemple des professions de service." *Sociétés contemporaines* 21:119–38.

——. 2009. *Le goût de l'observation: Comprendre et pratiquer l'observation participante en sciences sociales*. Paris: La Découverte.

Perrenoud, Marc. 2007. *Les musicos: Enquête sur des musiciens ordinaires*. Paris: La Découverte.

Peterson, Richard A, and Albert simkus. 1992. "How Musical Tastes Mark Occupational Status Groups." In *Cultivating Differences*, edited by Michelle Lamont and Marcel Fournier, 152–86. Chicago: University of Chicago Press.

Platt, Jennifer. 1996. *A History of Sociological Research Methods in America*.

Cambridge: Cambridge University Press.

Polya, George. 1954. *Mathematics and Plausible Reasoning*. Princeton, NJ: Princeton University Press.

Putnam, Robert D. 2000. *Bowling Alone: The Collapse and Revival of American Community*. New York: Simon and Schuster.

Rathje, William. 1992. *Rubbish! The Archaeology of Garbage*. New York: Harper Collins.

Redlinger, Lawrence J. 1969. "Dealing in Dope: Market Mechanisms." PhD diss., Northwestern University.

Rossi, Peter H. 1989. *Down and Out in America: The Origins of Homelessness*. Chicago: University of Chicago Press.

Roth, Julius A. 1957. "Ritual and Magic in the control of contagion." *American Sociological Review* 22:310–14.

——. 1963. *Timetables*. Indianapolis: Bobbs-Merrill.

——. 1965. "Hired Hand Research." *American Sociologist* 1:190–96.

Roy, Donald. 1952. "Quota Restriction and Goldbricking in a Machine Shop." *American Journal of Sociology* 57:425–42.

Ryder, Norman. B. 1965. "The Cohort as a Concept in the Study of Social Change." *American Sociological Review* 30 (6): 843–61.

Schuman, Howard. 1982. "Artifacts Are in the Mind of the Beholder." *American Sociologist* 17 (February): 21–28.

Schwartz, Norbert, and Seymour Sudman. 1992. *Context Effects in Social and Psychological Research*. New York: Springer-Verlag.

Selby, Henry A. 1974. *Zapotec Deviance: The Convergence of Folk and Modern Sociology*. Austin: University of Texas Press.

Sennett, Richard. 2006. Introduction to *On Suicide*, by Emile Durkheim, xi–xxv. London: Penguin Books.

Sidran, Ben. 2012. *There Was a Fire: Jews, Music and the American Dream.* Madison, WI: Unlimited Media.

Smith, Tom W., and Woody Carter. 1989. "Observing 'The Observers Observed': A Comment." *Social Problems* 36 (3): 310–12.

Snipp, C. Matthew. 1986. "Who Are American Indians? Some Observations about the Perils and Pitfalls of Data for Race and Ethnicity." *Population Research and Policy Review* 5:237–52.

Squire, Peverill. 1988. "Why the 1936 Literary Digest Poll Failed." *Public Opinion Quarterly* 52 (Spring): 125–33.

Stouffer, S. A. 1949. *The American Soldier: Adjustment during Army Life.* Princeton, NJ: Princeton University Press.

——. 1950. *Measurement and Prediction.* Princeton, NJ: Princeton University Press.

Sumner, William Graham. 1906. *Folkways.* Boston: Ginn.

Sutherland, Edwin H. 1940. "White Collar Criminality." *American Sociological Review* 5:1–12.

——. 1983. *White Collar Crime: The Uncut Version.* New Haven, CT: Yale University Press.

Timmermans, Stefan. 2006. *Postmortem: How Medical Examiners Explain Suspicious Deaths.* Chicago: University of Chicago Press.

Tukey, John. 1979. *Exploratory Data Analysis.* Reading, MA: Addison-Wesley.

Vaughan, Diane. 1996. *The Challenger Launch Decision: Risky Technology, Culture, and Deviance at NASA.* Chicago: University of Chicago Press.

Wallin, Paul, and Leslie C. Waldo. 1964. "Indeterminacies in Ranking of Fathers' Occupations." *Public Opinion Quarterly* 28:287–92.

Warner, W. Lloyd. 1937. *A Black Civilization: A Social Study of an Australian Tribe.* New York: Harper.

——. 1941–59. *Yankee City Series*. 5 vols. New Haven, CT: Yale University Press.

Waters, Mary C. 1990. *Ethnic Options: Choosing Identities in America*. Berkeley: University of California Press.

Webb, Eugene J., Donald T. Campbell, Richard D. Schwartz, and Lee Sechrest. 1966. *Unobtrusive Measures: Nonreactive Research in the Social Sciences*. Chicago: Rand-Mcnally.

Whyte, William F. 1943. *Street Corner Society*. Chicago: University of Chicago Press.

Ziliak, Stephen R., and Deirdre Mccloskey. 2008. *The Cult of Statistical Significance: How the Standard Error Costs Us Jobs, Justice, and Lives (Economics, Cognition, and Society)*. Ann Arbor: University of Michigan Press.

出版后记

本书围绕证据和数据，提供了专业的分析和丰富的案例，力图帮助研究者形成正确的科研思维，学会负责任地使用数据。如何做好研究？这或许是个很难回答的问题，但社会学泰斗霍华德·贝克尔提供的解决方案可能比你想象中更为简单：在研究上花更多时间，尝试使用完全不同的方法，向其他研究者寻求帮助，同样的错误不要犯第二次……他希望研究者能意识到，通向卓越研究的钥匙往往藏在细微之处。

贝克尔认为社会科学是一项集体事业，他倡导分工，希望探讨如何从定量和定性方法的结合中受益，可以说这既是对新兴共识的论述，也是对学科变革的建议。阅读本书也是追溯学科历史的过程。尽管贝克尔本人是一位广受赞誉的学者，但他的许多同行曾被不公正地忽视和遗忘，许多才华横溢的女性所做的工作也没有得到应有的赞誉。难能可贵的是，贝克尔在书中特别提及了这些重要的人物和作品。

本书对于证据问题的探讨不只停留在学术层面，其中蕴含的逻辑思维、论证思路对日常生活事项也有参考价值。书中既有对知识严谨性的追问，也有对于工作者个人素质的启发。这不仅是一本关于做研究和理解研究的书，也是一本教你寻求日常生活真相的指南。正如贝克尔所言："通过认识到我们可以用多种方式推进自身领域的发展，我们都能走得更远。"

服务热线：133-6631-2326 188-1142-1266

读者信箱：reader@hinabook.com

后浪出版公司

2023 年 7 月